U0807058

网络社会法律实务指南

栗志明　姚晓茹　编著

中国海洋大学出版社
CHINA OCEAN UNIVERSITY PRESS

图书在版编目（CIP）数据

网络社会法律实务指南/栗志明，姚晓茹编著. --青岛：中国海洋大学出版社，2022.7

ISBN 978-7-5670-3215-6

Ⅰ. ①网… Ⅱ. ①栗… ②姚… Ⅲ. ①互联网络-科学技术管理法规-研究-中国 Ⅳ. ①D922. 174

中国版本图书馆 CIP 数据核字（2022）第 130879 号

网络社会法律实务指南

出版发行	中国海洋大学出版社
社　　址	青岛市香港东路 23 号　　邮政编码　266071
出 版 人	杨立敏
网　　址	http：//pub. ouc. edu. cn
电子信箱	appletjb@163. com
订购电话	0532-82032573（传真）
责任编辑	滕俊平　　电　　话　0532-85902342
印　　刷	北京虎彩文化传播有限公司
版　　次	2022 年 7 月第 1 版
印　　次	2024 年 1 月第 2 次印刷
书　　号	ISBN 978-7-5670-3215-6
成品尺寸	170mm×240mm
印　　张	11
字　　数	263
印　　数	1—1000
定　　价	48.00 元

如出现印装问题，请致电 010-84720900 与印刷厂联系

内 容 提 要

本书以现代互联网法律业务为基础，以我国当前的网络安全法律法规体系为基础，从网络社会发展入手，直面近年来对大型网络平台企业争议的各方观点，给法律规则运行与网络公共政策制定带来的巨大挑战。主要内容包括电子商务基础法律关系，电子商务企业进入互联网领域需要条件，电子商务合同签订、履行以及解除法律适用，电子商务平台规范化运营以及服务协议、规则的制定与颁布，电子商务商业模式合规与否对市场的影响，网络安全及信息管理是关系到每个人、每个企业及政府的重大问题，互联网金融以及电子支付的设立、运行及法律规制，互联网物流、文化娱乐产业以及跨境电子商务都应当作一些研究，由于互联网运营产生的电子商务纠纷、电子证据，争议解决包括调解、仲裁、纠纷，同时涉及互联网犯罪研究，指出网络平台法律责任的实质，是围绕以平台为核心的网络社会治理问题及公共政策的重塑。本书可以作为大专院校法学专业、计算机、通信工程及网络安全相关专业学生的教材使用。

前　言

随着网络应用的飞速发展和网络用户规模的不断扩大，网络空间已然和人们的社会生活紧密相连。与此同时，在这一虚拟的空间范围中所发生的侵权、违法与犯罪案件与日俱增。网络空间面临着国防安全、政治安全、经济安全、文化安全等方面的风险，仅凭传统技术手段难以全面应对网络空间中的各类安全挑战，亟需综合应用法律、管理、技术、伦理、道德等多方面的途径来对网络空间安全予以保护。在此之中，网络空间安全的法律途径保护是极为重要的环节之一。这不仅需要网络空间安全和计算机等相关专业的学习、研究和工作者，对该领域的相关法律法规有较为深入的了解与掌握，而且也需要全社会各行业从业者及社会民众加以学习和了解，以引起大家充分的重视。

网络给人们的生产和生活方式带来了巨大的变化，并已成为我们日常生活中不可或缺的一部分。网络带来生活便利的同时，也衍生出形形色色的网络不法行为。这些行为的存在，严重破坏了市场交易的正常秩序，影响了国家经济健康发展，对其进行必要的法律引导和规制具有一定现实意义。本著论述了网络空间安全法律保护的特征和现有法律体系，提出了网络空间安全的法律保护是对信息资源的全方位保护，是对个人、社会和国家利益的全方位保护，是对信息系统整个生命周期的全过程保护，是对网络空间安全威胁行为的全过程控制与防范。从国家政策、行政处罚、刑事处罚、民事侵权、诉讼程序等5个方面对现有网络空间安全法律体系中所涉法律法规进行了梳理、汇总和精选，针对重点法条、法律难点问题、法律法规衔接问题、典型案例等做了深入分析。

互联网法律关系复杂。缺乏完备的法律体系。互联网技术快速更新，法律实务的要求比传统业务更难更高。这吸引了一批优秀的法律人，孜孜不倦地研究互联网法律实务，以期改善网络空间法律环境，促进法律与技术的交融和互动。

本研究成果立足于我国立法与司法实践，并借鉴国内外相关研究资料，对网络经济行为的法律规制做了较为系统、全面的分析探讨，借助经济法、行政法、民商法、刑法学等基础理论以及基本原理和研究方法，从多方面、多角度揭示网络经济中不法行为表征，包括网络交易中的欺诈行为、互联网金融活动中的不法行为、网络交易平台提供者可能涉及的不法行为等等。通过分析，进而从互联网众筹的法律监管、金融消费者权益保护、网络著作权保护、网络信息安全以及反垄断执法等多方面提出了法律规制的途径和措施。

希望通过本书的抛砖引玉，能够进一步推动网络空间安全领域法律制度的深入研究。期望该研究成果的出版，能够引起相关理论研究者与实务工作者，以及广大读者关注网络经济行为，并在法律规则完善方面引发更多思考和提出更有建树的意见。

综上，该研究成果是在查阅了大量文献资料，并做了充分实证调研的基础上完成的。

该选题较新颖，内容体例完整，理论性与应用性较强，对我国有关网络经济行为法律规制的立法和司法实践具有参考价值。

在全书的撰写过程中，作者参考和借鉴了大量国内外相关专著、论文等理论研究成果，在此，向其作者致以诚挚的谢意。同时由于时间仓促、作者能力有限等原因而导致本书出现的疏漏之处，也恳请专家、读者批评指正。

著　者

2021 年 12 月

目　录

第一章　网络平台民事、刑事法律责任

本章以网络平台的民事、刑事、行政法律责任为切入点，深入分析网络平台的法律责任，探讨网络平台在不同情况下应承担怎样的民事法律责任及刑事法律责任，希望厘清其中的规则边界。

第一节　网络平台民事责任的国际趋势

让作为互联网中介（Internet Intermediary）的网络平台在对其用户的网络违法信息内容或活动进行处置的执法程序中扮演哪种角色，是一个世界性的问题。

在著作权、人格权等民事侵权领域中，已经形成了较为完善的“避风港原则”，这种基于“通知一删除”或“通知一反通知”的制度安排既有助于民事纠纷的解决，也避免了平台负担不合理义务或严格责任，因此被多数国家普遍采用。

这里所谓的平台责任或互联网中介责任，是指网络平台对第三方（一般是其用户）发布的内容或从事的活动应承担的责任，不仅包括民事责任、刑事责任，还有行政责任。平台，一般是指任何能够帮助一方与另一方进行信息交流的实体。因此，平台本身并不提供产品、服务或内容，仅帮助第三方做交易、信息交流、内容发布等。平台对来源于第三方的内容、产品或服务提供网络接入、托管、传输、索引等，或者向第三方提供基于互联网的服务。国外的法律（如美国的《数字千年版权法》）或一些国际政策（如联合国教科文组织的报告《培育网络自由：互联网中介的角色》）尝试对平台进行类型化，典型的有ISP、搜索引擎、社交网络、云服务、电子商务平台、网站托管、内容聚合、域名注册、Wi－Fi 热点等。

一、网络平台有限责任的国际共识

2015 年，EFF（电子前哨基金会）、CIS（互联网与社会研究中心）等国际组织在菲律宾马尼拉召开会议，就平台责任达成了《关于中介方责任的马尼拉原则》，来自全球的行业组织、专家共同商讨达成了 6 点共识，对于平台责任（无论是民事责任，还是刑事责任，抑或是行政责任）相关政策制定和执法活动具有指导意义。[①]

---

① 杨乐. 网络平台法律责任探究［M］. 北京：电子工业出版社，2019.

（一）中介方应该免于对第三方内容承担责任

（1）任何管理中介方责任的规定必须由法律制定，并且务必做到准确、清楚和易懂。

（2）在中介方没有参与修改内容的情况下，中介方应该免于对第三方内容承担责任。

（3）中介方不得因没有限制合法内容而被追究责任。

（4）中介方不得因托管非法的第三方内容被追究严格责任，也不得在中介方责任制度中要求中介方对内容进行前摄性监控。

（二）没有司法机关命令中介方不得被要求对内容进行限制

（1）如果一个独立且公正的司法机关没有发布命令认定所涉及的材料为非法，则不得要求中介方对内容进行限制。

（2）要求中介方对内容进行限制的命令必须：

（a）认定该内容在其管辖区域内属于非法；

（b）明确网络身份识别信息并对非法内容进行描述；

（c）提供充分的证据支撑命令的法律基础；

（d）在适用情况下，明确对内容进行限制的起止时间。

（3）如果中介方没有遵守内容限制的命令，那么中介方所需承担的一切责任都必须与该不当行为的程度相称并直接相关。

（4）如果内容限制的命令不符合此项原则，那么中介方不得被要求对没有遵守该命令负责。

（三）内容限制请求必须清晰、不含糊且遵循正当程序

与第二条原则一致，在没有司法机关命令的情况下，中介方不得被要求对内容进行限制。如果政府或私人作为原告要求限制信息，则应该满足下列原则。

（1）中介方不得被要求对第三方内容的合法性进行实质性评估。

（2）针对非法内容的限制请求必须至少包含下列项目：

（a）断言该内容为非法的法律依据；

（b）网络身份识别信息及对所指非法内容的描述；

（c）对适用于用户内容提供者的限制、破例情况及辩护做出的考虑；

（d）请求发起方或其代理人的联系方式，被法律禁止的情况除外；

（e）可充分支撑该请求法律依据的证据；

（f）表明所提供信息真实性的诚信声明。

（3）如果内容限制请求涉及中介方的内容限制政策，则应至少包含下列项目：

（a）所涉及的内容违反了中介方的内容限制政策的原因；

（b）网络身份识别信息及对所指违反内容限制政策情况的描述；

（c）请求发起方或其代理人的联系方式，被法律禁止的情况除外；

（d）表明所提供信息真实性的诚信声明。

（4）法律可以要求托管内容的中介方对关于非法内容的限制请求做出回应：中介方要么将合法并符合要求的请求转发给用户内容提供者，要么告知原告不能转发请求的理由（“通知－反通知”制度）。不得要求中介方保证其有能力识别用户。

（5）在转发请求时，中介方必须对用户内容提供者的权利提供清晰、易懂的解释，在法律强制中介方对内容进行限制时都应介绍可适用的反通知或上诉机制。

（6）如果中介方按照内容限制请求对托管的内容进行限制，则必须遵守下方有关透明化和问责机制的第六条原则。

（7）不当或不诚信的内容限制请求应该受到惩处。

（四）内容限制的法律、命令和实践必须通过必要性和相称性的检验

在一个民主社会中，内容限制的法律、命令和实践必须具备必要性和相称性。

（1）所有内容限制必须局限于所涉及的某个具体内容。

（2）在对内容进行限制时必须采取限制性最低的技术手段。

（3）如果内容是因为在某个地理区域属于违法而被限制，而中介方针对提供因地域而异的服务，那么应局限于某地理范围进行内容限制。

（4）如果被限制的内容只在有限的期间内为非法内容，那么限制时间不能超过该期限，并应该定期检查限制命令是否到期，以确保其仍然有效。

（五）法律及内容限制的政策和实践必须遵循正当程序

（1）在按照命令或请求对内容进行限制之前，中介方和用户内容提供者必须被赋予有效的诉讼听审权，特殊情况除外。在特殊情况下，应尽快对该命令及其执行情况进行事后复审。

（2）任何规范中介方的法律必须赋予用户内容提供者和中介方对内容限制命令进行申诉的权利。

（3）如果某内容因违反中介方内容限制政策需要被限制，则中介方必须告知用户内容提供者该决定的复审机制。

（4）如果用户内容提供者在依照第（1）款起诉成功或按照第（2）款在对内容限制的复审中胜诉，那么中介方应立即恢复内容。

（5）没有司法机关的命令，中介方不得公开可使个人身份暴露的信息。任何中介方责任制度不得要求中介方在没有司法机关命令的情况下公开任何可使个人身份暴露的信息。

（6）中介方在起草和执行其内容限制政策时应该尊重人权。政府也同样有义务确保中介方的内容限制政策尊重人权。

（六）必须在法律及内容限制政策和实践中建立透明化和问责机制

（1）政府必须及时以易获取的方式在网上公布所有与中介方责任有关的法律、政策、决定及其他形式的规定。

（2）政府不得使用法外手段对内容进行限制，包括强迫更改服务条款、推动或强制执

行所谓“自愿”的做法、与中介方签订妨碍业务或阻断信息公开传播的协议等非常规手段。

(3) 中介方应该以清晰的语言和易获取的方式在网上公布其内容限制政策，在有变动时及时更新并适时通知用户。

(4) 政府必须发布透明化报告，提供政府发给中介方的所有内容限制命令和请求的具体信息。

(5) 中介方应该发布透明化报告，提供其所做出的所有内容限制操作的具体信息，包括对政府请求、法律命令和私人原告请求做出的回应及内容限制政策的履行情况。

(6) 如果中介方可以在用户试图获取某一被限制的内容时在其产品或服务上显示通知，那么中介方必须明确地在通知中解释什么内容被限制及为什么被限制。

(7) 政府、中介方和公民社会应该共同努力创建和保持一个独立的、透明的、公正的监督机制以确保可对内容限制政策与实践进行问责。

(8) 中介方责任框架和法律应要求对规定和指南进行定期和系统的检查以确保它们被及时更新、有效力且不过分烦琐。这些定期检查应包含针对其执行情况和影响的证据收集机制，还应该规定对执行规章的成本、实质的好处和对人权的影响进行独立审查。

二、网络平台民事责任的思考

互联网自诞生之日起至今，中国实现了从跟随到“弯道超车”的跨越式发展。在产业发展、商业模式上对标国际，如搜狐之于雅虎、百度之于谷歌、QQ之于ICQ、微博之于推特、微信之于脸书、淘宝之于eBay、京东之于亚马逊、滴滴之于优步、蚂蚁短租之于爱彼迎、大众点评之于Yelp、饿了么之于Grub Hub等。

究其原因，大致有两点：一是互联网革命源于美国，从物理规则到底层技术，均由胸怀理想的极客主导，进而由商业社会进行检验，经历优胜劣汰之后，最终形成通行于全球的标准、较为成熟的商业模式，成功率更高；二是中国大批的互联网公司在早期国内资本市场不健全的背景下，纷纷选择在美国纳斯达克上市，需要给投资人讲一个听得懂的故事。对标国际企业，有利于让对方迅速了解自己，有更好的画面感。

在法律政策层面，中国互联网的治理规则也经常以国际为参照，并建立了在信息网络传播权领域的一系列法律规范制度，这成为我国网络平台责任的制度设计源头。

但在移动互联网时代，随着移动智能终端的普及，移动互联网越来越与国民经济打通。互联网之于中国网民的开拓视界、文化互通等方面的意义，远甚于西方，由此而带来的消费转型和产业颠覆也更加剧烈。这让中国互联网在近几年转变为演化出新型商业平台独特生态的引领者，这对互联网法律政策规制提出了新的挑战。

在网络平台责任方面，国外的法律规则大多集中在网络信息内容方面。从“避风港原则”到“马尼拉”原则，都在规定当平台上的内容违法时，网络平台应当承担怎样的法律责任，依照怎样的法律程序进行处理。

面对类似的问题，基于不同的文化背景、法律传统，各国互联网法律的司法、立法开始做出不一样的路径选择，这为我国互联网领域的法律职业共同体提出了更高标准的要求。对于互联网法律的立法者、司法者、研究者及整个法律职业共同体来说，这既是巨大的挑战，又迎来了新的机遇。中国的实践、立法、研究都有可能成为新的历史标杆。例如，在网络广告屏蔽问题上，2015 年 9 月苹果公司开放 Safari 浏览器广告屏蔽的权限，意味着广告屏蔽工具在移动端的进军加速，数字媒体行业对此反应剧烈，广告屏蔽再次成为舆论风暴中心。德国和美国法院的多起诉讼判例都对广告屏蔽不加禁止，承认其合法性。但从德国最新判决来看，其对广告屏蔽行为的认可之势有所松动。由于我国版权环境和互联网生态模式的不同，近年来我国已有多起司法判决对广告屏蔽行为的违法性进行明确认定。2016 年 7 月国家工商总局公布了《互联网广告管理暂行办法》，对广告屏蔽行为明令禁止，将过往司法判例上升到立法层面，明确了我国在这一问题上应该做出的选择。

又如，在被遗忘权问题上，网络用户是否有权要求社交网络、搜索引擎等互联网服务提供者删除其个人信息，即所谓的被遗忘权，是一个有争议的话题。欧盟自 1995 年以来不断加强对个人数据的保护力度，先后在司法和立法层面确立被遗忘权。2016 年 4 月，欧盟理事会、欧洲议会先后投票通过《一般数据保护条例》（General Data Protection Regulation，GDPR），"被遗忘权"赫然在列。俄罗斯通过修订相关法律引入了被遗忘权。美国等国家对这个概念持谨慎态度，一般仅通过特殊被遗忘权保护特殊群体的利益。在中国，2015 年 12 月北京市第一中级人民法院（2015）一中民终字第 09558 号民事判决被称为"我国被遗忘权第一案"。法院在该案中面对网络用户的被遗忘权请求时，从我国法律的规范体系出发，对这个问题做出了明确不予支持的判决。鉴于被遗忘权在我国不能产生实质性效果，反倒因网络用户普遍滥用这项权利而会给互联网产业创新发展带来重大负担，中国在司法和立法层面并没有盲目跟随欧盟引入被遗忘权。

近年来，我国互联网法律学者的研究立场开始转向"本土关注"。我们认识到网络法律的法律制度和公共政策制定与一个民族、国家的文化传统和政策息息相关，开始学会避免在研究和司法中陷入"拿来主义"误区。在法律的普遍性、网络信息的技术产业特件和我国国情的特殊性之间，我国旨在寻求平衡、兼顾各方利益的法律法规。

第二节　网络平台的民事法律责任

如前所述，在互联网发展历程中，最初的互联网就是一个信息发布的渠道和平台，双方或多方用户通过互联网进行信息交流与信息传输，是简单的二分原则。

随着互联网的深入发展，互联网行为的复杂性不断增强，"互联网＋"领域的不断深入，越来越多的商户开始利用网络销售商品或提供服务，网络平台也开始从完全中立到部分参与到生产交易过程中，甚至直接参与经营活动，也就诞生了三分法。在探讨网络平台的民事责任时，基于三分法的研究思路分别对不参与经营活动、部分参与经营活动及直接参与经营活动的网络运营者应当承担的民事责任进行一一讨论。

一、不参与经营活动的网络平台民事责任

根据此前按照利益相关性原则对网络运营者的划分，第一类网络平台，仅提供技术措施，不参与经营，是指仅作为网络基础设施，为生产关系中的各方提供技术条件、技术措施，类似互联网的水和电，不参与网络内容制作及广告分成等收益活动。这类平台以用户上传内容的UGC类聚合平台为主（如博客、论坛、公众号、朋友圈、网盘、云盘等各类网络信息平台），也包括提供云服务底层的云计算服务平台。从技术角度看，云计算作为互联网服务提供商的底层技术提供商，无论在业务上还是技术上，都无法直接干预用户的具体数据。

在这一研究框架下，真正的互联网内容提供者、用户与只提供技术、不参与经营活动（不提供网络内容）的网络平台，形成了网络平台民事责任1.0模型。最典型的就是知识产权领域的“避风港原则”，这也是网络平台责任最初的规则设计理念。

第一，网络服务提供者是被动中立角色或处于中立地位，不主动对作品、表演、录音录像制品的权利是否存在侵权瑕疵做判断。

第二，在接到权利人通知后，网络服务提供者要断开链接。首先，这里的“通知”要满足一定的形式要件。正如《信息网络传播权保护条例》第十四条规定的，提交的“书面通知书”应当包含下列内容：“（一）权利人的姓名（名称）、联系方式和地址；（二）要求删除或者断开链接的侵权作品、表演、录音录像制品的名称和网络地址；（三）构成侵权的初步证明材料。”另外，明确“权利人应当对通知书的真实性负责”。其次，只要网络服务提供者断开链接，就不再承担赔偿责任。

第三，例外情况，在“明知或应知”所链接的作品、表演、录音录像制品侵权的，也就是在网络服务提供者主观上有过错的前提下，网络服务提供者要和侵权人一起承担共同侵权的责任。这里与《侵权责任法》第三十六条规定的立法精神是一致的。

《信息网络传播权保护条例》第二十三条进一步规定不参与经营活动的网络平台，在哪些情况下需要承担间接侵权责任：“网络服务提供者为服务对象提供搜索或者链接服务，在接到权利人的通知书后，根据本条例规定断开与侵权的作品、表演、录音录像制品的链接的，不承担赔偿责任；但是，明知或者应知所链接的作品、表演、录音录像制品侵权的，应当承担共同侵权责任。”[①] 确定网络平台主观过错是归责的前提，即只有在“明知或者应知”的情况下，才与上传内容的服务对象承担共同侵权责任。

---

① 中华人民共和国国务院. 信息网络传播权保护条例［M］. 北京：法律出版社，2006.

这里，不参与经营活动的网络平台是否承担共同侵权责任，主观上是否有过错成为重要的判定依据。

自2013年1月1日起实施的最高人民法院《关于审理侵害信息网络传播权民事纠纷案件适用法律若干问题的规定》，把网络平台的主观过错进一步明确细化。第十三条规定了“明知”的情况，“网络服务提供者接到权利人以书信、传真、电子邮件等方式提交的通知，未及时采取删除、屏蔽、断开链接等必要措施的，人民法院应当认定其明知相关侵害信息网络传播权行为。”第九条第（1）款、第十条第（2）款、第十二条第（3）款规定了认定网络平台“应知”的几种法定情形。

2016年4月13日《北京市高级人民法院关于涉及网络知识产权案件的审理指南》第二十六条规定也明确了平台服务商“知道”网络卖家利用其网络服务实施侵害商标权行为，包括“明知”和“应知”。认定平台服务商知道网络卖家利用网络服务侵害他人商标权，可以综合考虑以下因素。

（1）被控侵权交易信息位于网站首页、栏目首页或其他明显可见位置。

（2）平台服务商主动对被控侵权交易信息进行了编辑、选择、整理、排名、推荐或修改等。

（3）权利人的通知足以使平台服务商知道被控侵权交易信息或交易行为通过其网络服务进行传播或实施。

（4）平台服务商针对相同网络卖家就同一权利的重复侵权行为未采取相应的合理措施。

（5）被控侵权交易信息中存在网络卖家的侵权自认。

（6）以明显不合理的价格出售或提供知名商品或服务。

（7）平台服务商从被控侵权交易信息的网络传播或被控侵权交易行为中直接获得经济利益。

（8）平台服务商知道被控侵权交易信息或交易行为侵害他人商标权的其他因素。

2017年4月11日，北京市石景山人民法院召开“关于涉动漫游戏知识产权案件新情况、新问题及其对策”新闻发布会，也明确了在游戏渠道发行平台的责任认定中主要适用过错原则，应当考虑其经营模式。游戏渠道平台商在收到权利人发送的侵权警告函和初步证据之后，应当采取必要措施，否则需要对扩大的损失承担连带责任。

第四，不提供内容、不参与经营活动的网络平台，不承担事前的内容审查义务。根据2012年3月的《著作权法》第三次修改草案中第六十九条第1款规定，“网络服务提供者在为网络用户提供存储、搜索或者链接等单纯网络技术服务时，不承担与著作权或相关权有关的信息审查义务。”也标明立法者承认在著作权领域、网络平台不承担事前的信息审查义务。

综上，在网络平台民事责任1.0模型下，以著作权侵权为例，我们对不参与经营活动的网络平台（主要是网络信息平台）承担民事法律责任的情况进行梳理如下。

（1）从主体来讲，在网络平台民事责任1.0模型下，有3类主体，即不参与经营活动的网络平台、真正的网络内容提供者及互联网内容的受众用户。

网络平台在这里只提供存储、搜索或链接等单纯网络技术服务。网络内容提供者是互联网上内容的真正提供者，应当对内容负第一责任。用户是互联网内容的传播受众，也有可能是互联网内容真正的著作权所有者，即被侵权人。

（2）从主体之间的法律关系来讲，互联网服务提供者提供了网络发布空间、网络技术服务，分别与网络内容提供者和用户形成网络技术服务合同关系。

（3）从主观过错来讲，不参与经营活动的网络平台承担民事法律责任，适用的是过错原则。有主观过错是归责的前提。

（4）从赔偿责任来讲，这类网络平台的民事责任主要在民事侵权领域。当互联网企业作为第一类网络平台时，真正的网络内容提供者在该平台发布信息，侵害了他人的民事权益，在符合法律规定的情形下，网络平台应当承担侵权责任。

2009年《侵权责任法》第三十六条规定的内容，即“网络用户、网络服务提供者利用网络侵害他人民事权益的，应当承担侵权责任。网络用户利用网络服务实施侵权行为的，被侵权人有权通知网络服务提供者采取删除、屏蔽、断开链接等必要措施。网络服务提供者接到通知后未及时采取必要措施的，对损害的扩大部分与该网络用户承担连带责任。网络服务提供者知道网络用户利用其网络服务侵害他人民事权益，未采取必要措施的，与该网络用户承担连带责任。”

这里，互联网企业作为网络信息平台承担民事责任的情况有以下3种。

第一，网络用户或网络信息平台提供者的单独侵权，利用网络侵害他人民事权益的，要单独承担民事责任。例如，在版权领域，网络信息平台的提供者利用平台发布了侵害其他用户版权的信息内容，就构成了单独侵权，这个责任与他人无关，因此要由网络信息平台单独承担侵权的民事责任。

第二，网络用户利用网络服务实施侵权行为，被侵权人通知网络信息平台提供者采取必要措施，平台提供者接到通知应当采取措施而未及时采取的，对损害扩大的部分与该用户承担连带责任。这里的连带责任是共同侵权导致的连带责任，是平台提供者与该侵权用户之间的按份承担，且承担后不得追偿。

第三，网络服务提供者知道网络用户利用网络服务侵害他人民事权益，未采取必要措施的，因为有了主观过错，所以要与该用户承担连带责任。对于处于底层技术的云计算平台，其注意义务是否要减轻，目前正处于探讨之中。云计算服务作为底层的基础设施服务，与目前应用层的互联网信息存储空间服务、搜索连接服务等在技术、业务上还存在显著区别，应尽的注意义务也不尽相同。有专家表示，简单使用“通知—删除”规则似乎并不能解决该领域的知识产权侵权问题，因此提出是否可以用“通知—协助”方式应对相关问题，在严格审查有效通知的基础上，企业采用转通知等方式协助解决知识产权纠纷问题。

二、部分参与经营活动的网络平台民事责任

按照第一章对网络平台类型化的分析，在第二类网络平台情况下，网络平台既提供技术基础，又提供一定的市场条件，属于部分参与经营活动，有一定的利益相关性。这类网络平台最典型的当属网络第三方交易平台。当互联网企业作为网络交易平台时，这里的交易既包括买卖有形的商品，也包括提供服务，如现在火爆的O2O家政、美甲、洗车、餐饮、知识付费等各类服务。

（一）以网络交易平台为例

正如2014年国家工商总局《网络交易管理办法》第三条第（1）款所规定的，“本办法所称网络商品交易，是指通过互联网（含移动互联网）销售商品或者提供服务的经营活动。”第二十二条第（2）款规定，“前款所称第三方交易平台，是指在网络商品交易活动中为交易双方或者多方提供网页空间、虚拟经营场所、交易规则、交易撮合、信息发布等服务，供交易双方或者多方独立开展交易活动的信息网络系统。”

通过以上规定可以看出，在电子商务中的第三方交易平台既为交易活动提供了信息网络系统、网页空间、虚拟经营场所等技术基础，又提供了交易过程中的交易规则、交易撮合、信息发布服务，也包括一定的广告服务，如店铺的搜索排名、广告位展示服务等，对进驻平台的店铺商家承担一定的管理职责，当发生消费纠纷时，需要辅助消费者进行维权。

消费者在平台进行交易，其合法权益受到网店商品的销售者或服务提供者的侵害，当具备法定条件时，网络交易平台也应当承担相应的赔偿责任。这就是2013年《消费者权益保护法》第四十四条规定的内容，“消费者通过网络交易平台购买商品或者接受服务，其合法权益受到损害的，可以向销售者或者服务者要求赔偿。网络交易平台提供者不能提供销售者或者服务者的真实名称、地址和有效联系方式的，消费者也可以向网络交易平台提供者要求赔偿；网络交易平台提供者作出更有利于消费者的承诺的，应当履行承诺。网络交易平台提供者赔偿后，有权向销售者或者服务者追偿。网络交易平台提供者明知或者应知销售者或者服务者利用其平台侵害消费者合法权益，未采取必要措施的，依法与该销售者或者服务者承担连带责任。”

这里，互联网企业作为网络交易平台，承担的民事责任可以分为以下3种情况。

（1）商品的销售者或者服务者是第一责任人，当消费者通过网络交易平台交易，合法权益受到损害，第一选择就是向销售者或者服务者要求赔偿，点明了销售者或者服务者才是赔偿责任的第一责任人。

（2）网络交易平台承担不真正连带责任，又可以具体细分成两种情形：一种是法定的

不真正连带责任，即当网络交易平台提供者不能提供销售者或者服务者的真实名称、地址和有效联系方式时，要承担连带责任；另一种是约定的不真正连带责任，即当网络交易平台提供者作出更有利于消费者的承诺的，也要承担连带责任。

这里与网络信息平台按照《侵权责任法》第三十六条规定承担的连带责任不同，网络交易平台承担的连带责任不是真正的连带责任，是赔偿后有权向销售者或服务者行使追偿权的，而网络信息平台承担的连带责任不能向侵权的网络用户追偿。

此外，还应当注意的一点是，网络交易平台必须提供“有效”的联系方式，这项规定的目的是保护商业活动的市场秩序，帮助消费者明确最终的责任承担方，在立法原则上选择了维护消费者权益至上的立场。

《消费者权益保护法》第四十三条规定，“消费者在展销会、租赁柜台购买商品或者接受服务，其合法权益受到损害的，可以向销售者或者服务者要求赔偿。展销会结束或者柜台租赁期满后，也可以向展销会的举办者、柜台的出租者要求赔偿。展销会的举办者、柜台的出租者赔偿后，有权向销售者或者服务者追偿。”其目的也是确保消费者在线下购物环境中的权益受到损害时，能找到明确的赔偿者与责任承担人。因此，网络交易平台必须做好销售者的准入登记制度，如果提供的联系方式无效，无法联系到销售者或服务者，网络交易平台仍然要承担连带责任。

这里还应注意的一点是，除了法定的不真正连带责任，还有一种约定的不真正连带责任。网络交易平台出于市场竞争、行业自律、企业宣传、形象树立等目的，有时会做出比法律要求更为严格、更有利于消费者的承诺。例如，法律要求 7 天无理由退货，而网络交易平台可以做出 10 天无理由退货的承诺，这时就要依照这个约定来承担连带责任。

（3）网络交易平台在明知或者应知情况下，未采取必要措施的，依法与该销售者或者服务者承担连带责任。

网络交易平台的民事责任，主要是对用户销售假冒伪劣商品侵害消费者权益或其他经营者权益的情形要不要承担连带责任，集中体现为《消费者权益保护法》《食品安全法》《网络交易管理办法》《电子商务法》等。消费者在平台进行交易，其合法权益受到网店商品的销售者或服务提供者的侵害，当具备法定条件时，网络交易平台也应当承担相应的赔偿责任。关于网络交易平台的民事侵权责任，基本按照《消费者权益保护法》的规定执行。

（二）以微商为例

2014 年以来，随着用户时间的碎片化、交易需求的随时化、平台功能的丰富性等发展，以及随着微博、微信、陌陌、易信等移动社交平台的兴起，越来越多的人利用社交平台中的口碑传播效果和人际背书增强信服力等特点，开始在移动社交平台内开展营销活动、发布广告，或者推销商品、推荐服务，如“微商”的兴起。

围绕“微商”，引发了消费者、业界、媒体及监管部门的广泛关注，也给学术研究带来了新的视角——当用户利用了第一类网络平台（平台不参与经营活动，只提供技术支持的情况）从事网络交易活动时，消费者权益如何维护、民事责任如何承担？这也是《消费者权益保护法》没有规定的法律空白，我们有必要结合前面对于第一类网络平台、第二类网络平台的性质界定、责任界定，围绕“微商”进行重新界定。2015年初，媒体上关于“微商”的各类报道扑面而来。面对这样的媒体报道，我们不禁困惑，微信和“微商”到底是什么关系？消费者在微信朋友圈买到了假货，发生了人身或财产损失，应当找谁负责？

截至目前，学界、业界对“微商”还没有一个统一成熟的定义，普通用户会简单认为“微商”就是在微信上卖东西的人。最早微商起源于微博时代的“微营销”，借助了最火的社交平台，利用超高的人气和熟人、明星、“大V”等人际背书，增强受众对商品或服务的信任感，从而提高产品的知名度和销量。在目前应用比较广泛的各移动社交产品中，都有“微商”的痕迹，如微信、微博、陌陌、易信等。

在移动互联网时代，传统电商有了新的发展势态，可以总结为以下3种趋势。

1. 移动化电商

随着移动互联网技术的飞速发展，以及移动智能终端的大量普及，传统电商平台从PC端自然延伸、移植到移动端，产生了移动电商活动。其中，常见的手机淘宝、手机天猫、手机京东等，以及最近新兴的口袋购物等独立的App都属于这种类型。根据艾瑞统计，2014年中国移动购物交易额在整个网络购物市场中占比达33%。在具体企业份额中，阿里无线（包括手机淘宝、手机天猫）、手机京东、手机唯品会占据前3位，分别是86.2%、4.2%、2.1%。其中，阿里无线一家独大，占比86.2%，其无线端通过“淘宝＋天猫”提供平台服务，再由交易入口向无边界生活圈转型。而京东仅占4.2%的市场份额，与阿里无线相去甚远。

2. 模块化电商

模块化电商是指除传统电商公司自己开发的独立移动应用之外，其他的移动App应用（如打车软件、影评软件等）为了充分利用其所拥有的用户资源所做的一些商业化尝试。在App中增加电商模块，通过移动支付获取增值服务收益。这类情况在借助LBS（位置定位服务）的O2O的商业模式中尤为普遍，充分体现了互联网的跨界融合特点，以及“基础服务免费，增值服务收费”的互联网赢利模式。模块化电商类型多样，以下为几种典型体现。

（1）“微信小店”。微信小店是腾讯公司基于微信社交工具的电商解决方案，与其他公众号类似，开通“微信小店”的公众号页面会提供该公众号经营者的详细主体信息。微信提供网络交易的支持服务，相关业务的开展由经营者自行运营。

（2）新浪微博中的“微卖”。该产品由北京优舍科技有限公司基于新浪微博这个社交网络传播媒介开发，为商品销售经营者提供商品售卖平台，帮助用户在微博中与好友分享自有商品，促进用户间的商品交易。任何人都可以使用“微卖”平台，利用社交信息的共享优势售卖各种商品。但基于移动互联网的发展趋势，该产品限制卖家只能通过手机端应用软件进行订单等销售管理。

（3）豆瓣电影。豆瓣电影本来是电影评论 App，现在已经加入在线购买电影票模块，与支付宝打通，支持移动在线购票、选座。利用移动互联网技术把线上工具和线下实体店连接起来，有助于吸引更多的线上客户到线下实体店去体验和消费。

此外，美国的移动社交应用 Twitter（推特），也在与加拿大电子商务软件开发商 Shopify 及其他电子商务软件公司进行合作，把“Buy”按钮推广给更多的商户。据悉，Shopify 目前在美国拥有约 10 万家商户使用其软件运营自己的网店。通过与 Twitter 的合作，这些商户便能够使用 Shopify 软件在 Twitter 消息中销售自己的商品。Twitter、脸书和 Pinterest 均在平台中植入了购买按钮“Buy”，尝试通过庞大的受众群体及用户通过平台购买商品的兴趣获得收入。脸书目前也在同 Shopify 进行独家合作，测试该公司的购买按钮“Buy”。这意味着 Twitter 也在移动社交应用中加入了电商模块。

3. 碎片化电商

碎片化电商是指这类电商呈现充分碎片化状态，从货品展示、沟通、支付到物流的交易各环节，用户可以充分利用各类工具（互联网工具或传统工具）根据自身需求，自主选择、自由组合，最终完成整个交易过程。此类电商具有显著的交易流程碎片化、交易工具碎片化、交易信息碎片化和交易证据碎片化等特点。作为某个工具的提供者，只能被动地参与到某个或某几个环节中，无法了解交易流程的全貌。交易的证据和留存记录也是碎片化的，是互相割裂的。例如，一个卖家可以利用微博、朋友圈、淘宝、百度贴吧等进行商品展示，通过短信、电话、微信甚至线下进行议价，再通过银联、网银或支付宝转账完成支付，通过快递完成物流。每个环节都有若干种选择，如表 1—1 所示。

表 1—1　碎片化电商交易环节详解

交易环节	可选工具
展示	线上：朋友圈、陌陌、微博、博客、论坛等
	线下：店面展示、纸质传单等
沟通	线上：短信、电话、微信、易信、陌陌、QQ 等
	线下：当面交流
支付	线上：支付宝、微信支付、银联、网银等
	线下：现金支付、易货
物流	卖家送货、买家自提、快递、邮政、地铁站口自提等

在“微商”的视角下，微信作为第一类不参与经营活动的网络平台，在经营活动中没有任何的利益相关性，仅提供了交流平台，却被当作网络交易的渠道，此时微信平台究竟应当承担什么样的法律责任？此时，我们有必要结合前面对于不参与经营活动的第一类网络平台和部分参与经营活动的第二类网络平台的性质界定、责任界定，进行以下分析。

（1）微信在这里没有任何的利益相关性，没有从中盈利，只提供了技术基础和交流平台。作为网络平台，通过网站的用户协议，与用户之间形成的是网络信息服务合同，目的是向用户提供信息发布、信息接收的服务，应当适用一般的民事规则；而网络交易平台（如淘宝）通过用户协议，与用户之间形成的是网络交易服务合同，目的是向用户提供网络交易的支持服务，真正达成交易的还是交易双方，网络交易平台提供了用户市场准入登记，为交易双方或多方提供网页空间、虚拟经营场所、交易规则、交易撮合、订单生成、订单管理、支付结算等支持服务，从而帮助交易双方完成全部交易行为，形成完整交易闭环，这里应当适用的是商事规则。

（2）网络信息平台的用户利用网络信息平台发布交易信息、从事商事交易活动，已经超出了网络信息平台的主观意愿，属于用户自主、自发的行为，超出了用户协议的范畴。在这一点上网络信息平台与用户之间没有达成协议，也就没有形成网络交易服务合同。

（3）如果双方用户通过网络信息平台进行了网络交易活动，这本质上属于用户间的自主自愿行为，与网络信息平台提供者无关。

（4）在网络信息平台没有提供交易帮助的情况下，平台处于超然地位，一旦发生消费者权益受损的情况，网络信息平台不承担赔偿责任。

再结合上面移动电商发展的3种形态，我们的思路基本清晰——首先要看商家利用了什么平台；其次要看平台是否提供了具体的支持；最后要看是否具有主观过错，才能确认平台的民事责任。

①利用网络交易平台的，在移动化电商、模块化电商的情况下，平台的本质是部分参与经营活动的第二类网络平台，即网络交易平台。若设立的主观意愿就是促进网络交易的网络平台，商品经营者或服务提供者是第一责任人，当消费者合法权益受损时，可以依据《消费者权益保护法》第四十四条规定的内容执行。

②利用网络信息平台的，在碎片化电商的情况下，从货品展示、沟通、支付到物流的交易各环节，都被碎片化到不同平台的不同应用中，为了满足用户随时随地的交易需求，用户在碎片化时间内可以充分利用各类工具（互联网工具或传统工具），根据自身需求自主选择、自由组合，最终完成整个交易过程。在此过程中使用了若干个平台，可以利用微博、朋友圈、淘宝、百度贴吧等进行商品展示，通过短信、电话、微信甚至线下进行议价，再通过银联、网银、财付通或支付宝转账完成支付，通过快递完成物流。整个流程没有在任何一款产品中形成完整闭环。在这种交易模式下，无论哪个单独的工具都无从了解和控制整个交易过程。

这里的微博、朋友圈、贴吧、短信、电话等网络信息平台设立的主观意愿都不是促成网络交易，没有撮合交易的目的，也没有完整的订单管理系统，他们与用户签订的用户协议也不是网络交易服务合同，属于用户自发、自主地利用了若干个网络信息平台最终完成交易活动。网络信息平台在交易双方的网络交易行为中没有提供具体的交易支持，处于超然中立的地位。因此，当消费者合法权益受到损害时，网络信息平台不承担赔偿责任。

通过现有的民事纠纷解决机制，消费者权益可以得到保护。销售者销售商品的，消费者可以按照《侵权责任法》第四十三条要求商品的生产者、销售者承担产品责任；服务者提供服务的，消费者可以按照《消费者权益保护法》第四十条规定，“消费者在接受服务时，其合法权益受到损害的，可以向服务者要求赔偿。”当然，在特定的食品、药品等领域，还要遵守特殊法的规则。

③利用网络信息平台从事交易活动，而信息平台明知或应知的。商品销售者或服务提供者利用网络信息平台开展交易活动，而网络信息平台提供者明知或应知，却没有及时采取必要措施的，因此造成消费者权益损害的，要依照《侵权责任法》第三十六条与该网络用户承担连带责任。因为网络信息平台对销售者或服务提供者利用其平台实施侵权行为，已经明知或应知，有了主观过错，而没有制止，就会形成共同侵权，因此承担连带责任来弥补被侵权人的损失，这是合理的。

另外，当网络信息平台为网络交易活动提供了具体的交易支持时，其身份就发生了转变，就由仅提供技术基础的第一类网络平台转变为提供技术和市场条件、部分参与经营活动的第二类网络交易平台，因此就要承担网络交易平台的法律责任。

④网络信息平台的社会责任。尽管网络信息平台在用户自发的网络交易行为中有可能不承担法律责任，尽管《消费者权益保护法》对网络信息平台向消费者承担的民事责任未做出规定，但并不意味着网络信息平台应当完全置身事外。本着对用户负责、用户权益至上的原则，网络信息平台应当积极履行社会责任，协助消费者保护自身合法权益。网络信息平台可以在以下几个方面做出努力。

第一，建立完善用户风险提示制度。为了避免用户在微信中遭受资金转账、交易受骗等各类损失，在工具软件内置风险提示模块，预设大量账号安全、财产安全等方面的相关关键词。只要用户聊天内容包括“资金”“转账”“银行卡号”等相应关键词，即自动触发该提示功能，从各个角度对消费者进行风险提示。

第二，畅通用户举报渠道。广大的消费者在遭受不法侵害时，往往难以找到举报途径，作为工具提供者，可以在其工具内提供多种举报途径，不断完善举报流程，并及时对消费者的举报进行回复处理。

第三，对恶意网址进行拦截与提示。作为工具提供者，可以凭借其技术优势充分利用恶意网址数据库，为消费者提供网址拦截及提醒的功能。同时，还可以在工具中将打开的链接加入专门的安全扫描，并使用专门的恶意网址检测系统进行风险评估，对于在数据库中已确定为恶意的网址进行阻止访问处理，对于无法确定风险的网址给予安全提示，可以有效阻止恶意网址的扩散传播。

第四，积极配合政府部门，针对部分“微商”存在的侵害消费者合法权益的违法行为，建立重大专项行动的联动机制。针对专项行动目标，发现疑似问题及时向政府部门举报线索，并根据政府部门的认定结果配合执法。

第五，积极配合消费者协会，开展各类对消费者的宣传教育活动，宣传重大典型案例，使消费者不断提高自我保护的意识。

2015 年 3 月 15 日，微信正式上线“品牌维权在线平台”（weixin110. qq. com）声明微信并非交易平台，对售假行为没有判断定性的能力。打击售假行为，需要依赖用户提供线索，依赖商标权利人的验证来判断售假是否属实。因此，要连接起用户和品牌方，建立品牌维权平台，处理非法售假行为。品牌维权平台是指在品牌方（商标权利人）接入后，用户可以通过微信或微信 110 的举报入口找到该品牌，并向该品牌提交微信个人账号/公众号售假举报。品牌方通过微信搭建的品牌维权在线平台查看举报线索，并对用户举报的售假账号进行鉴定，根据鉴定结果，向微信提出账号处理请求。微信将根据品牌方的鉴定结果，对售假账号进行封号处理。

（三）以知识付费平台为例

自 2016 年以来，中国迎来了从“流量经济”到“知识经济”的转折，“在行”“得到”“分答”“知乎 Live”“豆瓣时间”“36 氪”等知识服务创业者越来越多地涌现。究其原因，总结为以下几点。

（1）从版权环境来看，中国网络版权环境持续改善，多主体协力治理侵权盗版，盗版打击力度持续增强，内容环境净化，用户付费习惯逐渐养成。

（2）从产业结构来看，流量经济依赖点击量、影响力及巨大的网民数量。对一则新闻进行迅速传播，从而实现商业价值，解决的是新闻信息不对称问题。但新闻信息本身的内容质量优劣，并没有体现出来。例如，早期门户时代“新闻超市”式的流量经济，靠的是廉价甚至免费地获得新闻内容供应，再将海量的内容免费提供给读者，吸引大量点击，最终通过广告获利。知识经济，解决的是细分领域的知识、经验不对称问题，核心是通过内容本身吸引用户，强调了内容本身的质量。

（3）从用户需求来看，一是满足了逐渐壮大的新中产阶层的知识焦虑、不安全感等强烈需求；二是随着消费升级，用户个性化需求逐渐出现，挑战传统流量付费内容生成样态；三是用户获取信息的方式发生变化，从被动接受到主动寻找，信息选择的行为和意愿更加成熟、理性。

在知识付费平台上，付费模式的形成分为两个阶段。一是付费后提供服务，如收听、收看。这是所有知识付费平台采取的收费模式。二是在收听、收看后，不满意退款。

回到法律层面，分析如下。

第一，知识付费平台的法律性质仍然属于第二类网络交易平台，提供了技术和市场条件，部分参与到经营活动中。知识付费平台上的内容不是平台方自己直接提供的，而是由第三方内容提供者上传的。

第二，在内容的版权责任方面，仍然可以适用“避风港原则”，适用“通知一删除”程序。

第三，在民事赔偿部分，仍然可以按照过错原则，承担赔偿责任。

第四，在电商领域，7天无理由退款已是基本规则。《消费者权益保护法》也赋予了消费者网购后悔权。知识付费平台应自觉将知识商品化，自觉遵守电子商务的法律规则。《网络交易服务管理办法》里规定的“商品或服务”，现在看来，“服务”的范畴正在不断扩宽。

三、直接参与经营活动的网络运营者民事责任

按照第一章对网络运营者的类型化分析，在第三类网络平台情况下，网络运营者不仅是生产关系中的中介角色，其在整个市场关系中，还提供了技术基础、市场条件，并直接提供了商品或服务，开始自己直接参与网络经营活动，如自己直接生产并上传内容、自己参与制作发布广告、自己直接售卖商品或服务等。例如，视频网站的自制网络剧、自制网络大电影、自制网络综艺节目；新浪公司在新浪门户网站上承接品牌广告发布业务；京东购物网站的自营业务部分；等等。

在这种情形下，网络运营者的行为呈现以下特点。

（1）网络运营者不再是中立第三方的中介平台角色，而是提供技术基础、市场条件，并直接参与网络经营活动，直接生产内容、发布广告等。该类网络运营者在《著作权法》里就是著作权人，在《互联网视听节目服务管理规定》里就是“互联网视听节目服务单位”，在《广告法》里就是“广告发布者”，在《网络交易管理办法》中就是“网络商品经营者”。此时，该网络运营者不再是本书所界定的网络平台角色，第一章所界定的网络平台仅指连接双边或多边关系的中间商。

（2）网络运营者需要双重资质，除了需要申请网络信息服务许可证，还需要直接参与网络经营活动的特许许可资质。例如，视频网站自己制作电视剧、电影、动画片、电视综艺的，还需要取得《广播电视节目制作经营许可证》；如果拍摄电视剧、电影，就要在原国家新闻出版广电总局申请单片资质及《电视剧制作许可证（乙种）》，以及编剧授权书等；从事电影发行的，还需要取得《电影发行经营许可证》。

（3）网络运营者直接从事网络经营行为，也直接承担因此而带来的法律后果，承担的不再是中间平台的责任，而是直接责任。与前两类网络平台相比，利益相关性最大，承担的法律后果也最重。

（一）以网络交易为例

第三类情况，是指电商里的自营业务，既提供网络技术基础，又提供市场条件，并直接参与经营活动，具有直接的利益相关性。

根据《网络交易管理办法》规定，该网络运营者即“网络商品经营者”要遵循第二章规定的网络商品经营者的有关法律义务。例如，经营者依法办理工商登记；自然人应当通过第三方交易平台开展经营活动，并向第三方交易平台提供真实身份信息；依法取得有关

许可；

应当保证商品或服务的完整性；向消费者出具发票；7天无理由退款等。

如果将网络交易中的第二类网络平台和第三类网络平台混淆，将此平台等同于彼平台，就会出现责任错位的情况。

（二）以网络广告为例

《广告法》和《互联网广告管理暂行办法》中涉及的法律主体比较多，包括广告主、广告发布者、广告经营者、广告代言人、程序化购买中的媒介方平台、资源方平台、信息交换平台和媒介方平台的成员单位、互联网信息服务提供者，恰好覆盖了本书前文所述的3类网络平台。

（1）互联网信息服务提供者，属于第一类网络平台，仅提供了网络技术。

2015年，《广告法》在修订时第四十五条新增了“互联网信息服务提供者”这一主体。这个概念的出现，是对网络广告行业和互联网信息技术发展现状的正视，承认了在某种特定情形下，互联网信息服务提供者本身并不是广告发布者，也不是广告信息的接收者，也没有在广告费用中得到收益或分成，与广告商业活动本身无关，只为他人发送、发布广告的活动提供了一个信息传输的场所或平台，它的角色属于第一类网络平台。

《互联网广告管理暂行办法》第十七条再次细化并重申了这一立法观点，即“未参与互联网广告经营活动，仅为互联网广告提供信息服务的互联网信息服务提供者，对其明知或者应知利用其信息服务发布违法广告的，应当予以制止”。

在法律责任上，互联网信息服务提供者只在明知或应知的情况下对违法广告承担制止的义务。

（2）媒介方平台成员，属于第二类网络平台，提供了网络技术和市场条件。

《互联网广告管理暂行办法》第一次对“程序化购买”进行界定。①

“程序化购买”是互联网广告发展过程中诞生的特有模式，业内俗称广告联盟。因广告行业发展形式多样，除传统的广告设计公司、层层的代理公司之外，在互联网广告领域还出现了大量的PC广告联盟和移动广告联盟，将具有广告投放需求的广告主与持有广告位展示资源的流量主整合起来，有买有卖地从事广告投放与发布服务。可以说，广告联盟是拥有大量中小网站、中小应用软件的互联网行业长尾效应的必然结果。他们在广告活动中起到了重要的居间撮合、精准配置资源、价格交易等关键作用，连接起广告主和广告最终展现媒介，最终使广告活动顺利进行。

广告联盟通常分为“媒介方平台”“广告需求方平台”“广告信息交换平台”3类。其中，广告需求方平台的成员是大量的广告主，而媒介方平台的成员是指大量缺乏自己广告

① 国家工商总局广告司.《互联网广告管理暂行办法》释义［M］. 北京：中国工商出版社，2016.

营销变现能力的中小网站、微信公众号运营人员、中小应用软件的运营者等。常见的广告联盟有百度联盟、搜狗联盟、淘宝联盟、京东商城销售联盟、广点通联盟等。广告信息交换平台则是位于中间的技术服务商，提供数据匹配、广告价格、广告信息流推送等功能。

众多广告主通过广告需求方平台，将广告投放在拥有广告位资源的媒介方平台上。在这种业务模式中，媒介方平台成员属于第二类网络平台——媒介方平台成员提供网络技术基础，提供展示位、参与广告收入的分成（具体分成比例取决于自身议价能力）。

第一，媒介方平台成员提供自己网站上的展示位，为广告主投放广告提供技术基础。

第二，媒介方平台成员与媒介方平台之间通过代码拉取、调用存储与广告联盟系统中的广告信息进行展示，某个广告位是否展示广告、展示哪个广告主的广告都由广告联盟的计算机系统在几毫秒内自动瞬间决定，媒介方平台成员事前并不知情且无法控制，并未实质参与任何广告经营行为，因此部分参与到广告经营活动中。

第三，在法律责任上，《互联网广告管理暂行办法》并没有进行法律定性，第十五条在法律责任上予以明确，“媒介方平台经营者、广告信息交换平台经营者及媒介方平台成员，对其明知或者应知的违法广告，应当采取删除、屏蔽、断开链接等技术措施和管理措施，予以制止。”因此从立法可以看出，这里尊重了产业现实，没有给这几类主体以广告发布者、经营者责任，而只要求在“明知或者应知”的情况下对违法广告承担法律责任。

（3）主动利用自己的网络平台发广告的广告发布者，属于第三类网络平台，提供了技术、市场条件，并直接参与广告发布活动。

《广告法》第二条规定，“广告发布者，是指为广告主或者广告主委托的广告经营者发布广告的自然人、法人或者其他组织。”

与传统媒体发布广告时广告发布者都是在自己的广告展现平台上发布广告不同，互联网广告领域有其特殊性，广告发布者可以利用自设网站和拥有合法使用权的互联网媒介帮助别人发布广告。例如，腾讯利用腾讯网发布广告，就是利用自设网站，腾讯就是发布者；微信公众号的运营者利用公众号发布广告，公众号运营者作为广告发布者，就是利用他拥有合法使用权的微信公众号平台帮助别人发布广告，但微信没有广告费用分成。此时，微信公众号的运营者是发布者，而微信充当了互联网信息服务提供者的角色。

互联网企业在自己的平台利用了自己的网络技术、市场条件直接发布广告并获取相应报酬的，就是广告发布者，也就是第三类网络平台，其利益相关性最大，承担的法律责任也最重。根据《广告法》《互联网广告管理暂行办法》，互联网广告发布者、广告经营者的法定义务至少包括：第一，建立健全互联网广告业务的承接登记、审核、档案管理制度；第二，审核查验并登记广告主的名称、地址和有效联系方式等主体身份信息，建立登记档案并定期核实更新；第三，应当查验有关证明文件，核对广告内容，对内容不符或证明文件不全的广告，不得设计、制作、代理、发布；第四，应当配备熟悉广告相关法规的广告审查人员，有条件的还应当设立专门机构，负责互联网广告的审查。

第三节 网络平台的刑事责任

网络平台的刑事责任，不同于民法意义上的平台主体，它不以规范网络主体的准入制度为主要目的，更多强化的是平台的管理责任。也就是说，即使网络平台的成立未通过合法许可或备案的程序，仍不影响其刑法上主体的认定。只要是网络服务的提供者，对网络空间搭建、规则制定和运营管理有技术监管权力的，就称为刑法上的犯罪主体。因此，管理责任是网络运营者承担刑事责任的责任基础所在。

按照前面搭建的网络运营者“三分法”的思路，仍然依据网络运营者与犯罪行为的利益相关性来判断，可以发现网络运营者的刑事责任也可分为 3 类。第一类是网络运营者不是犯罪的实施主体，对利用其平台实施犯罪的行为也持反对态度，但由于怠于履行管理责任或拒不履行管理责任引发危害后果而承担刑事责任；第二类是网络运营者不是犯罪的直接实施主体，明知他人利用平台实施犯罪且采取相应帮助措施，属于帮助犯；第三类是网络运营者是犯罪的直接组织者和实施者，属于刑法中的正犯。其中，第一类和第二类属于网络运营者作为中间商的网络平台的刑事责任，第三类是网络经营者作为直接犯罪主体而应当承担的刑事责任。

一、拒不履行网络安全管理义务罪

2015 年 11 月 1 日《刑法修正案（九）》正式施行。其中，新增的网络安全犯罪条款引发了人们的热议。

此次修正案第二百八十六条之一是新增罪名“拒不履行网络安全管理义务罪”，是网络服务提供者不履行法律、行政法规规定的信息网络安全管理义务并造成危害后果而构成的犯罪，明确了网络安全管理责任刑罚化的基础，强化了网络平台管理与政府治理在刑法上的法律关系，促进了行政执法与刑事司法治理手段的衔接。

这里属于第一类网络运营者责任，属于网络平台刑事责任的范畴。在前面提过，网络运营者是网络平台的上位概念，网络运营者包括处于中介地位、双边或多边关系的网络平台，也包括处于行为主体本身的网络运营者，在民事责任中体现为经营者地位，在刑事责任中则体现为犯罪主体。根据《刑法修正案（九）》第二百八十六条之一的规定，应当厘清以下几点。

（1）犯罪主体，《刑法修正案（九）》采用了“网络服务提供者”的概念（笔者认为与“网络运营者”的概念基本可以等同，为保持本书中的一致性，以下继续采取“网络运营者”的提法），既可能是自然人，也可能是单位。

（2）犯罪的主观要件，网络运营者在构成网络犯罪时，往往是其用户实施了犯罪活动，而网络运营者的主观要件可以有两种情况：一是知情、串通，即明知的状态；二是不知情，没有串通。《刑法修正案（九）》第二百八十六条规定的拒不履行网络安全管理义务罪，主要调整的是后一种情况，主观上是过失的。因此，网络运营者面对违法犯罪行为也是事前并不知情，没有共同故意的，网络运营者与政府管理部门的目的一致，都是为了防止网络违法犯罪活动的发生。

（3）依据法律、行政法规的规定，网络运营者有网络管理的义务。首要任务就要明确管理义务的来源，否则本罪的处罚范围将无限扩大，丧失罪刑法定的基本原则。这里强调了赋予网络运营者法定义务的，只能是法律和行政法规，要避免网络信息安全管理义务的泛化和扩大解释，尤其是部分司法解释、部门规章，乃至规范性文件，避免不当扩张处罚范围。

（4）需要处理平衡好行政监管与刑事处罚的关系，坚持主客观相统一。

网络运营者依照法律承担网络安全管理的义务，对网络犯罪行为虽然事前不知情，但“经监管部门责令采取改正措施”后应当立即采取措施；如果网络运营者在发出通知后“拒不改正”，导致出现危害后果，则构成本条犯罪。如果法律、行政法规没有规定法定义务，或者监管部门没有履行责令改正的行政执法程序或网络运营者根本没有能力做到，而不是拒不执行的，都不构成犯罪。由于我国互联网领域的监管部门较多，国家网信办、工业和信息化部、公安部、金融领域一行三会，以及商务部、国家市场监督管理总局、卫生健康委等各个部门都有执法权，部门间难免出现监管越位或选择性执法等情形。监管部门的执法是否规范会直接影响平台定罪量刑。一是监管部门的主体要合法；二是监管部门责令改正的内容和程序要合法，内容应当限于网络平台法定的信息安全管理责任，避免随意扩权；三是明确监管部门的权力边界，增加监管部门的执法责任，降低网络运营者的从业风险，避免未经“责令改正”而直接被定罪的情形发生。

二、帮助信息网络犯罪活动罪

帮助信息网络犯罪活动罪属于第二类网络运营者的犯罪构成，这里的网络运营者不是犯罪的直接实施主体，明知他人利用平台实施犯罪且采取相应帮助措施，也属于网络平台的刑事责任，是共同犯罪中的帮助犯。

对网络技术帮助犯做出特别规定始于2004年最高人民法院、最高人民检察院颁布的《关于办理利用互联网、移动通讯终端、声讯台制作、复制、出版、贩卖、传播电子信息刑事案件具体应用法律若干问题的解释》中第七条的规定，“明知他人实施制作、复制、出版、贩卖、传播淫秽电子信息犯罪，为其提供互联网接入、服务器托管、网络存储空间、通讯传输通道、费用结算等帮助的，以共同犯罪论处。”

2005 年最高人民法院、最高人民检察院颁布的《关于办理赌博刑事案件具体应用法律若干问题的解释》第四条规定："明知他人实施赌博犯罪活动，而为其提供资金、计算机网络、通讯、费用结算等直接帮助的，以赌博罪的共犯论处。"

2007 年 4 月 5 日最高人民法院、最高人民检察院颁布的《关于办理侵犯知识产权刑事案件具体应用若干问题的解释（二）》第十六条规定："明知他人实施侵犯知识产权犯罪，而为其……或者提供生产、经营场所或运输、储存、代理进口等便利条件、帮助的，以侵犯知识产权犯罪的共犯论处。"

2010 年，最高人民法院、最高人民检察院再次颁布的《关于办理利用互联网、移动通讯终端、声讯台制作、复制、出版、贩卖、传播电子信息刑事案件具体应用法律若干问题的解释（二）》第六条重新做出规定："电信业务经营者、互联网信息服务提供者明知是淫秽网站，为其提供互联网接入、服务器托管、网络存储空间、通讯传输通道、代收费等服务，并收取服务费，具有下列情形之一的……以传播淫秽物品牟利罪定罪处罚。"

2015 年《刑法修正案（九）》新增帮助网络犯罪活动罪作为第二百八十七条之二。此条款是否属于帮助行为正犯化还是帮助行为独立化，学界有不同主张。有的学者认为是帮助犯量刑的正犯化，也就是说，帮助犯没有被正犯化，只是分则条文对其规定了独立的量刑，而不再适用刑法总则关于对帮助犯的处罚规定的情形。

根据《刑法修正案（九）》第二百八十七条之二，对这项犯罪应分清以下几点。

（1）犯罪主观态度是明知，这是网络运营者承担刑事责任的关键。在相关司法解释中，对"明知"给出过认定标准。例如，2010 年《关于办理网络赌博犯罪案件使用法律若干问题的意见》中规定，关于网上开设赌场共同犯罪的认定和处罚中，对行为人的"明知"，规定如下标准："（一）收到行政主管机关书面等方式的告知后，仍然实施上述行为的；（二）为赌博网站提供互联网接入、服务器托管、网络存储空间、通讯传输通道、投放广告、软件开发、技术支持、资金支付结算等服务，收取服务费明显异常的；（三）在执法人员调查时，通过销毁、修改数据、账本等方式故意规避调查或者向犯罪嫌疑人通风报信的；（四）其他有证据证明行为人明知的。"在认定网络平台的帮助犯构成时，也可以参考以上标准来判断。

（2）在客观上给他人提供了互联网接入、服务器托管、网络存储空间、通信传输通道等技术帮助，便利了犯罪实施，或者提供了广告推广和支付结算，这些帮助行为可以使网络犯罪形成"社会化分工"，有利于提高犯罪效率，增强逃避打击的能力，因此做出专门规定。

（3）在提供技术支持和帮助的过程中，可以包括两种形态，即作为和不作为。作为形态的技术支持具有主动性，如提供广告推广等；但更多的情况是网络运营者处于技术服务的中立地位，如为他人提供互联网接入、服务器托管、网络存储空间、通信传输通道等。

如果所谓的中立技术被用于实施犯罪，而技术提供者对此明知，且客观上有能力使侵害结果避免发生的，若对相应犯罪予以放任则构成不作为的帮助犯。例如，在网络直播平台上，如果平台方对传播淫秽色情等相关信息内容明知而不作为，那么相关平台有可能被追究刑事责任。《互联网信息服务管理办法》《网络出版服务管理规定》规定，平台对于色情淫秽等非法信息负有“停止传输，及时报告，保留证据”等义务，在符合《刑法》规定的情形下，有可能成立不作为型犯罪。

2016 年通过的《网络安全法》第二十七条也规定了构成网络平台帮助犯的情形，“任何个人和组织……明知他人从事危害网络安全的活动的，不得为其提供技术支持、广告推广、支付结算等帮助。”

三、网络运营者的正犯形态

网络运营者的正犯形态是指网络运营者已经不再是提供中介服务的双边平台，而是直接从事犯罪活动的直接主体。此时，按照此前所界定的“网络平台”仅指中介服务的范围，网络运营者的正犯已经超出了网络平台的刑事责任研究范围。

以 P2P 平台为例，P2P 原本为借贷双方提供网络中介服务，是典型的双边市场。作为纯粹的网络中介服务平台，往往不会涉嫌犯罪。但如果超出中介服务的范围，设立资金池开展自融资业务，或者虚构用资目的汇聚资金形成资金池，则有可能触犯非法吸收公共存款罪或非法集资罪。

2013 年 11 月 25 日，由银监会牵头的九部委处置非法集资部际联席会议上，央行对“以开展 P2P 网络借贷业务为名实施非法集资行为”做了较为清晰的界定。

第一类为当前相当普遍的理财一资金池模式，即一些 P2P 网络借贷平台通过将借款需求设计成理财产品出售给放贷人，或者先归集资金、再寻找借款对象等方式，使放贷人资金进入平台的中间账户，产生资金池。在此类模式下，平台涉嫌非法吸收公众存款。

第二类，不合格借款人导致的非法集资风险，即一些 P2P 网络借贷平台经营者未尽到借款人身份真实性核查义务，未能及时发现甚至默许借款人在平台上以多个虚假借款人的名义发布大量虚假借款信息（又称为借款标），向不特定多数人募集资金，用于投资房地产、股票、债券、期货等市场，有的直接将非法募集的资金以高利贷的形式赚取利差，这些借款人的行为涉嫌非法吸收公众存款。

第三类是典型的庞氏骗局，即个别 P2P 网络借贷平台经营者，发布虚假的高利借款标募集资金，并采用在前期借新贷还旧贷的庞氏骗局模式，短期内募集大量资金后用于自己生产经营，有的经营者甚至卷款潜逃。此类模式涉嫌非法吸收公众存款和集资诈骗。

因此对 P2P 平台而言，构成刑事犯罪可能有以下几种情况。

（1）犯罪正犯，如上文所述，P2P 平台本身就是犯罪主体。

（2）帮助犯，P2P平台明知他人利用其从事犯罪活动。例如，某些网络集资平台的责任人没有对借款人的身份和资信能力进行相应审核义务，默许借款人在平台上实施非法吸收公众存款犯罪活动，那么P2P平台有可能构成共同犯罪。

四、犯罪预备行为的独立入罪

除上述3种情况之外，《刑法修正案（九）》第二百八十七条之一还新增了“非法利用信息网络罪”，将那些尚处于预备阶段的网络犯罪行为也独立入罪处罚，规定“利用信息网络实施下列行为之一，情节严重的，处三年以下有期徒刑或者拘役，并处或者单处罚金：（一）设立用于实施诈骗、传授犯罪方法、制作或者销售违禁物品、管制物品等违法犯罪活动的网站、通讯群组的；（二）发布有关制作或者销售毒品、枪支、淫秽物品等违禁物品、管制物品或者其他违法犯罪信息的；（三）为实施诈骗等违法犯罪活动发布信息的。”第（2）款规定：“单位犯前款罪的，对单位判处罚金，并对其直接负责的主管人员和其他直接责任人员，依照第一款的规定处罚。”

这一罪名是将尚处于预备阶段的行为实刑化，使得《刑法》规制的环节前移，希望通过事先打击有效防控网络风险。

在上述4种情况下，立法技术相同，都采取了几乎相同的描述，“单位犯前款罪的，对单位判处罚金，并对其直接负责的主管人员和其他直接责任人员，依照第一款的规定处罚。”因此在几个罪名下，都可能有自然人犯罪和单位犯罪两种情况，对单位犯罪会处罚直接负责的主管人员和其他直接责任人员。

第二章　网络平台行政责任研究

第一节　网络平台行政责任的立法演变及特点

一、中国互联网治理的认知演变

网络平台行政责任立法的核心和起源，是针对网络各类违法信息的发现、处理。从1994年中国正式接入国际互联网以来，随着对互联网功能性质的认识、理解和深入，中国互联网内容管理体制历经几次重大调整，对网络信息的处置思路也至关重要。

（一）1987—1996年，定位“信息通道”，由科技和信息基础设施建设部门管理

1987年9月20日，中国成功发出了第一封电子邮件“Across the Great Wall wecanr each every comerin the world.”这是中国第一次联网国际计算机网络。1994年4月20日，在中国科学院副院长胡启恒等前辈的不懈努力下，中关村地区教育与科研示范网络工程最终连入Internet，实现了与全球Internet的全功能连接，中国被国际上正式承认为真正拥有全功能Internet的国家。此事被中国新闻界评为1994年中国十大科技新闻之一，被《国家统计公报》列为中国1994年重大科技成就之一。

1994年6月8日，国务院办公厅发布《关于“三金工程”有关问题的通知》（国办发明电〔1994〕18号）。1994年8月，中国教育和科研计算机网（CERNET）正式立项。1994年9月，中国与美国商务部签订中美双方关于国际互联网的协议，中国公用计算机互联网（CHINANET）的建设开始启动。1994年11月，亚太网络工作组（APNG）年会在清华大学召开，这是国际互联网界在中国召开的第一次亚太地区年会。1996年1月13日，国务院信息化工作领导小组及其办公室正式成立，国务院副总理邹家华任领导小组组长。

这一时期互联网作为最前沿的科技产品主要以学术研究为主，中国科学院主持承担着与国际互联网组织和各个国内院校之间的网络连接工作。清华大学、北京大学等一些高等院校，特别是清华大学对建立实验性网络和参与一些国际相关会议的工作起到重要的组织协调作用。我国政府部门中的原电子工业部和原邮电部在国际互联网的基础性设施方面承担管理责任，原邮电部的中国电信则负责中国互联网和国际互联网之间的国际协定和开通国际互联干线。

（二）1997—1999年，定位“外宣平台”，由对外宣传部门负责管理

1997年3月，国务院新闻办公室利用互联网开展对外宣传问题下发文件，第一次明确规定国务院新闻办公室为互联网媒体的主管单位，并制定相应规范制度，指出网络外宣工作的基本方针是“积极支持、促进发展、宏观指导、归口管理”。这一方针显示中国政府将互联网视为对外宣传的工具和平台，统一归入外宣部门管理。

1999年10月16日，中共中央办公厅转发《中央宣传部、中央对外宣传办公室关于加强国际互联网络新闻宣传工作的意见》（中办发〔1999〕33号）。这是中共中央关于网络新闻宣传工作的第一个指导性文件，其明确了今后网络新闻宣传工作发展的方向。

（三）2000—2003年，定位“信息网络化”，由国务院信息化工作办公室负责

2000年，中国的三大门户网站，即新浪、搜狐、网易先后在美国纳斯达克上市，掀起了中国互联网企业海外上市热潮。2002年，中国互联网迎来第二次高潮，网络逐步渗入各行各业，各管理部门将现实行政职责对照延伸至网上，形成多头管理格局。

2000年4月，国务院新闻办公室网络新闻管理局成立，随后各省、自治区、直辖市的外宣办、宣传部相继成立网络管理机构，标志着网络新闻传播管理体制初步建立。2000年11月7日，国务院新闻办公室与信息产业部联合下发第一个专门规定互联网新闻传播的部门规章——《互联网站从事登载新闻业务管理暂行规定》。

2001年，中国设立国务院信息化工作办公室及国家信息化领导小组，负责审议国家信息化的发展战略、宏观规划，以及有关规章、草案和重大的决策，负责综合协调信息化和信息安全的工作。

2001年7月11日，中央政治局举办法制讲座，内容是运用法律手段保障和促进信息网络健康发展，并且明确指出，“对信息网络化的基本方针是积极发展，加强管理，趋利避害，为我所用，努力在全球信息网络化的发展中占据主动地位。”

2002年，中共中央办公厅、国务院办公厅联合下发《关于进一步加强互联网新闻宣传和信息内容安全管理工作的意见》（中办发〔2002〕8号），明确指出加强互联网新闻宣传和信息内容安全的管理是一项长期、艰巨、复杂的任务，各级党委政府要切实认真贯彻落实“积极发展，加强管理，趋利避害，为我所用”的基本方针，统一思想，提高认识，抓住机遇，尽快做大做强重点新闻网站，增强吸引力、影响力和竞争力。这一方针延续了对互联网的工具主义和实用主义思维，因此要“趋利避害，为我所用”。这一文件确立了我国互联网“多头管理”的基本格局。此后，互联网相关政府管理部门经常会通过联合专项行动对在线内容进行清理和管制。例如，2002年6月，北京市政府新闻办、北京市通信管理局、北京市公安局针对北京市10个综合性网站进行了突击检查，对网上出现的造谣、诽谤、颠覆国家政权，以及色情淫秽、封建迷信和赌博等信息进行了检查，对有害信息较多的栏目和网站进行了停机整顿和行政处罚。又如，2004年7月，中央宣传部、公安部、

最高人民法院、最高人民检察院、信息产业部等14个部门联合发布《关于依法开展打击淫秽色情网站专项行动有关工作的通知》，启动了全国打击淫秽色情网站专项行动。[①]

（四）2004—2006年，定位“新兴媒体”，16部委共同建立“全国互联网站管理工作协调小组”

2004年9月19日，中国共产党十六届四中全会通过的《中共中央关于加强党的执政能力建设的决定》指出：“高度重视互联网等新型传媒对社会舆论的影响，加快建立法律规范，行政监管、行业自律、技术保障相结合的管理体制，加强互联网宣传队伍建设，形成网上正面舆论的强势。”2004年11月，中共中央办公厅、国务院办公厅联合下发《关于进一步加强互联网管理的意见》（中办发〔2004〕32号），再次强调要研究互联网发展规律，促进互联网“更好更快地发展”，形成“法律规范、行政监管、行业自律、技术保障”的互联网管理体制。这一方针标志着中国互联网管理思路发生根本变革，将互联网纳入媒体管理范畴，强调行政管理的法律化、规范化、制度化的同时，在管理部门之外开始注重行业组织和网站自身的“行业自律”作用，将“党管媒体”思路延伸至互联网领域，并辅之以媒体自律手段。从此，“自律”与“他律”成为互联网管理的两翼。

在这一方针指引下，2004年10月26日，全国第一家地方性行业自律组织——北京网络媒体协会（现首都互联网协会，2012年7月更名）成立，并开始探索和实践互联网违法和不良信息举报热线、网络监督志愿者、网络新闻评议会、妈妈评审团、网络自律专员五大自律品牌，持续开展了网络媒体大过年、新春祝福短信大赛、网络文化节等文化活动，成为互联网行业自律模式示范的“北京样本”。

为切实做好互联网站管理工作，加强互联网管理部门之间的协调，建立互联网站管理工作长效机制，2006年2月17日，中央宣传部、信息产业部、国务院新闻办公室、教育部、文化和旅游部、卫生部、公安部、国家安全部、商务部、国家广播电影电视总局、新闻出版总署、国家保密局、国家市场监督管理总局、国家食品药品监督管理总局、中国科学院、总参谋部通信部16部委联合下发《互联网站管理协调工作方案》，共同建立“全国互联网站管理工作协调小组”，负责对全国互联网站日常管理工作的协调、指导，各成员单位对互联网站实施齐抓共管。在协调小组统一协调下，互联网行业部门、专项内容主管部门、前置审批部门、公益性互联单位主管部门、企业登记主管部门，应认真落实互联网站管理职责，加强沟通，密切合作，形成管理合力，对网站实施齐抓共管。互联网行业主管部门负责互联网行业管理工作，前置审批部门负责互联网信息服务各自主管服务项目的前置审批，国务院新闻办公室负责互联网上意识形态工作，公安机关负责互联网站安全监督，公益性互联单位主管部门负责

① 涂敏，胡颖辉主编. 网络安全与管理［M］. 南昌：江西高校出版社，2009.

对所主管的公益性互联单位进行日常监管。要求“谁主管谁负责”。

（五）2007—2009年，定位“网络文化”，确立宣传文化管理部门的行业主管地位

2007年年初，中国网民达到1.37亿人，首次突破国内总人口比例的10%。2007年1月23日，胡锦涛总书记在中央政治局第38次集体学习时，发表题为“以创新的精神加强网络文化建设和管理”的重要讲话，就加强网络文化建设和管理提出5项要求，其中包括“要坚持依法管理、科学管理、有效管理，综合运用法律、行政、经济、技术、思想教育、行业自律等手段，加快形成依法监管、行业自律、社会监督、规范有序的互联网信息传播秩序，切实维护国家文化信息安全。”

2007年4月，北京市委、市政府办公厅转发了北京市互联网宣传管理领导小组《关于加强北京市网络文化建设的意见》，提出“唱响网上主旋律，创造网络文化发展环境，扎实推进文明办网、文明上网，坚持依法、科学、有效加强网络管理，加强网络文化队伍建设和加强对网络文化建设工作的领导”等7个方面共2二条具体措施。

2007年6月1日，中共中央办公厅、国务院办公厅联合下发《关于加强网络文化建设和管理的意见》（中办发〔2007〕16号），正式提出“互联网等信息网络作为重要的技术平台和信息传播平台，既具备通信功能，也具备媒体功能；既有产业属性，也有意识形态属性。能否积极利用和有效管理互联网等信息网络，能否真正使他们成为传播社会主义先进文化的新途径、公共文化服务的新平台、人们健康精神文化生活的新空间、对外宣传的新渠道，关系到社会主义文化事业和文化产业的健康发展，关系到文化安全和国家长治久安，关系到中国特色社会主义先进文化建设、构建社会主义和谐社会的高度，以积极的态度、创新的精神，大力发展和传播健康向上的网络文化，切实把互联网等信息网络建设好、利用好、管理好。”明确网络文化建设和管理的方针原则之一是，“坚持一手抓建设、一手抓管理。按照社会主义精神文明建设的要求，遵循信息网络的特点和规律，文明办网、依法管网，在建设中加强管理，以管理促发展，谁主管谁负责、谁经营谁负责、谁审批谁监管、谁办网谁管网，实行属地化管理。”

这一方针在政府依法监管外，又引入行业、社会等多方责任主体，要求“行业自律、社会监督”，同时强调政府、行业、社会等各种责任主体间要共存、共行，要“规范有序”，政府的主管责任、审批责任和网站的经营责任、办网责任并重，应当各负其责。

以网络文化角度重新对互联网功能进行定位，明确了互联网的媒体属性和意识形态属性，标志着我国对互联网的高度重视和强化管理，从意识形态管理工作的传统和需要，确立了宣传文化管理部门是网络文化信息服务的行业主管部门，要依照宣传文化工作的方针政策和有关法律法规，统筹网络文化信息服务的产业发展、行业管理、内容建设和安全监管。明确了中央建立网络文化和管理联席会议制度，总体协调网络文化建设和管理，强化

了网络文化工作的属地化管理。

2007年10月15日，胡锦涛总书记在党的十七大报告第七部分《推动社会主义文化大发展大繁荣》的第二章《建设和谐文化，培育文明风尚》中提出，“加强网络文化建设和管理，营造良好网络环境。”

（六）2009—2010年，定位“新闻舆论和社会动员平台”，提出“确保安全”方针

2010年1月24日，国务院新闻办公室发言人就中国互联网发展和管理有关情况接受新华网记者专访时表示，“互联网是20世纪的重大科技发明。中国政府高度重视互联网的建设和发展，始终坚持积极利用、科学发展、依法管理、确保安全的基本方针。”这是我国互联网管理方针中首次提出“确保安全”概念。

2010年6月8日，国务院新闻办公室发表《中国互联网状况》白皮书，明确提出，“建设好、利用好、管理好互联网，关系国家经济繁荣和发展，关系国家安全与社会和谐，关系国家主权、尊严和人民根本利益。积极利用、科学发展、依法管理、确保安全是中国政府的基本互联网政策。中国政府始终坚持依法管理互联网，致力于营造健康和谐的互联网环境，构建更加可信、更加有用、更加有益于经济社会发展的互联网。中国政府将不断完善互联网发展与管理政策，使其更加符合互联网发展与管理的内在规律及客观需要。”

2010年年底，波及北非、西亚的阿拉伯之春、茉莉花革命，使人们再次见识到微博等社会化媒体强大的组织动员功能。网络发达国家利用互联网对外进行意识形态输出、组织策划政治事件，成为所有网络弱势国家需要面对的共同挑战。网络安全、网络主权已经成为国家安全、国家主权的重要组成部分。

2010年8月11日，中共中央办公厅、国务院办公厅下发的《关于加强和改进互联网管理工作的意见》（中办发〔2010〕24号）明确提出，“加强网站准入管理。将论坛、博客、搜索引擎等具有新闻舆论和社会动员功能的互联网、手机等新兴媒体业务纳入专项许可范围。”“逐步推进网络实名制。”对互联网的管理切入点是网络身份管理，以实名制为抓手，加强对网络空间舆论秩序的管理。

（七）2011年后，定位“网络社会”，互联网进入社会综合管理阶段

2011年后，微博用户数量激增，渗透至社会政治、经济、民生，影响人们工作、生活、娱乐、商务等方方面面，网络构成了我们社会新的社会形态，是支配和改变我们社会的源泉，“网络社会”概念被不断强化。网络社会管理被视为现代社会管理的重要组成部分。

2011年2月19日，胡锦涛总书记在省部级主要领导干部社会管理及其创新专题研讨班发表重要讲话，指出当前要重点抓好的八点工作意见，其中第七点是“进一步加强和完善信息网络管理，提高对虚拟社会的管理水平，健全网上舆论引导机制”。

2011年5月4日，国家互联网信息办公室正式挂牌成立。该机构负责人接受记者采访时说，“切实把互联网建设好、利用好、管理好，是党和政府一以贯之的明确要求。国家互联网信息办公室的设立，是贯彻中央部署要求的一项重要举措，有利于进一步加强互联网建设、发展和管理，有利于加强统筹协调，形成并完善法律规范、行政监管、行业自律、技术保障、公众监督和社会教育相结合的互联网管理体系，提高对网络虚拟社会的管理水平。”国家互联网信息办公室的“主要职责包括落实互联网信息传播方针政策和推动互联网信息传播法制建设，指导、协调、督促有关部门加强互联网信息内容管理，依法查处违法违规网站等”。国家互联网信息办公室成立后，将我国分散在多个部门的管理职责进行集中，形成以3个部门为主的局面，即国家互联网信息办公室主管互联网信息内容，工业和信息化部主管行业发展，公安部负责打击网络违法犯罪。通过一定程度的整合，统一了管理权限和部门，更加有利于统筹协调，对互联网的信息管理也更加合理有效，但从长远来看，互联网信息传播的法制建设才是根本之策。

2011年9月，中央社会治安综合治理委员会更名为中央社会管理综合治理委员会，被赋予协调和指导社会管理工作的重要职能，预示社会综合治理由过去强调社会控制向更多元管理的转变，更加注重社会的协调，以及背后的多元化利益诉求。

2011年11月8日，《中共中央办公厅、国务院办公厅转发〈国家互联网信息办公室、工业和信息化部、公安部关于加强微博客管理工作的意见〉的通知》（中办发（2011）36号文件）明确规定，要形成党委统一领导、政府严格管理、企业依法运营、行业加强自律、全社会共同监督的互联网管理格局。认真落实谁主管谁负责、谁审批谁监管、谁接入谁负责的要求，切实履行对属地内网站的管理责任。此外，还要强化微博客网站自律机制建设，加强行业自律、企业自律，加强社会监督，畅通网民监督举报渠道，健全相关举报奖励办法，督促微博客网站设置不良信息曝光专区，采取多种方式在微博客用户中广泛开展互联网法制教育、道德教育、诚信教育，引导微博客用户依法文明上网。

2012年11月8日，胡锦涛总书记在十八大报告中提出，“加强和改进网络内容建设，唱响网上主旋律。加强网络社会管理，推进网络规范有序运行。”2012年12月14日，习近平总书记在视察腾讯公司时谈到了互联网在社会管理方面的作用，提出“现在人类已进入互联网时代这样一个历史阶段，这是一个世界潮流，而且这个互联网时代对人类的生活生产、生产力的发展都具有很大的进步推动作用。”

2014年2月，中央网络安全和信息化委员会领导小组成立，习近平总书记任组长，强调“没有网络安全就没有国家安全，没有信息化就没有现代化”。这预示着我国互联网管理体制机制将发生重大变化，加强顶层设计、统筹管理、统一谋划、统一部署、统一实施是未来的总体思路。李克强总理在两会工作报告中强调，“在加强法治的同时，实行多元主体共同治理方式”。至此，中国将网络社会纳入了实体社会的管理体系，从创新社会管理、保障国家安全角度，将治理主体扩大到党委、政府、企业、行业、社会，要求法治、自治、自律、他律、互律协同作用，形成多元管理局面。除按照传统的自上而下层级结构建立纵向的权力线之外，还必须依靠各种合作伙伴建立横向的行动线。这是新历史时期政府开放、自信的体现。

（八）强化主体责任，把互联网管理与国家治理相关联

2016 年 4 月 19 日，习近平总书记在网络安全和信息化工作座谈会上强调，“各级党政机关和领导干部要学会通过网络走群众路线……善于运用网络了解民意、开展工作，是新形势下领导干部做好工作的基本功”，把对网络的治理能力及网络安全和信息化工作提高到前所未有的高度，与国家治理能力联系到一起。

二、网络平台行政责任立法的历史阶段

回顾历史，网络平台行政责任的立法演变可分为以下 3 个阶段。

（一）初始阶段（1996—2000 年）

我国互联网专门立法始于 1996 年《中华人民共和国计算机信息网络国际联网管理暂行规定》（国务院令第 195 号，1997 年 5 月 20 日修正）。1998 年《中华人民共和国计算机信息网络国际联网管理暂行规定实施办法》中就出现了平台行政义务的规定，要求“互联单位、接入单位和用户应当遵守国家有关法律……不得制作、查阅复制和传播妨碍社会治安和淫秽色情等有害信息……采取措施，不得使其扩散。”

2000 年，《互联网信息服务管理办法》（国务院令第 292 号）对于平台的行政责任做出进一步规定，采用了列举的方式，要求互联网信息服务提供者履行对于利用其网站传输的明显属于违反“九不准”内容信息的发现、停止传输、保存及报告义务。《互联网信息服务管理办法》（国务院令第 292 号）是网络信息内容平台在从事互联网信息内容服务、制作和传播过程中应当遵守的第一个“基本法”。此后若干互联网领域各个部门规章中涉及不得传播的内容的规定，都可以追溯至此。

2000 年底，全国人民代表大会常务委员会发布《关于维护互联网安全的决定》，要求从事互联网业务的单位履行对于网络违法犯罪行为和有害信息的发现采取措施、停止传输及报告义务，平台行政责任立法初见端倪。

（二）兴起阶段（2000—2009 年）

2000 年，中国的三大门户网站新浪、搜狐、网易先后在纳斯达克上市。中国互联网迅速走出寒冬，爆发蓬勃生机，网络逐步渗入各行各业，各管理部门将现实行政职责对照延伸至网上，形成“九龙治水、多头管理”格局。

2004 年 11 月，中共中央办公厅、国务院办公厅联合下发《关于进一步加强互联网管理的意见》（中办发〔2004〕32 号），再次强调要研究互联网发展规律，促进互联网“更

好更快地发展”，形成“法律规范、行政监管、行业自律、技术保障”的互联网管理体制。

2006年2月17日，为切实做好互联网站管理工作，加强互联网管理部门之间协调，建立互联网站管理工作长效机制，中央宣传部、信息产业部、国务院新闻办公室、教育部、文化和旅游部、卫生部、公安部、国家安全部、商务部、国家广播电影电视总局、新闻出版总署、国家保密局、国家市场监督管理总局、国家食品药品监督管理总局、中国科学院、总参谋部通信部16部委联合下发《互联网站管理协调工作方案》，共同建立“全国互联网站管理工作协调小组”，负责对全国互联网站日常管理工作的协调、指导，各成员单位对互联网站实施齐抓共管。全国协调小组办公室设立在信息产业部，负责小组各成员单位间沟通协调工作，负责定期召集联席会议，建立日常工作协调和信息沟通渠道。另外，在协调小组统一协调下，分配了各部门的职责，并要求“谁主管谁负责”。

在“谁主管谁负责”的思路下，多个部委从各自管理体制、管理职责角度出发，从线下延伸到线上，部委规章层级的互联网立法形成第一个小高潮。

例如，2000年11月6日，信息产业部发布《互联网电子公告服务管理规定》（信息产业部令第3号，已经失效）；2002年6月，新闻出版总署发布《互联网出版管理暂行规定》（新闻出版总署、信息产业部令第17号，已经失效）；2004年7月，国家食品药品监督管理总局发布的《互联网药品信息服务管理办法》（国家食品药品监督管理总局令第9号）；2005年4月，国家版权局发布《互联网著作权行政保护办法》（国家版权局、信息产业部令2005年第5号）；2005年9月，国务院新闻办发布的《互联网新闻信息服务管理规定》（国务院新闻办、信息产业部令第37号）；2007年，商务部发布的《关于网上交易的指导意见（暂行）》（商务部公告2007年第19号）；2009年3月工业和信息化部发布的《电信业务经营许可管理办法》（工业和信息化部令第5号）；2009年4月发布的《外国机构在中国境内提供金融信息服务管理规定》（国务院新闻办公室、商务部、国家市场监督管理总局令第7号）；2009年5月卫生部发布的《互联网医疗保健信息服务管理办法》（卫生部令第66号，已经失效）；等等。各个管理部门几乎都出台了一部与互联网相关的部门规章，设置了至少一项与互联网相关的行政许可。

（三）爆发阶段（2009年至今）

近年来世界范围内的暴力事件让人们见识到了社交媒体强大的组织动员能力。2010年8月11日，中共中央办公厅、国务院办公厅下发的《关于加强和改进互联网管理工作的意见》（中办发〔2010〕24号）明确提出，“加强网站准入管理。将论坛、博客、搜索引擎等具有新闻舆论和社会动员功能的互联网、手机等新兴媒体业务纳入专项许可范围。”“逐步推进网络实名制。”对互联网的管理切入点是网络身份管理，以实名制为抓手，加强对网络空间舆论秩序的管理。

从2009年开始，关于平台行政义务及实名注册的立法规定数量越来越多。这一阶段还呈现出在互联网各细分领域新增大量相关立法的特点，这与我国互联网产业在垂直细分领域纵深发展一致。

例如，在网络交易服务领域，参照 2007 年商务部发布的《关于网上交易的指导意见（暂行）》，商务部 2008 年先后出台了《网络交易服务规范》和《电子商务模式规范》；2011 年又专门出台了《第三方电子商务交易平台服务规范》，再结合 2010 年国家工商总局出台的《网络商品交易及有关服务行为管理暂行办法》（已废止）、2014 年出台的《网络交易管理办法》和《电子商务法》，最终形成了关于第三方交易平台经营者的完整义务体系。

又如，在网络内容产业领域，从 2010 年开始，国家新闻出版广电总局与文化和旅游部陆续出台了系列部门规章和规范性文件，对于包括为网络出版物和网络文化产品提供平台服务在内的所有经营者的行政义务做了具体规定。

总体来看，管理部门在对互联网各相关领域进行监管时，基本秉持了“以网管网”的网络监管思路，以平台为抓手，通过立法为平台设定大量行政义务，转移让渡部分行政管理职权，借助网络平台实现网络监管的目的。

三、网络平台行政责任的特点

网络平台行政责任，结合近年来我国互联网领域相关立法，可以初步看出其中思路，基本是指行政机关将本应由其履行的行政管理职责，以立法形式部分“让渡”给网络平台。其主要具有以下几个特征。

（1）行政机关是最初的权力主体。现行关于平台行政义务的规定，最显著的特征就是这些义务规定的具体内容本身应属于行政机关的天然职权范围，理应由相应行政机关来行使，出于监管需要转移给了平台。以现行立法中大量存在的平台要履行网络违法信息发现及停止传输、保存、报告等附随义务为例，上述义务关系到用户的表达自由等核心权利，是有权行政机关行使网络监管职权的重要内容。

（2）行政机关进行了权力“让渡”。平台行政义务的具体内容属于行政机关天然职责范畴，但行政机关出于管理的便利，将管理职责让渡给网络平台。例如，《食品安全法》第六十二条第（2）款规定，“网络食品交易第三方平台提供者发现入网食品经营者有违反本法规定行为的，应当及时制止并立即报告所在地县级人民政府食品药品监督管理部门；发现严重违法行为的，应当立即停止提供网络交易平台服务。”又如，《网络安全法》第四十七条规定，“网络运营者应当加强对其用户发布的信息的管理，发现法律、行政法规禁止发布或者传输的信息的，应当立即停止传输该信息，采取消除等处置措施，防止信息扩散，保存有关记录，并向有关主管部门报告。”这里对违法信息的认定、制止原本属于行政机关的管理职责。

（3）“让渡”后具有“准行政权力”属性。我们对现行法律进行了统计，涉及“制止”的法律共103部、189处，其中，行政机关作为“制止”实施者的有135处，作为私人主体的有54处，“制止”带有鲜明的行政职权色彩。行政机关依法行使权力，并履行相应职责。但行政机关通过立法将上述职责以义务形式全部或部分“让渡”给平台，从权力角度看，这意味着平台行政义务最起码具备了某种“准行政权力”属性。也就是说，平台既是对应的义务主体，也是某种“准行政权力”的行使主体。

有学者把这种权力称为“私权力”，认为“网络空间中不同类型的服务之间是分层的，可能存在一种服务支配另一种服务的情形。由于技术架构的原因，在网络空间中比较特殊的是，打破这种既有均衡凭借的不再简单是传统的社会资源和经济资源，更多借助的是平台架构等优势资源。一方具有相对另一方和另外几方的优势地位，一方具有主动打破既有均衡的机会、能力或资源——网络安全服务的背后是技术架构上的优势，微软黑屏背后是其技术能力，《淘宝规则》背后是其平台资源。”文献认为这种私主体设立的管理规范权力很大，平台上的其他用户，只有“要么接受、要么退出”，因而“私权力”建立在“私主体对开放平台的控制上。”

应当看到的是，尽管网络平台相对于另外几方有一定的优势，但这种优势是在市场充分竞争条件下自然形成的。“私权力”使用了“权力”而非“权利”一词，似乎将网络平台获得“权力”的过程描述得过于主动。

但在实践中还要一分为二来看。一方面，在市场竞争中，生态链中的上游企业，尤其是网络平台型企业，以及开放和中立的上游企业更容易对整个生态链形成正向带动作用，如中国移动曾经推出的移动梦网，以及现在各个网络平台都在实践的开放平台。如果上游企业规则不明、肆意滥用自身优势，就会给整个产业带来巨大破坏，典型案例如3Q大战、3B大战等。但这里还不是笔者讨论的网络平台的法律责任。另一方面，网络平台企业因部分行政管理权力的转移和让渡，“被动”承担了对其他主体的管理、监督权限，被动具有了“权力”的色彩。这才是本书想探讨的问题所在。

（4）平台的行政责任与平台上用户的权益密切相关。在互联网监管中，行政机关是天然的监管主体，平台及用户则是监管的对象。由于信息、技术的局限，行政机关可能难以实现对平台上用户的直接监管，而需要借助平台的力量，由平台来履行监管职责，即所谓的“政府管平台，平台管用户”。因此，从表面上看，平台是法定的义务主体，但究其实质而言，用户也是这些规定的承受主体之一，平台的行政责任条款与平台、用户权益息息相关。

（5）一部分网络综合性平台已经介入传统的重监管领域，承担更为严格的行政责任。

例如，城市出租车运营、互联网时政新闻服务、网络出版服务及金融服务等领域，因为已经涉及更多社会大众的人身权益和财产权益，以及社会公共秩序的健康发展，并已进入公共领域，所以需要国家有公权力的部门管理介入，既要事前设置更加严格的行政许可门槛，也要承担更重的网络平台责任。

例如，2016 年 7 月 28 日交通运输部发布的《网络预约出租汽车经营服务管理暂行办法》，规制的平台是“网约车平台公司”。第二条规定，“本办法所称网络预约出租汽车经营者（以下简称网约车平台公司），是指构建网络服务平台、从事网约车经营服务的企业法人。”第二章规定了“网约车平台公司”从事网约车经营应当满足的行政许可条件，应当取得《网络预约出租汽车经营许可证》，并向企业注册地省级通信主管部门申请互联网信息服务备案，方可开展相关业务。从事网约车经营的车辆，在满足相应条件后，经服务所在地的出租汽车行政主管部门审核后，发放《网络预约出租汽车运输证》。对从事网约车服务的驾驶员，在满足相应条件后，由服务所在地设区的市级出租汽车行政主管部门根据驾驶员或者网约车平台公司申请，发放《网络预约出租汽车驾驶员证》。《网络预约出租汽车经营服务管理暂行办法》明确了网约车平台公司、驾驶员及车辆三证都必须齐全。此外，第十条规定，“网约车平台公司涉及经营电信业务的，还应当符合电信管理的相关规定。网约车平台公司应当自网络正式开通之日起 30 日内，到网约车平台公司管理运营机构所在地的省级人民政府公安机关指定的受理机关办理备案手续。”第十六条明确规定，“网约车平台公司承担承运人责任，应当保证运营安全，保障乘客合法权益。”第二十一条规定，“网约车平台公司不得妨碍市场公平竞争，不得侵害乘客合法权益和社会公共利益。”

又如，在 P2P 网贷行业，2016 年 8 月 24 日银监会、公安部、工业和信息化部、国家网信办共同颁布的《网络借贷信息中介机构业务活动管理暂行办法》规制的平台是“网络借贷信息中介机构”。第二条明确规定，“网络借贷是指个体和个体之间通过互联网平台实现的直接借贷。个体包括自然人、法人及其他组织。网络借贷信息中介机构是指依法设立，专门从事网络借贷信息中介业务的金融信息中介公司。该类机构以互联网为主要渠道，为借款人与出借人（贷款人）实现直接借贷提供信息搜集、信息公布、资信评估、信息交互、借贷撮合等服务。”要求网络借贷信息中介机构要按照依法、诚信、自觉、自愿、公平的原则为借款人和出借人提供信息服务，维护出借人与借款人合法权益，不得提供增信服务，不得直接或间接归集资金，不得非法集资，不得损害国家利益和社会公共利益。第五条规定，“网络借贷信息中介机构应当在领取营业执照后 10 个工作日内向工商登记注册地的相关金融监管部门备案登记。在备案登记后，还要按照通信主管部门的相关规定申请相应的电信业务经营许可，否则不得开展网络接待信息中介业务。”在法律责任方面，第四十条规定，“网络借贷信息中介机构违反法律法规和网络借贷有关监管规定，要予以行政处罚，构成犯罪的依法追究刑事责任。”

通过以上两个领域的立法，我们可以看出，网络综合性平台涉足传统重监管领域后，其法律责任方面与前文提到的网络信息服务平台、网络商品服务交易平台相比，呈现以下新特点。

（1）网络综合性平台具有经济外部性。网络综合性平台从事的业务不再局限于网络线上业务，已经与社会大众的人身权益、财产权益密切相关，涉及了社会公共利益和社会公共秩序，具有了社会外部性。

（2）需要线上线下机构双重审批许可。普通的互联网公司，一般只需要线上业务的行政许可，如《互联网新闻信息服务许可证》《网络视听节目许可证》等。但当网络综合性平台进入传统重监管领域后，事前的行政准入门槛增设了较高条件，还需要传统线下的行业行政主管部门和线上网络电信运营主管部门的双重许可。例如，网约车平台公司除了需要互联网经营许可，需要出租汽车行政主管部门的行政许可，还需要在企业注册地省级通信主管部门、省级人民政府公安机关指定的受理机关办理备案手续；网络借贷信息中介机构在领取营业执照后，要到工商登记注册地的相关金融监管部门、通信主管部门办理备案登记。

（3）在网络综合性平台的定位上，有时承认网络平台的中介作用，如网络借贷信息中介机构；有时略去网络平台的中介地位，将网络平台定位为直接提供服务的主体一方，要求其承担主体责任，而非第三方网络平台责任。例如，将网约车平台公司的法律地位直接定位为“承运人”，要求其必须站在承运人角度，保证运营安全，保障乘客合法权益，赋予其更为严格的法律义务。

（4）在事后的法律责任上更为严格。对相对人造成损失的，要承担民事责任；违反有关法律法规的，相关管理部门要进行行政处罚；涉嫌犯罪的，要依法追究刑事责任。

第二节　网络平台的行政法律责任

一、不参与经营活动的网络平台行政责任

根据此前按照利益相关性原则对网络平台类型化的划分，第一类网络平台仅提供技术措施，不参与经营，是指仅作为网络基础设施，为生产关系中的各方提供技术条件、技术措施，类似互联网的水和电，不参加网络内容制作、不参与广告收益分成等活动。这类平台以用户上传内容的 UGC 类聚合平台为主，如博客、论坛、公众号、朋友圈、网盘、云盘等。

在这个研究框架下，真正的互联网内容提供者、管理部门与只提供技术、不参与经营活动（不提供网络内容）的网络平台，形成了网络平台行政责任 1.0 模型。

（一）网络信息传播权领域

我们仍然以网络信息传播权保护为例进行分析。在这种情形下，真正的互联网内容提

供者与只提供技术、不参与经营活动的网络平台应当承担的行政责任是不同的。

在民事领域，只提供技术的网络平台一般不承担侵权赔偿责任，只在“明知或应知”有主观过错的情况下承担共同侵权的连带责任。

1. 互联网内容提供者的行政责任

《著作权法》《互联网著作权行政保护办法》等主要在于规制和明确互联网内容提供者，不得侵害他人著作权，不得损害公共利益。

（1）《著作权法》第四十八条。

《著作权法》第四十八条列举了侵犯著作权的8种行为，包括：“（一）未经著作权人许可，复制、发行、表演、放映、广播、汇编、通过信息网络向公众传播其作品的，本法另有规定的除外；（二）出版他人享有专有出版权的图书的；（三）未经表演者许可，复制、发行录有其表演的录音录像制品，或者通过信息网络向公众传播其表演的，本法另有规定的除外；（四）未经录音录像制作者许可，复制、发行、通过信息网络向公众传播其制作的录音录像制品的，本法另有规定的除外；（五）未经许可，播放或者复制广播、电视的，本法另有规定的除外；（六）未经著作权人或者与著作权有关的权利人许可，故意避开或者破坏权利人为其作品、录音录像制品等采取的保护著作权或者与著作权有关的权利的技术措施的，法律、行政法规另有规定的除外；（七）未经著作权人或者与著作权有关的权利人许可，故意删除或者改变作品、录音录像制品等的权利管理电子信息的，法律、行政法规另有规定的除外；（八）制作、出售假冒他人署名的作品的。”以上行为应当对权利人承担停止侵害、消除影响、赔礼道歉、赔偿损失等民事责任。

（2）《著作权行政处罚实施办法》第三条，重点强调对公共利益的损害。

《著作权行政处罚实施办法》第三条在《著作权法》的基础上，继续补充：“（一）《著作权法》第四十七条列举的侵权行为，同时损害公共利益的；（二）《计算机软件保护条例》第二十四条列举的侵权行为，同时损害公共利益的；（三）《信息网络传播权保护条例》第十八条列举的侵权行为，同时损害公共利益的；第十九条、第二十五条列举的侵权行为；（四）《著作权集体管理条例》第四十一条、第四十四条规定的应给予行政处罚的行为；（五）其他有关著作权法律、法规、规章规定的应给予行政处罚的违法行为。”

2. 互联网信息服务提供者的行政责任

《互联网著作权行政保护办法》第十一条规定，互联网信息服务提供者明知互联网内容提供者通过互联网实施侵犯他人著作权的行为，或者虽不明知，但接到著作权人通知后未采取措施移除相关内容，同时损害社会公共利益的，著作权行政管理部门可以根据《著作权法》第四十七条的规定责令其停止侵权行为，并给予行政处罚。

根据这项规定，我们发现，第一类网络平台承担行政责任应当满足以下条件。

（1）主观上有过错，明知互联网内容提供者在实施侵犯他人著作权的行为。

(2) 主观上虽然没有过错，但客观上损害了社会公共利益。

(3) 互联网信息服务提供者主观上的过错需要证明，如果没有证据表明其明知，或者在接到著作权人通知后采取措施移除相关内容的，不承担行政法律责任。

(二) 网络广告领域

在互联网广告领域，根据《广告法》和《互联网广告管理暂行办法》的规定，真正的互联网内容提供者在互联网广告领域表现为"广告发布者"，仅提供技术、不参与经营的网络平台是《广告法》第四十五条所提到的"互联网信息服务提供者"。这两者应当承担的行政责任也是不同的。但在网络广告领域，网络平台有可能存在多重身份，既可能是广告发布者，又可能是互联网信息服务提供者，这需要具体到某个案例场景下进行区分，什么样的平台就应当承担什么样的责任，这也是本书希望从平台类型化角度入手分析的目的所在。

1. 广告发布者的行政责任

《广告法》第二条第 (4) 款规定，"广告发布者，是指为广告主或者广告主委托的广告经营者发布广告的自然人、法人或者其他组织。"

该法律条文包括了两层意思：第一，是为广告主或者广告主委托的广告经营者发布广告，而不是为自己发布广告，为自己发布广告的是广告主；第二，范围上扩大到自然人、法人或其他组织，随着互联网信息技术的发展，一些自媒体成为广告发布的渠道，自然人也可以成为广告发布者。

根据《广告法》和《互联网广告管理暂行办法》的规定，互联网广告发布者的法定义务至少包括以下几个方面。

(1) 建立健全互联网广告业务的承接登记、审核、档案管理制度。

(2) 审核查验并登记广告主的名称、地址和有效联系方式等主体身份信息，建立登记档案并定期核实更新。

(3) 应当查验有关证明文件，核对广告内容，对内容不符或者证明文件不全的广告，不得设计、制作、代理、发布。

(4) 应当配备熟悉广告法规的广告审查人员；有条件的还应当设立专门机构，负责互联网广告的审查。

《广告法》第五十五条第 (3) 款规定，"如果广告经营者、广告发布者明知或应知广告虚假仍设计、制作、代理、发布的，由市场监督管理部门没收广告费用，并处广告费用三倍以上五倍以下罚款；情节严重的，最高处以 200 万罚款，并可以由有关部门暂停广告发布业务、吊销营业执照、吊销广告发布登记证件。"

此外，在第五十八条第 (3) 款 1、第五十九第 (2) 款 2，当广告主的广告内容出现违法情况时，市场监督管理部门对广告经营者、广告发布者进行的行政处罚，都强调了广告发布者的主观过错，都要在“明知或应知”的情况下。

2. 网络广告领域互联网信息服务提供者的行政责任

《广告法》的修订，对互联网广告的重要一点是第四十五条3承认了“互联网信息服务提供者”这一主体。这个概念的出现，是对网络广告行业和互联网信息技术发展现状的正视。对照网络平台行政责任1.0模型，互联网信息服务提供者相当于只提供技术的网络平台。提出这个新的主体，反映了立法者承认了在某种特定情形下，互联网信息服务提供者本身并不是广告发布者，也不是广告信息的接收者，也没有在广告费用中得到收益或分成，与广告商业活动本身无关，只为他人发送、发布广告的活动提供了一个信息传输的场所或平台，它的角色属于只提供技术服务、不参与经营活动的“第三方平台”。《互联网广告管理暂行办法》第十七条，再次细化并重申了这一立法精神，“未参与互联网广告经营活动，仅为互联网广告提供信息服务的互联网信息服务提供者，对其明知或者应知利用其信息服务发布违法广告的，应当予以制止。”

在广告实践中，互联网信息服务提供者与互联网广告发布者如何区分认定，成为广大执法者、从业者的主要困扰。

（1）网站收费了是否就是互联网广告发布者。

这首先要看收的是什么费。根据《互联网信息服务管理办法》（国务院令第292号），互联网信息服务是指通过互联网向上网用户提供信息的服务活动，包括了经营性互联网信息服务和非经营性互联网信息服务。经营性互联网信息服务是指通过互联网向网络用户有偿提供信息或者网页制作的服务活动。非经营性互联网信息服务是指通过互联网向网络用户无偿提供具有公开性、共享性信息的服务活动。

值得注意的是，这里的经营性“有偿服务”与广告活动是两个问题。

经营性、向用户提供有偿服务，有可能是向用户提供信息技术服务、收费会员服务、增值服务等，不一定是收取广告费的活动。例如，新浪微博的微博会员服务，自2012年起新浪为其微博会员提供身份、功能、手机及安全4类增值服务。每月只需要支付10元，开通会员后关注对象的上限可以突破2000人，其中，VIP1至VIP3档会员可关注2500人，VIP4至VIP6档会员可关注3000人；会员可以在微博平台各推荐展示列表中得到优先推荐；会员还将享受VIP专属标识、专属个人页面模板、等级加速及语音微博等服务。这种收费活动并不是广告活动。因此，即便互联网信息服务提供者收取了费用，但只要收取的不是广告费，就不是广告发布者。

（2）广告代言人利用了互联网信息平台的自媒体媒介资源为商品或服务做推荐、证明的，互联网信息平台提供者是否是广告发布者。

以某明星在微博中发布面膜广告为例，明星属于广告代言人，且同时视为广告发布者。那么新浪微博此时属于什么角色呢，是广告发布者还是互联网信息服务提供者呢？这就要看新浪微博是否就该广告与明星进行了广告费用的分成。如果新浪微博参与了广告推荐、发布行为并收取了相关广告费用，就应当承担广告发布者角色；如果新浪微博仅作为网络中间平台，而非网络交易平台，仅为该广告发布行为提供信息传输，那么新浪微博应当被认定为互联网信息服务提供者。如果该面膜出现质量问题，侵害消费者权益，应当由广告主及广告的经营者、发布者承担民事赔偿责任，而新浪微博只在明知或应知的情况下承担制止违法广告的责任。

在法律责任方面，《广告法》第六十四条规定，“互联网信息服务提供者明知或者应知广告活动违法不予以制止的，由市场监督管理部门没收违法所得，违法所得五万元以上的，并处违法所得一倍以上三倍以下的罚款，违法所得不足五万元的，并处一万元以上五万元以下的罚款；情节严重的，由有关部门依法停止相关业务。”《互联网广告管理暂行办法》第二十七条重申了这项规定。据此，互联网信息服务提供者承担行政责任的条件如下。

第一，主体要件只能是互联网信息服务提供者，在某个广告活动的具体场景下，网络平台仅提供了技术空间，没有参与广告经营活动，没有广告收入分成，不构成网络广告的发布者或经营者，也不是广告主。

第二，有主观过错，互联网信息服务提供者处于明知或应知的状态。如何判断“明知或应知”，除了可以参考著作权立法的相关规定，《广告法》《互联网广告管理暂行办法》虽然在条文中没有明确，但国家市场监督管理总局根据实践提出 4 条标准，分别是监管部门告知的、行业组织发出预警的、消费者组织发出通知书函的、消费者投诉举报集中的。

第三，有违法行为，对违法广告活动不予以制止。

第四，工商管理部门进行行政处罚。

综合上述两个领域，仅提供技术的第一类网络平台承担行政责任应当满足以下条件。

第一，对网络平台必须进行类型化区分，首先应当确认网络平台是真正提供网络内容服务，还是仅提供技术平台、不参与经营活动，应当处于网络平台行政责任 1.0 模型的横线上方还是横线下方。

第二，有主观过错，对违法行为处于明知或应知的主观状态。

第三，虽然没有主观过错，但行为客观上同时侵害了公共利益。例如，发布了侵犯公共利益的违法信息网络内容、发布了虚假广告等，可能会对不确定的多数人产生不利的社会负面影响。公共领域和私人领域的划分，在公共治理、新闻传播等各学科都是一个重要的基础概念，这也是公权力机关是否介入、实施行政管理的必要前提条件。笔者认为，划分公共领域，应当以“是否面向不特定多数人”为标准。网络平台的行为只有在公共领域发生作用，才可能会对公共利益产生潜在影响，包括正向或负向效果。公私领域边界的划分，是公权力部门能否和应当介入、实施公共管理的前提，否则就会出现公法遁入私权的现象。

行政处罚是否必须以主观过错为前提，在传统行政法领域观点看来不是必要的。姜明安认为，“行政处罚适用的前提条件，是公民、法人或其他组织的行政违法行为客观存在，至于行政违法行为的构成要件，只需要具备主体条件、客观条件即可，一旦某行为人实施了违反行政法律规范的行为，即可认为是行政违法行为，主观过错不是行政违法的构成条件。”

但当对网络平台类型化后，在对单纯只提供技术、不参与具体经营行为的第一类网络平台进行行政处罚时，由于此类平台不是直接的行政违法行为实施主体（直接违法主体是真正的互联网内容提供者），因此逐步对传统行政法有了新的突破——在版权领域和互联网广告领域，都在立法中开始考虑主观过错——或者要对违法行为处于明知或应知的主观状态，或者虽然没有主观过错，但行为客观上同时侵害了公共利益。

二、部分参与经营活动的网络平台行政责任

对于第二类网络平台，网络平台既提供技术基础，又提供一定的市场条件，属于部分参与经营活动，有一定的利益相关性。这类平台最典型的当属第三方网络交易平台。互联网作为网络交易平台，其交易对象既包括买卖有形的商品，也包括提供服务，如现在火爆的 O2O 家政、美甲、洗车、网络餐饮、知识付费等。

（一）网络交易平台的行政责任

第二类网络平台部分参与交易活动，为生产者和消费者交换商品提供便利。仍以网络交易平台为例，国家市场监督管理总局发布的《网络交易管理办法》第三条第（1）款规定，“本办法所称网络商品交易，是指通过互联网（含移动互联网）销售商品或者提供服务的经营活动。”第二十二条第（2）款规定，“前款所称第三方交易平台，是指在网络商品交易活动中为交易双方或者多方提供网页空间、虚拟经营场所、交易规则、交易撮合、信息发布等服务，供交易双方或者多方独立开展交易活动的信息网络系统。”因此，第三方交易平台属于典型的第二类网络平台，既提供技术条件——网页空间、虚拟经营场所，也提供市场条件——交易规则、交易撮合、信息发布等。

（二）网络直播平台的行政责任

在移动化、社交化语境下，直播具有视觉表现力强、传递信息丰富、实时交互便捷、应用场景多元、情感关联紧密、使用门槛较低等优势，满足了用户对参与感、临场感、掌控感的深度需求，在社交娱乐、学习工作、商务赋能等领域有广泛应用。在全球范围内，直播业务也呈现迅猛发展态势。美国直播业务鼻祖 MeerKat 2015 年上线初日平均产生 3 万次直播，覆盖欧美、中东、澳大利亚、东南亚等 156 个国家和地区。2016 年，脸书、YouTube、推特、亚马逊等国际巨头纷纷通过并购、自建方式布局直播。2016 年 8 月的

官方数据显示，脸书用户观看直播的时长是其他类型的3倍，其直播用户群达到16亿个。Periscope是推特旗下的直播产品，用户数量超过1000万个。

在国内，2016年我国直播市场规模达150亿元，平台数量达200多家，用户规模为3.44亿个，网民总体渗透率达47.1%，30岁以下网民渗透率为73.6%，同时在线人数达400万人。但随着行业快速发展，特别是一些缺乏规范管理和经验传承的小平台涌入，有关问题也引发了社会关注。自2016年下半年以来，几个管理部门密集出台监管政策，对网络直播平台行政责任做出规定。

网络直播平台按照业务类型，可以分为用户生产内容和平台生产内容两种。

根据国家互联网信息办公室发布的《互联网直播服务管理规定》(2016年11月4日发布，12月1日实施)、2016年12月13日文化和旅游部发布的《网络表演经营活动管理办法》(2017年1月1日实施)，以及2016年9月国家新闻出版广电总局印发的《关于加强网络视听节目直播服务管理有关问题的通知》，网络直播（网络表演）平台应当承担的行政责任如下。

(1) 用户身份登记管理。

国家互联网信息办公室要求，应当按照“后台实名、前台自愿”原则：①对互联网直播用户（非主播本人，仅参与浏览、评论、打赏等互动环节的普通用户）进行基于移动电话号码等方式的真实身份信息认证；②对互联网直播发布者（主播）进行基于身份证件、营业执照、组织机构代码证等的认证登记；③互联网直播服务提供者应当对互联网直播发布者的真实身份信息进行审核，向所在地省、自治区、直辖市互联网信息办公室分类备案，并在相关执法部门依法查询时予以提供。由于国家互联网信息办公室的直播规定是总体规定，因此这里的实名制要求同样适用于各类直播产品。

原文化和旅游部对网络表演类主播增加了验证环节，除要求表演者使用有效身份证件进行实名注册之外，还要求“采取面谈、录制通话视频等有效方式进行核实”。

(2) 平台资质取得。

网络直播不同业务，需要取得不同的行政许可资质：①网站提供互联网新闻信息服务的，应当取得国家互联网信息办公室颁发的《互联网新闻信息服务许可证》。同时，主播也应当具备《互联网新闻信息服务许可证》，即业界所称平台和主播的“双资质”。因此，时政新闻类直播服务门槛最高，基本排除了个人主播或不具备新闻资质的机构主播擅自做时政新闻的可能。②提供网络视听节目直播服务的（主要指文化活动、体育赛事），应当取得原国家新闻出版广电总局颁发的《互联网视听节目服务许可证》。③提供网络表演直播服务的（主要指秀场类、游戏类直播），应当取得原文化和旅游部颁发的《网络文化经营许可证》。

(3) 承担相应审核责任。不同的直播平台规则不完全相同。

第一，互联网新闻直播，根据国家互联网信息办公室要求，在内容审核管理制度方面的规则有5条：①应当配备与服务规模相适应的专业人员；②健全信息审核、信息安全管理、值班巡查、应急处置、技术保障等制度；③应当建立直播内容审核平台，根据互联网直播的内容类别、用户规模等实施分级分类管理，对图文、视频、音频等直播内容加注或播报平台标识信息；④提供互联网新闻信息直播服务的，还应当设立总编辑；⑤对互联网新闻信息直播及其互动内容实施先审后发管理。

第二，网络表演平台，根据原文化和旅游部要求，应当按照《互联网文化管理暂行规定》和《网络文化经营单位内容自审管理办法》的相关要求：①建立健全内容审核管理制度；②配备满足自审需要并取得相应资质的审核人员；③建立适应内容管理需要的技术监管措施；④不具备内容自审及实时监管能力的网络表演经营单位，不得开通表演频道；⑤未采取监管措施或未通过内容自审的网络表演产品，不得向公众提供；⑥应当在表演频道内及表演音视频上，标注经营单位标识等信息；⑦应当根据表演者信用等级、所提供的表演内容类型等，对表演频道采取针对性管理措施；⑧应当完善用户注册系统，保存用户注册信息，积极采取措施保护用户信息安全；⑨应当建立内部巡查监督管理制度，对网络表演进行实时监管。

第三，网络视听服务平台，应当按照原国家新闻出版广电总局要求：①开展重大活动、事件直播前5天，开展一般性文化活动、体育赛事直播前48小时，应当向省级广电主管部门备案；②未经批准，任何机构和个人不得在互联网上使用“电视台”“广播电台”“电台”“TV”等广播电视专有名称开展业务。

第四，发现违法信息的处置责任。国家互联网信息办公室要求，对互联网新闻信息直播及其互动内容实施先审后发管理。发现违法违规直播信息内容的，要及时消除内容、保存记录，并向有关主管部门报告。根据原文化和旅游部要求，对实时的网络表演进行实时监控，对非实时的网络表演音视频（包括用户上传的）应当先审后发。当发现本单位所提供的网络表演含有违法违规内容时，应当立即停止提供服务、保存有关记录，并立即向本单位注册地或实际经营地省级文化行政部门或文化市场综合执法机构报告。根据原国家新闻出版广电总局要求，建立备用节目紧急替换技术手段和工作机制，在直播中遇到不符合法律法规内容时可实现实时切换。

三、网络平台行政责任的义务体系

对现行相关规定的梳理显示，网络平台的行政义务内容已非常庞杂，从最初事中的明显违法信息的发现及停止传输、保存、报告等附随义务，已经逐渐扩充至事前的实名登记、事中的跟踪监测和内容审核，以及事后的配合等义务，实现了从事前到事中、事后的全覆盖，形成了一套完整的义务体系。

（一）事前义务

平台的事前义务，主要是其对于平台上用户或经营者的实名身份登记、审查（审核、查验）的义务，对象既包括自然人也包括法人。

实名身份验证义务，最早出现于2010年的《网络商品交易及有关服务行为管理暂行办法》，其规定提供网络交易平台服务的经营者应当对申请通过平台的经营主体身份进行审查。随后，2010年新闻出版总署发布的《关于促进出版物网络发行健康发展的通知》规定，提供网络交易平台服务的经营者应当对申请通过其平台从事出版物发行业务的经营主体身份进行审查。2011年发布的《北京市微博客发展管理若干规定》要求，网站开展微博客服务，应当保证注册用户信息真实。2012年全国人民代表大会常务委员会发布的《关于加强网络信息保护的决定》规定，网络服务提供者为用户提供信息发布服务时，应要求用户提供真实身份信息。2014年发布的《即时通信工具公众信息服务发展管理暂行规定》要求，即时通信工具服务提供者应要求即时通信工具服务使用者在通过真实身份信息认证后注册账号。2015年发布的《互联网用户账号名称管理规定》要求，互联网信息服务提供者要求互联网信息服务使用者在通过真实身份信息认证后注册账号。2015年修订的《食品安全法》规定，网络食品交易第三方平台提供者履行对于入网经营者的实名登记义务。2015年发布的《反恐怖主义法》要求，电信业务经营者、互联网服务提供者履行对于客户身份的查验义务。2016年发布的《移动互联网应用程序信息服务管理规定》要求，互联网应用商店服务提供者履行对应用程序提供者真实性的审核义务。在2012年全国人民代表大会常务委员会通过的《关于加强网络信息保护的决定》的基础上，2016年的《网络安全法》将履行网络实名制义务细化为“为用户办理网络接入、域名注册服务，办理固定电话、移动电话等入网手续，或者为用户提供信息发布、即时通信等服务时，应当要求用户提供真实身份信息”。2017年发布的《互联网新闻信息服务管理规定》第十三条明确，“互联网新闻信息服务提供者为用户提供互联网新闻信息传播平台服务，应当按照《网络安全法》的规定，要求用户提供真实身份信息。”

上述立法规定既有针对各细分领域的规定，从最初的网络商品交易服务，逐渐扩展到网络出版服务、信息发布服务、即时通信工具等信息服务、网络食品交易服务、网络应用商店服务等各细分领域，又有类似《关于加强网络信息保护的决定》《反恐怖主义法》和《网络安全法》的原则性规定，这意味着包括互联网平台在内的互联网服务提供者、网络运营者均需要对用户履行实名身份查验义务。

（二）事中义务

平台在事中的行政义务最开始主要针对违法信息的发现及处理义务。几部代表性的法律、行政法规、规章的具体内容如表2－1所示。

表 2—1　网络平台事中义务梳理

发布时间	2000 年	2000 年	2005 年	2012 年	2015 年	2015 年	2016 年
法律规范名称	《互联网信息服务管理办法》	《维护互联网安全的决定》	《互联网新闻信息服务管理规定》	《关于加强网络信息保护的决定》	《互联网用户账号名称管理规定》	《反恐怖主义法》	《网络安全法》
义务主体	互联网信息服务提供者	从事互联网业务的单位	互联网新闻信息服务单位	网络服务提供者	互联网信息服务提供者	互联网服务提供者	网络运营者和电子信息发送服务提供者
判断标准	明显违反“九不准”内容的信息	有害信息	违反“九不准”新闻信息内容	法律、法规禁止发布或传输的信息	注册信息出现违法和不良信息	含有恐怖主义、极端主义内容的信息	包括用户发布和发送信息在内的法律、行政法规禁止发布或传输的信息
义务内容	发现、停止传输、保存及报告	发现、采取措施、停止传输及报告	发现、删除、保存及提供	发现、停止传输，消除、保存及报告	通知限期改正、暂停使用、注销登记	发现、停止传输，删除、保存及报告	发现、停止传输、消除、保存及报告

从上述立法规定可以发现：围绕违法信息的发现及停止传输、保存、报告等附随义务的内容，从一开始的发现、停止传输、保存及报告演变为发现、停止传输、消除、保存及报告；义务的对象从用户发布的信息扩展到用户发送的电子信息，从公共信息服务领域深入公民私人的通信自由和通信秘密领域；违法信息的判断标准从最初的“九不准”的内容扩展到违反法律、行政法规的信息，除了违法信息，还包括有害信息、不良信息，以及细分领域的新闻信息、涉恐信息等；发现的程度从一开始的明显违法演变到仅规定“发现”，未对明知或应知加以明确说明。

随着互联网各细分领域的发展，平台的类型也日益多样。在事中阶段，平台的行政义务也从发现、判断并处理违法信息扩展至发现、判断并处理违法行为。

例如，2010 年新闻出版总署发布的《关于促进出版物网络发行健康发展的通知》要求提供出版物网络交易平台服务的经营者，履行对于平台内违法违禁活动的发现、制止及报告义务、《网络交易管理办法》要求第三方网络交易平台经营者建立检查监控制度，履行对于违法行为的发现、制止、停止服务及报告义务。新修订的《广告法》要求互联网信息服务提供者履行对其明知或应知的利用其信息传输、发布平台发送、发布违法广告的制止义务。2015年修订的《食品安全法》要求网络食品交易第三方平台提供者履行对于入网经营者的违法行为的发现、制止、报告，以及对严重违法行为停止服务的义务。

除此之外，在某些互联网细分领域，还有一些针对不同平台的特殊义务规定。例如，《网络交易管理办法》要求第三方交易平台经营者建立平台内交易规则、交易安全保障、消费者权益保护等制度；《移动互联网应用程序信息服务管理规定》要求互联网应用商店服务提供者履行对应用程序提供者保护用户信息、发布合法信息内容、尊重和保护知识产权的督促义务。

（三）事后义务

平台的事后义务主要体现为配合处理义务。

（1）按照有关行政机关的要求，对于已被有关行政机关认定的违法信息或行为采取处理措施。

例如，《网络交易管理办法》规定，第三方网络交易平台经营者履行对市场监督管理部门发现的平台内违法行为配合采取制止措施的义务。对于市场监督管理部门发现平台内有违反市场监督管理法律、法规、规章的行为并依法要求第三方网络交易平台经营者采取措施制止的配合义务。

又如，《网络安全法》要求网络运营者加强对用户发布信息的管理，发现法律、行政法规禁止发布或者传输的信息的，应当立即停止传输该信息，采取消除等处置措施，防止信息扩散，保存有关记录并向主管部门报告；同时，要发现国家网信部门和有关部门颁布的法律、行政法规中禁止发布或者传输的信息，并要求网络运营者停止传输、采取消除等处置措施及保存有关记录。

（2）按照有关行政机关的要求，提供涉嫌违法的经营者的相关资料。例如，《网络交易管理办法》要求第三方网络交易平台经营者要按照工商部门的要求，提供在其平台内涉嫌违法经营的经营者的登记信息、交易数据等资料。

四、网络平台行政责任的确定

必须承认，从经济外部性原则来看，要求网络平台承担一定责任具有合理性。网络平台责任应当与网络平台企业规模和增长程度成正比，网络平台企业适当承担监管责任，是应有之义。此外，网络平台企业从事互联网信息服务，对其他个人或社会造成了影响，因而承担相应的责任或得到回报，符合经济外部性原则。合理设计的网络平台责任制度，以互联网企业与用户之间的民事契约化行为淡化了行政监管色彩，有利于减少社会矛盾。此外，借助网络平台企业的专业技术、成本优势，有利于节省国家财政支出，减少行政执法难度。网络平台行政责任的确定需要注意以下问题。

（一）网络平台本身性质界定困难，责任区分待明确

在网络平台行政责任方面，除了平台与经营者的角色混乱，还存在不同类型平台可能承担同样义务和责任的问题。实际上，由于平台性质不同，扮演的角色不同，其所承担的义务和责任有所区别。

例如，在电商领域，传统类似淘宝、京东的第三方交易平台为商品经营者和用户提供了商品的展示、沟通、下单、支付、物流等全方位的平台服务，相关立法也为第三方交易平台设定了事前主体真实身份登记审查，事中平台内交易规则、交易安全保障、消费者权益保护、不良信息处理等管理制度设立，事后配合等完整的行政义务体系。

随着移动互联网技术的发展，电商领域呈现出移动化、模块化和碎片化三大发展方向。微商出现在公众视野。2015 年以来，随着媒体对微商的报道络绎不绝，有关部门曾计划出台针对微商的部门规章，将微信平台等同于淘宝网络交易平台进行监管。

但是，在移动互联网时代，电商有了新的发展。一是移动电商，传统电商从 PC 端到移动端的延伸；二是模块化电商，为充分利用用户资源，在 App 中增加电商模块，获取增值服务收益，典型的有微信小店、微卖及豆瓣电影；三是碎片化电商，缺乏统一平台，多种工具参与其中，共同完成交易闭环。借助热门 App 及微信、微博两类社交产品的传播优势，加之进入门槛低，微商发展迅速。从发展历史来看，先有网络信息平台，提供信息发布服务，后来电商兴起，分化出了网络交易平台。两者在设立目的、服务对象、用户协议、服务内容等方面存在实质差异。网络平台性质的划分不以产品为基础，所以同一个网络平台可能既是信息平台又是交易平台。若不仔细区分，可能不利于网络平台服务提供商的发展。

（二）网络平台责任和直接经营者的责任需要区分

互联网的发展日新月异，网络平台生态也是如此。一方面，网络平台既类型多样，又互相交织；另一方面，网络平台与直接经营者之间会发生身份转换。

与网络平台上的用户或直接经营者有明显不同，网络平台的显著特点是为平台上的用户或直接经营者提供某种中介服务，属于广义的网络服务提供者的范畴。但是，由于现实中出现了网络平台兼直接经营者的情形，即除了作为网络平台为第三方经营者提供服务，还有自营部分，两者混合在一起，就会出现错把网络平台当成直接经营者的情形，这要求网络平台承担专属于直接经营者的义务和责任。

严格意义上讲，网络平台责任指的是“网络第三方平台的责任”，把握好这一点，是区分直接经营者的主体责任和网络平台责任（第三方中立地位）的前提。

例如，在网络文化领域，《互联网文化管理暂行规定》（2017 年修订）规定了从事互联网文化活动的互联网文化单位。2013 年文化和旅游部发布的《网络文化经营单位内容自审管理办法》进一步明确了网络文化经营单位，并要求其承担内容审核义务。在 2016

年发布的《网络出版服务管理规定》中，把内容存储与发布的提供者视为网络出版服务平台，把微博、微信等网络平台服务单位看成内容的提供者，并纳入许可管理。

在网络视频领域，2008 年发布的《互联网视听节目服务管理规定》中将自行通过网络向公众提供视听节目和为他人提供上传视听节目服务的单位统称为“互联网视听节目服务单位（以下简称视听服务单位）”；2014 年发布的《关于进一步加强网络剧、微电影等网络视听节目管理的通知》及其《补充通知》要求视听服务单位按照“谁办网谁负责”的原则，对网络剧、微电影等网络视听节目实施先审后播管理制度，由视听服务单位进行内容自审。对于用户自行转发上传的视听节目，视同自制节目，统一由视听服务单位履行审核责任。

2014 年，国家食品药品监督管理总局在《互联网食品药品监督经营管理办法（征求意见稿）》第三十四条要求，“建立互联网药品交易服务的第三方交易平台经营者，应当具有……两名以上执业药师、药品储存、运输管理制度、专职药品质量管理人员……。这要求药品网络交易平台与直接药品经营者同样承担存储运输管理责任。”

（三）网络平台履行“类行政监管职能”的性质不清

因为互联网治理的难度，现在网络信息的合法性、真实性审查的义务主要由网络平台承担。从国家、网络平台和用户的视角来看，这种审查既是一种义务，也构成了一种权利，称为“类行政监管职能”。

政府通过立法的形式赋予平台相应的行政义务，从平台角度来看，是其行政义务；但从用户的角度来看，平台履行义务会直接影响其核心权益。在“以网管网”的监管思路下，平台作为私权主体是否是适格主体？这是未来我们需要考虑的问题。

首先，按照行政法的基本原则，行政机关是行政权力的天然行使主体，平台作为私权主体，不属于行政机关这一公权力机关范畴。其次，就行政授权而言，法律、法规授权的具有管理公共事务职能的组织也是法定行使主体之一，但平台属于企业法人范畴，与具有管理公共事务职能的组织性质截然不同，不属于行政授权的范围。最后，从行政委托角度来看，按照《行政处罚法》的规定，行政机关可以委托依法成立的具有管理公共事务的事业组织实施行政处罚，平台也不属于受委托组织的范畴。

根据《行政处罚法》第十五条、第十八条规定，只有行政机关才能在法定职权内实施行政处罚，不得委托其他组织或个人实施行政处罚。《行政强制法》第二条规定，行政机关为制止违法行为可以采取行政强制措施，且行政强制措施权不得委托。我们对现行法律进行了不完全统计，涉及“制止”的法律共 103 部、189 处，其中，行政机关作为“制止”实施者的有 135 处，私人主体作为“制止”实施者的有 54 处。目前，根据关于授权的一些基本规则，（如《行政处罚法》《行政强制法》所确立的基本规则）授权非国家的组织行使限制公民权利自由这类公权力的都必须是具有管理公共事务的组织，但是网络平台并不符合这样的条件。以 2012 年全国人民代表大会常务委员会通过的《关于加强网络信息保护的决定》第五条的规定为例，其要求网络服务提供者履行对于用户发布的违法信息的处理保存及报告义务。

自 2017 年 6 月起实施的《互联网新闻信息服务管理规定》（国家网信办于 2017 年 5 月 2 日公布）给出了“用民事协议确立平台对平台内用户行使审核权”的路径，解决了网络平台对平台内用户资质及发布内容拥有审核权的合法性问题。第十四条规定，“互联网新闻信息服务提供者提供互联网新闻信息传播平台服务，应当与在其平台上注册的用户签订协议，明确双方权利义务。对用户开设公众账号的，互联网新闻信息服务提供者应当审核其账号信息、服务资质、服务范围等信息，并向所在地省、自治区、直辖市互联网信息办公室分类备案。”第十六条规定，“信息发布者不得制作、复制、发布、传播违法信息，平台一旦发现，应当依法立即停止传输该信息、采取消除等处置措施，保存有关记录，并向有关主管部门报告。”

但纠结的地方在于，具有采编权的新闻单位媒体，在自己的平台上采编发布信息时，就是《互联网新闻信息服务管理规定》中所说的“互联网新闻信息服务提供者”，对自己的内容负责。但如果这些新闻单位媒体在微信、微博、今日头条等网络平台上开设账号，他们同时就成了网络传播平台的用户，就要受到网络平台提供者的管理。

2017 年 9 月 7 日，国家网信办颁布的《互联网用户公众账号信息服务管理规定》第五条第（2）款要求，“互联网用户公众账号信息服务提供者应当制定和公开管理规则和平台公约，与使用者签订服务协议，明确双方权利义务。”第八条明确，“依法取得互联网新闻信息采编发布资质的互联网新闻信息服务提供者，可以通过开设的用户公众账号采编发布新闻信息。”这进一步明确，已经取得采编发布资质的新闻单位媒体，在发布公众号时，公众号只是其发布的渠道之一，新闻单位媒体自身应当承担互联网新闻信息服务提供者的主体责任。

2018 年 2 月，国家网信办再次发布的《微博客信息服务管理规定》第六条要求，“微博客服务提供者应当制定平台服务规则，与微博客服务使用者签订服务协议，明确双方权利义务，要求微博客服务使用者遵守相关法律法规。”第十条首次点明了微博平台服务提供者和各级党政机关、企事业单位、人民团体和新闻媒体等组织机构特殊微博用户之间的关系，即官方微博要对自身发布的内容负责，而微博服务提供者应当提供管理权限等必要支持。第一，前提是这几类特殊微博用户的账号，应当是前台实名认证账号；第二，特殊单位主体要对自己经过认证的账号发布的内容及其评论跟帖负有管理责任，并承担第一责任；第三，微博平台起辅助支持作用，要提供管理权限等必要支持，协助其完成管理责任。

（四）网络平台对违法信息的认定标准需要明晰

在涉及互联网信息内容领域，《电信条例》第五十六条、《互联网信息服务管理办法》

第十五条都规定了“九不准”，作为界定“互联网违法信息”的依据进行认定。

1. 对“九不准”内容的理解需要更细化

“九不准”的表述最早出现在《电信条例》（国务院令第291号）和《互联网信息服务管理办法》（国务院令第292号）中，成为平台履行网络违法信息发现义务的判断标准。

多年以来，其他相关立法基本沿袭了这项规定，并根据各自的领域特色，对网络违法信息的判断标准做了细微调整，但整体变化不大。例如，在内容产业领域，2003年文化和旅游部发布的《互联网文化管理暂行规定》第十六条确定了“十不准”，增加了危害社会公德或民族优秀文化传统的内容，其他内容与《互联网信息服务管理办法》基本相同。

不论是“九不准”还是“十不准”，都是在实践中网络平台履行网络违法信息发现义务的判断标准。面对用户发布的数量庞大、内容多样的信息，网络平台对于违法信息判断标准的理解需要更加细化。

2. 网络平台对“九不准”内容界限需要明确

在“九不准”规定中，第一项至第五项涉及国家安全、民族团结或宗教信仰等有关的违法信息，第六项和第七项与社会秩序有关，第八项“侮辱或者诽谤他人，侵害他人合法权益的”的规定，是民事侵权信息。当前，所有涉及互联网业务的“违法信息”的界定都引用这种规定。

根据检索，共有约20项与互联网业务直接相关的部门规章、规范性文件沿用这种表述，尝试按照“九不准”的方式，将民事侵权信息也规定为“违法信息”。对于如何处理平台上存在的“民事侵权信息”，《侵权责任法》第三十六条规定的“通知—删除”规则已经明确，将是否要求处理这些信息的选择交由权利人自己决定，平台应按照该条款的规定履行义务或承担责任。

（五）网络平台履行认定违法信息的责任后果易混淆

网络平台履行行政义务的过程，同时也是其行使“准行政权力”的过程，最终的影响对象必然是网络平台上的用户。以事前的网络实名查验义务为例，按照《网络安全法》的规定，如果用户不提供真实身份信息，网络运营者就不得为其提供相关服务。鉴于现实情况复杂多变，若网络平台认为用户未提供真实身份信息，并停止提供服务，但双方对于真实身份信息的理解有分歧，在实践中可能出现网络平台因履行行政义务和用户发生纠纷的情形，用户认为其权利受损，定会寻求救济。

从表象来看，网络平台和用户均为民事法律关系主体，两者发生纠纷，用户可以通过民事诉讼主张权利，获得救济。但网络平台履行行政义务的过程却有特殊性，在某种意义上，网络平台成为“准行政权力”的行使主体，履行了行政机关的监管职责，行为后果也直接作用于用户本身。

从行为属性上看，网络平台履行行政义务的过程与用户形成了类行政法律关系，但由于网络平台的私权主体属性，用户难以作为行政相对人获得行政复议、行政诉讼等救济途径。

如果网络平台认定错误，进而引发违约、侵权等民事纠纷和诉讼，法律后果由谁承担？民事诉讼还是行政诉讼？责任主体是谁？对被认定错误的被侵权人，有哪些救济措施？其合法权利能否得到有效保障？这些都是我们未来需要深入理解的内容。

（六）网络平台在网络安全与执法协助方面缺乏程序限制

在国内，《反恐怖主义法》《网络安全法》等提出网络平台有执法配合与协助义务。在《反恐怖主义法》中规定，“互联网服务提供者等网络平台有义务为公安机关、国家安全机关依法进行防范、调查恐怖活动提供技术接口和解密等技术支持和协助；在未尽到这项义务的情况下，将面临罚款等处罚。”《网络安全法》将这项义务的适用范围扩大到了公安机关、国家安全机关依法维护国家安全和侦查犯罪的活动。

此外，网络平台还具有与网络安全相关的报告义务。例如，“《网络安全法》规定：“第一，将网络产品、服务存在的安全缺陷、漏洞等风险告知用户及主管部门；第二，将已经发生的或者可能发生的个人信息泄露事件告知用户及主管部门；第三，将网络安全事件告知主管部门。”其他法律法规中也散落着类似的报告义务。

第三章　智能互联时代的网络平台责任

第一节　“用户画像”构筑智能互联网时代基础

近年来，由于GPU的广泛应用、运算力的提升和机器学习新算法的出现，人工智能开始大爆发。无限拓展的云存储能力、云计算能力和骤然爆发的大数据的组合拳，也使得图像数据、文本数据、交易数据、映射数据全面海量爆发。人类大踏步进入崭新的ABC（AI、Big Data、Cloud）时代，本章简称为“智能互联网时代”。

PC+互联网奠定了这个时代信息高速公路的基石，而手机、iPad等智能终端的普及则把每个个体都捆绑在信息洪流中不能自拔。单个用户逐渐成为大数据时代的数据生产者，个人数据被记录、被分析，每个人都是有辨识度的节点。数据控制者通过数据分析对用户特征进行分类和用户画像，再通过算法推荐对个体采取差异化、针对性对待，专注点日益聚焦于怎样利用大数据来为精准营销服务，进而深入挖掘潜在的商业价值。“用户画像”和“算法推荐”概念随之诞生。用户画像是算法推荐甚至整个算法互联网时代的逻辑起点。

但在过去几年中，美国脸书数据门、国内的支付宝晒账单、水滴直播等数据滥用或数据泄露事件的发生促使用户想要更多地控制他们的个人数据，也提高了用户对自身隐私保护的意识。

2017年，73%的美国消费者表示他们对在线分享个人数据和身份盗用潜在可能性比较担心。人们愿意以个人数据换取个性化定制广告的数量比例从37%下降到27%。变化的原因在于，用户对公司保护数据的能力缺乏信心。而用户信心的缺失直接会威胁到媒体公司定向广告的增长。定向广告投放成功的关键就在于对用户互联网行为数据的获取，通过用户画像得到消费者的进一步信息。而如果消费者不愿意分享数据，就失去了这一可能。

德勤2018年3月发布的报告显示，“对用户来说，他们真正希望的是被收集的数据可以更加透明，并且自己可以掌握对它们的控制权。实际上，查看并控制个人数据的‘权利’对用户而言可能比他们收到的实际服务更有价值。有73%的消费者表示，如果他们能够看到数据如何被使用并可以掌握数据的使用，那么他们会更加乐于分享数据；93%的消费者认为他们应该获取自行删除在线数据的权限；76%的消费者表示，如果有必要，他们会选择在线删除所有的个人数据，即使这会对其产生负面影响。”

一、用户画像的概念

用户画像（Profiling）是指对个人身份清晰的数字化呈现，也可以被认为是对用户模型的计算机展示。《韦氏词典》（Merriam－WebsterDictionary）中给出的定义为：通过某个人已知的特点和习惯，进而推断出更多关于这个人的信息的行为或程序。也就是说，用户画像（ConsumerProfiling）是特指根据已经观察到的特点或行为来推测或定位到个人的活动。我国目前只有《网络安全法》、《关于加强网络信息保护的决定》与《消费者权益保护法》等法律法规对个人信息保护有较为概括、原则性的规定。2018 年，我国《个人信息保护法》立法工作被重视，是否界定用户画像以回应当前大数据时代的技术趋势，值得关注。

用户画像应当具备 3 个要素特征。

（1）处理过程要实现自动化。GDPR 第四条第（4）款涵盖任何形式的用户画像，而非第二十二条所描述的纯自动化处理。用户画像应当使用某种形式的自动化处理过程，但人力的使用并非必然会使其排除在 GDPR 用户画像定义之外。处理自动化要素反映，除了用户画像背后的技术支撑，由于数据体量庞大、涉及的门类众多等，单纯依靠人力无法实现用户画像。而正是因为计算机能够辅助甚至替代人工进行自动化处理，才使用户画像变得可行，一般来说用户画像使用的是人工智能技术。

（2）用户画像是针对个人信息进行的。这意味着用户画像的对象必须是和自然人相关的信息，对组织或法人的信息进行自动化处理、利用的情况不属于用户画像的范畴。

（3）用户画像必须是为评估自然人个人情况进行的。虽然在 GDPR 下的用户画像定义侧重强调其针对个人分析或预测的用途，但仅依靠年龄、性别、体重等个人特征进行的评估及分类也可能会被视作用户画像。

企业及政府使用评分来对用户或用户群体进行决策。决策的结果既可能无关紧要也可能极为重要，企业及其他用户评分的使用主体利用评分来预测欺诈、医疗费用，判断资格等各类用途。①

对于用户画像的规制主要依靠行业自律。2011 年的《澳大利亚线上行为广告最佳实务指南》对在线行为广告的定义是，“基于预先做好的兴趣分类收集及使用线上行为广告数据来服务广告。线上行为广告并不收集、使用个人信息（Personal Information）。线上行为广告并不包含上下文广告（Contextual Advertising）、用户画像广告或地理定位。”此定义在 2014 年新指南中未进行修改。

① 马效峰，冀秀平. 产业互联网平台突围［M］. 北京：机械工业出版社，2020.

二、用户画像的产业应用

利用大数据技术把用户分类标注后，如何进一步商业化，互联网行业做了很多探索。目前为止，主要应用场景包括精准广告投放、个人征信、网络新闻、网络保险等方面。

（一）程序化购买广告

程序化购买是指通过广告技术平台，自动地执行广告资源购买的流程。随着程序化购买的兴起，特别是 DSP（Demand－Side Platform，需求方平台）的诞生，互联网广告的投放方式由“购买广告位”转变为“购买目标受众”。广告位这个概念逐渐被淡化，广告主可以直接通过 DSP 购买目标受众，从而实现所谓的“精准营销”。

目标受众的区分主要基于其公开信息及网络行为数据，通过分析以上数据信息进行用户画像，进而向其投放对应的广告。这类广告投放活动称为精准广告投放，也称为程序化广告。程序化广告是用户画像技术在广告领域的典型应用。

随着互联网线上线下的不断融合，线上线下数据开始打通，是未来的一个趋势。2018年腾讯、阿里巴巴、京东等都开始布局“智慧零售”，步步高、家乐福、万达广场等越来越多的传统零售企业积极考虑转型升级，部分领先企业已经着手应用包括人工智能、物联网、大数据在内的前沿科技。利用探针技术，获取用户的 MAC 地址，再通过大数据打通线上的行为数据，对线下具体场景的人群进行精准的定向营销，将会迎来爆发式增长。其本质仍是线下场景的数据营销。从另一方面讲，这种线下场景数据是对现有线上标签和用户画像的一种有效补充，随着物联网的发展，标签和用户画像将更多应用线下的数据，线下场景数据将会比单纯的线上浏览行为更有价值。未来，随着大批新技术进入应用爆发期，零售产业的各环节与科技不断进行新的融合，会加速零售在采购、生产、供应链、销售、服务等方面改善运营效率及用户体验。

以新浪微博为例，其旗下的广告产品可供广告主在微博信息流等区域投放广告，并可以实现“精准投放”：支持多维度、多属性地精准定位目标人群，支持年龄、性别、地域、兴趣等多种条件组合，以及高级数据功能。由此可见，这款广告产品是一款利用用户数据进行用户画像，从而实现程序化广告的典型产品。

根据新浪微博机器学习平台技术负责人的介绍可以看出，新浪微博通过人工智能技术具体是如何应用用户画像的：“微博充分发挥了作为社交媒体的先天优势，以其平台所拥有的亿万级图片、视频和文本数据，刻画出了微博庞大的业务体系和用户画像。微博数据有内容数据和用户数据两类。内容数据包括图片、视频和文本等。对于这类数据的处理方法，一种是将内容数据映射到微博内容标签体系（微博内容标签体系分为 3 级，如一级的体育、二级的篮球、三级的金州勇士等），可解释性强，但存在一定歧义，准确性有待提高；另一种是对内容做 Embedding，通过 Embedding 向量做匹配或推荐，能够对内容更深入地理解，但是解释性较差。内容数据还有一个独特的点是内容发布人，即发微博者。在长期的实践中可以发现，社交网络和社交媒体中的发微博者有相对稳定的特征，在业务场景下简单有效。用户数据包括用户静态数据和用户行为数据，通过挖掘用户性别、年龄、地域、注册时间、账号类型、是否橙V等静态特征构建用户静态画像，通过分析用户在业务产品中的特定行为来构建用户行为画像，如用户一级兴趣标签、用户实时兴趣标签等。以上所述的内容数据和用户数据就是业界常说的特征，通过与模型的结合，能为微博Feed信息流、热门微博等场景带来显著的效果提升。其中，人工智能技术的部署应用，也为微博的整体技术架构带来了深刻的变化。"

（二）个人征信

"征信本质上是对企业和个人行为的记录，通过模型去预测其未来的信用情况。在大数据时代背景下，除传统金融机构、政府部门等的数据之外，大量的非传统数据，如借款人的网购数据、社交数据、房租缴纳记录、典当行记录、用户申请信息等均可作为信用评价的考量因素，这类非结构数据是公司区别于传统征信方法的主要特点。充分考察借款人借款行为背后的线索及线索间的关联性，就可以提供深度、有效的数据分析服务，降低贷款违约率。"例如，招商银行与京东金融推出的"京东金融小白信用卡"，就以京东金融小白信用作为数据补充。

在个人征信领域，我国的牌照许可管理经历了一番转变，由允许民营企业试点转到官方统筹、多家民企少量参股、共商共建共享的模式。2015 年 1 月 5 日，中国人民银行发布《关于做好个人征信业务准备工作的通知》，要求芝麻信用管理有限公司、腾讯征信有限公司、深圳前海征信中心股份有限公司等 8 家机构开展个人征信业务试点。2018 年 1 月初，中国人民银行发布公告称，百行征信有限公司（筹）的个人征信业务申请已经获得央行受理。百行征信有限公司是在人民银行指导下，由芝麻信用、腾讯征信、深圳前海征信等 8 家市场机构与市场自律组织——中国互联网金融协会一起按共商共建共享原则，共同发起组建的一家市场化个人征信机构，其中，中国互联网金融协会持股 36%，其余此前进行试点的机构各持股 8%。

从信息和数据来源上说，百行征信主要"使用非银行消费者行为数据作为其个人征信信息来源"。百行征信使用大数据技术处理包括手机使用、出行及地点、购物活动等行为数据，补充政府现有的银行消费信用信息数据库。使用非银行交易的个人行为数据帮助行为缺乏信用记录的消费者提供精准金融服务。

（三）网络新闻及信息流

工业和信息化部国家工业信息安全发展研究中心 2018 年 2 月 26 日发布的《2017 年中国网络媒体公信力调查报告》称，"2017 年以人工智能、大数据、云计算、虚拟现实、网络直播等为代表的新技术不断催生网络新闻信息生产和传播的变革，充分激发了网络新闻媒体的创造性发展，构筑了中国网络新闻业发展的新格局与新生态。”

在此背景下，中国的网络媒体也不断探索“大数据＋新闻信息”的整体规划和场景化应用，催生了在互联网新闻信息的生产过程中备受关注的机器人新闻、算法推荐内容等技术型产品，同时也激发了以舆情研究、网络媒体数据分析为核心业务的新型互联网机构的创新活力。此外，网络新闻生产在UGC（用户生产内容）、OGC（职业生产内容）、PGC（专业生产内容）和AAC（算法生产内容）4种常态化的新闻信息生产机制的背景下，机器人新闻（RGC）也成为当前中国网络新闻生产的一支重要力量，形成了“4＋1”的新闻信息生产机制。

在美国，获取新闻资讯的方式与中国类似，但也存在一些差异。根据美国著名调查机构皮尤中心（Pew Center）2016年发布的一份关于民众如何获取新闻资讯的调查报告，81％的美国人从网站、应用软件或社交媒体上获取新闻资讯。

网络新闻算法推荐在中国最典型的代表是今日头条。根据今日头条网站介绍，它是一款基于数据挖掘的推荐引擎产品，它为用户推荐有价值的、个性化的信息，提供连接人与信息的新型服务。算法推荐新闻的价值观存在争论。争论一方认为，媒体必须要有特定的价值坚守，这需要人工加以干涉（坚守派）；争论另一方认为，媒体应当保持中立，不应拘泥于特定的价值观，人工不应加以干涉（破除派）。2016—2018年，一些以算法为内核的娱乐化App风靡中国，通过“用户画像＋算法推荐”，很多用户沉迷其中不能自拔，引发社会舆论关注。2018年下半年开始，一些App凭借算法推测用户喜好，传播色情、暴力、低俗等不良信息，相关部门依法分别予以约谈、暂停更新、责令整改、暂停下载、永久关闭频道等处罚措施；主流媒体等也多次强调算法应当有价值观，需要进一步加强人工干预与审查，落实监管部门提出的“预防＋技防＋人防＋群防”要求。

三、智能互联网时代网络平台的新型数据义务——以用户免受自动化

智能互联网时代最常见的商业模式是通过用户画像和自动化处理对个人进行精准标签和评价。虽然此种评价基于算法和大数据，在很多场景下比人工评价更高效、准确和客观，但仍然存在算法不透明、算法歧视、数据源错误等风险。因此，各国立法开始赋予用户免受自动化决策的权利。

在中国，类似的立法也开始出现，算法时代网络平台新型数据责任逐步形成。2018年《电子商务法》第十八条第（1）款规定，“电子商务经营者根据消费者的兴趣爱好、消费习惯等特征向其提供商品或者服务的搜索结果的，应当同时向该消费者提供不针对其个人特征的选项，尊重和平等保护消费者合法权益。”该法案可以规范“大数据杀熟”等社

会热点问题，但也涵盖了精准广告在内的所有精准推荐模式。精准广告已经成为现有互联网广告的主流运行模式，支撑着 2017 年中国网络广告 3800 亿元的市场规模。如果允许用户免除自动化决策，将会对精准广告营销的市场规则产生颠覆性变更。在个人数据广泛被收集、大规模被泄露事件频发的背景下，民众的隐私期待显著升高。此类立法应运而生，对智能推荐时代的用户个人信息权利进行了丰富和立体式保护，让消费者在享受算法带来的便利的同时，也为消费者提供了一种新的选择，自主选择是否免受自动化决策的权利。

第二节　智能互联网背景下的网络平台责任再思考

1956 年，几名计算机科学家相聚在达特茅斯会议，提出了“人工智能”的概念。其后，人工智能就一直萦绕于人们的脑海之中，并在科研实验室中慢慢孵化。大数据、云计算和人工智能在当今社会扮演着越来越重要的角色，参与交易、医疗诊治、司法辅助、个性化内容推荐等。智能算法在塑造着人们的文化，影响着人们的认知。以算法推荐为核心技术的推荐系统，通过对用户的浏览记录、上网行为等各类个性化数据进行精准分析，解读用户阅读习惯和兴趣偏好，从而为用户不断提供更具个性化的资讯产品服务，实现信息降噪。但算法推荐类产品为了不断增加用户黏性，留住更多的用户上网时长，会以用户偏好、浏览行为等为重要指标，不断优化选择用户可能更感兴趣的内容。用户容易沉浸在阅读舒适区，形成“信息茧房”，形成认知上的自我封闭及认知偏差。每一轮技术化的产品中都携带了具有本时代强烈烙印的文化特征，而文化的背后恰恰就是价值观、世界观的支撑。产品是文化的传播，产品成为文化的载体。产品传承着文化，也重新定义和传播着文化。

算法推荐信息流模式为什么能迅速吸引众多受众，20 世纪 50 年代美国著名传播学者施拉姆在电视媒体兴起时已有解释。他面对受众为什么迅速沉溺到被动接受电视节目中，自愿成为“沙发土豆”的现象，提出了著名的“施拉姆公式”。施拉姆以经济学“最省力原理”为基础，提出受众选择传播媒介的概率遵循一个规律，即人类行为普遍存在用最小付出获得最大收益的基本准则，因此人们在接受媒介时，倾向于选择最容易理解的娱乐节目。今天，面对信息流推荐类产品的普及渗透率攀升，我们从中仍能得到重要启示。①

此外，人们也担心在深度学习模式下的“算法黑箱”会使社会在不可解释、不可理解的算法推动下加剧分裂。资讯聚合类客户端的算法主要用于给用户推荐新闻，它根据特定的编程，将用户的兴趣、社交、阅读终端等各类可能影响用户阅读的因素编入公式，根据计算结果为用户自动推送新闻。从不同算法的设计思路来看，大致可以分为 5 种：基于内

① 袁俊，付继仁. 信息流实践史 从 FACEBOOK 到一点资讯［M］. 北京：中国财富出版社，2017.

容的推荐机制、基于兴趣的搜索机制、基于社交的推荐机制、基于相似用户的协同过滤机制、基于算法和人工混合的推荐机制。2018 年之前，算法究竟是否应该有价值观尚存争议。以往新闻传播学者对媒介伦理的研究也多集中在媒体从业者本身。主流的媒体社会责任理论主张通过新闻界的自律、政府的干预和公众的监督，促使新闻界履行负责任的自由，认为新闻媒体不仅担负着即时传播真实新闻的责任，更承担着舆论监督及道德导向的义务。

自 2018 年以来发生的代表性互联网企业的风波，从另一个侧面说明，技术产品本身会带有本时代群体及个体价值观的支撑。

一、脸书“数据门”事件简析

2018 年 3 月 17 日，脸书爆出“数据门”事件，近 8700 万个用户的数据被收集，并在用户画像后用于政治目的，推送政治类广告及信息，进而影响 2016 年美国大选结果。此次事件引起社会一片哗然，脸书股价在该事件爆发后的第一个交易日下跌近 7%，创下过去 5 年单日最大跌幅，市值蒸发 430 亿美元。

剑桥大学心理学教授科根创办剑桥分析公司，以“心理学家开展研究应用”的名义在脸书发布了一款性格测试应用，脸书用户可使用其脸书账号授权登录该款应用，完成心理测试的用户可以获得 5 美元报酬。据统计约 27 万个用户参与了此项测试。该应用不仅收集了直接参与测试用户的姓名、性别、种族、年龄、住址、工作经历、教育背景、人际关系网络、参加活动记录、发表帖子记录、阅读帖子记录、点赞帖子记录等用户的多方面信息，同时由于参与测试用户的授权还获取了与参与者相关的公开数据。而彼时脸书对第三方数据授权的开放政策（在信息公开的设置中分为 3 个层次：仅发布者自己可见、发布者的朋友可见、发布者朋友的朋友可见），通过这些用户的关系链相互连接，最终获取了包括 32 万个参与用户及其好友信息在内的 8700 万个用户的个人信息，并进行数据分析。

2014 年 6 月，剑桥大学心理学教授违反脸书的协议，将前述约 8700 万个用户信息违规提供给剑桥分析公司。2015 年脸书曾要求剑桥分析公司删除数据，但其并未如约履行反而向脸书隐瞒实情，直至 2018 年 3 月该事件被媒体曝光。

2016 年 8 月底，崇尚技术完美主义的脸书宣布裁掉热门话题（Trending）的整个人工编辑团队，把热门话题的编辑、推荐和排名全都交给机器算法。但仅仅 3 天，平台上就出现了一则假新闻——热门话题上出现福克斯电视台主播 MegynKelly 因支持希拉里当选美国总统而被公司开除的假新闻，敏感话题加上名人效应，引起舆论哗然。待数小时后脸书发现并删除这个错误时，该假新闻已经获得了数千次转发和 20 万个“赞”，传播影响已经造成。2018 年 6 月初，脸书发表声明，即将下架饱受争议的“Trending”功能，以 3 个新功能代替。一是 Breaking News Label（重磅新闻）与北美、南美、欧洲、印度和澳大利亚的 80 余家媒体达成合作，让这些媒体在其中发布重要新闻，起到了规范新闻稿件来源的作用；二是 Today In（今日本地新闻）希望以地理位置为纽带进行新闻聚合，用户可以看到当地的最新消息；三是 News Videoin Watch（视频新闻）可以让用户查看现场报道、深度新闻分析等，并只对 Watch 用户开放。通过这样的调整，从稿源库进行源头把关，希望提升新闻质量和时效性，从而减少假新闻。

此次脸书“数据门”事件引起广泛关注和批评，最为重要的一点是由 27 万个用户拓展至 8700 万个用户的数据泄露。从脸书数据授权管理的角度来看，有多个主要因素导致了事件发生。其一，脸书是一种实名开放并集合了用户多方面信息的网络社交模式，这意味着脸书的开放社交平台本身涉及大量个人信息，不仅包括性别、种族、年龄、教育背景等用户基本资料，还包括用户住址、人际关系网络、参加活动记录、发表帖子、阅读帖子及点赞帖子记录等附带个人心理、行为倾向的信息，存在被利用或爬取合并分析用户画像的风险。其二，脸书对其数据授权的管理宽松，向第三方提供的应用程序编程接口（API）权限过大，事实上导致第三方能够更加便利地获取包括用户及用户关系链好友的相关信息。其三，脸书的数据授权并未充分满足用户知情权。根据《卫报》消息，科根获取用户数据的方式主要分为 3 步：第一步，先在脸书上发布广告，以“有偿心理学研究”为名，以少量金钱奖励的方式吸引用户下载这款应用，且参与应用测试的条件是用户拥有 185 名以上的好友；第二步，参与测试的用户在亚马逊旗下网站进行答卷，问卷结尾处再次请求用户同意该软件查看其脸书政治目的；第三步，用户同意后，该软件开始收集用户资料。

二、网络平台责任的变与不变

智能互联网时代，我们重新审视网络平台责任，不禁有了新的思考——前面总结提炼的“网络平台类型化模型”，在智能互联网时代的产业背景和商业模式下是否依然成立？

（一）四点变化

应当看到，人们身处的产业环境基础、网络平台的主观过错基础、平台的中立性基础及对平台是否应当主动审查过滤传播内容的义务基础已悄然变更。

1. 互联网产业版权环境及版权意识整体增强

1998 年、1999 年前后兴起 P2P 文件共享传输技术，利用了点对点对等网络、无中心服务器、依靠用户间自由交换信息的互联网传输体系，以及在此基础上出现的 Bit Torrent 协议（BT 下载）、eDonkey 网络（电驴网络）为代表的具体网络协议，这种分布式、非中心化信息传输方式类似的版权人很难对分享的版权内容实现有效控制。网络平台在此时能够扮演的角色也仅是传输的管道，对内容本身并没有直接控制的手段，网络盗版较为猖獗。据美国在线媒体测量公司 Big Champagne 估计，仅在 2004 年 3 月，在所有主要的

P2P文件共享平台上流通的侵权电影文件就达1700万份，而美国电影产业的业内人士则普遍认为，每天有300－500万份侵权电影文件通过主要的P2P文件共享平台被下载。2006年1月，3200万美国人至少通过互联网下载过一部盗版电影，而80%的人只通过P2P平台下载。

1996年，被合称为版权领域的“互联网条约”的《世界知识产权组织版权条约》（WCT）和《世界知识产权组织表演和录音制品条约》（WPPT）获得通过。WCT考虑到了网络环境下的传播行为，授予文学和艺术作品的作者向公众传播权（Right of Communication to the Public），WPPT第十条授予表演者向公众提供固定在载体上表演的权利。数字权利管理（Digital Rights Management，DRM；控制作品访问、获取的技术措施）、电子权利管理信息等制度的确立，对于网络版权保护意义重大，加强了版权权利人在数字环境下对其版权作品的控制力度。美国作为WCT和WPPT的推动者和参加国，于1998年以修改版权法的形式将这两个国际版权条约中规定的DRM、电子权利管理信息等制度体现在了《数字千年版权法》（XDMCA）中，创立了“避风港原则”，并辅以严厉的民事责任和刑事责任，确保这些制度落到实处。

“避风港原则”发端于美国，并为世界很多国家的版权制度所参照。中国2001年《著作权法》修改、2006年《信息网络传播权保护条例》的出台，也以立法的形式正式确立这些制度，引入“避风港原则”。确立“通知－删除”程序、红旗原则等核心制度，有效降低了网络服务提供者主动审查侵权事实的法定义务，通过“通知－反通知”程序，搭建版权人与网络用户之间的直接沟通渠道，降低了网络服务提供者对涉嫌侵权内容的实质审核要求，在很大程度上促进了互联网技术和产业的快速发展。而后，这一制度设计理念从版权领域延伸到提供网络存储、网络搜索、网络购物等其他领域。2018年《电子商务法》第四十一－四十五条用较大篇幅完整描述了电子商务平台的“避风港原则”。

但20年来，随着各国版权保护力度的持续加强，网络版权产业经营环境发生显著变化，“避风港原则”创立时的产业基础悄然发生变化，商业模式从盗版冲突到正版运营成为主导。

国内外互联网巨头已经从用户间的版权纠纷无权处理、无能力处理而不要被牵连的被动角色，转为主动购买正版内容、主动封杀盗版的网络传播秩序的维护者，对法律规则的诉求发生了变化。

美国苹果公司iTunes联合五大唱片公司开出了数字内容付费下载的先河，利用iPod与iTunes相结合，以应用商店、软件、硬件、付费正版内容相串联，连接起整条业务线，向下渗透到用户、向上对内容提供商，逐渐形成自成体系的商业闭环。

在中国，随着版权行政执法和司法力量的加强，互联网行业正版化也走向规范，用户付费习惯逐渐养成。在网络音乐领域，QQ音乐的数字专辑销售成绩显著，其独家发行周杰伦、张学友、周笔畅等歌手40多张数字专辑，累计销量达900万张。在电子书领域，除了亚马逊的Kindle电子书销售模式，国内京东网等在销售纸质图书的同时，也提供价格更为低廉的电子书。此外，在QQ阅读、微信读书等电子书平台，用户也可以付费下载图书进行阅读。在网络视频领域，搜狐视频第一个在业内举起了反盗版的大旗。在爱奇艺、腾讯视频尚未成立的2009年，搜狐视频就联手110家版权方，成立反盗版联盟。这场由搜狐牵头，持续数年的正版运动，让中国视频行业免予复制中国音乐产业的悲剧。但也正是正版化运动，不断抬高了国内版权大剧的费用，也让视频网站“烧钱”亏损之路越走越长，再一次印证了制度设计时辩证视角的重要性。

2. 大数据等新技术的应用使得网络平台对传输内容的掌控程度提高

由于YouTube用户上传的内容越来越多，版权成为集中讨论的话题。从2007年开始，谷歌就投入平台的审查检测技术——Content ID的开发，以提供一套可行的版权及内容管理方式。YouTube上线Content ID内容身份识别系统，拥有相关内容（音乐、电影、电视节目、视频游戏或其他受版权保护的内容）所有权的公司可以设置，以便禁止相关内容在You Tube上播放。当然，版权方也可允许非版权方相关视频包含广告继续在YouTube上存在。在这些情况下，广告收入将属于对相应内容提出版权主张的版权所有者。收到Content ID版权主张，并不会对YouTube频道产生负面影响，其他人能否再利用版权所有者的原创内容，决定权在版权所有者手上。在很多情况下，版权所有者会允许非版权方在YouTube视频中使用他们的内容。因为相关方使用版权方视频，有利于扩大版权视频的影响力，以便在这些视频中投放广告。这些广告可能会在视频播放前展示，或者在视频播放期间插播（如果视频长度超过10分钟）。

但是，如果版权所有者并不希望其他用户再利用自己的内容，则可能会采取几种行为。第一，禁播视频。版权所有者有时可能会禁播视频，这意味着用户将无法观看该视频。版权方可以决定是在全球范围内禁播视频，还是仅在某些国家/地区禁播相关视频。第二，将视频静音。如果该视频包含受版权保护的音乐，那么该音乐的版权所有者可能会选择将该视频静音。这意味着用户仍可以观看视频，但无法听到配乐。第三，在某些平台上禁播。版权所有者有时可能会设置限制，禁止其内容在某些设备、应用或网站上播放，但这些限制不会影响视频在YouTube.com上的观看设置。

而对于上传内容的用户来说，收到他人的版权主张，也可以采取不同应对措施。第一，不采取任何行动。第二，删除音乐。如果有人对视频中的音乐提出版权主张，则可以尝试移除该歌曲而不必编辑视频或上传新视频。第三，更换音乐。如果有版权方对用户上传的视频中的音乐提出版权主张，而用户仍想使用背景音乐，则可以将音轨改为YouTube提供的可随意使用的歌曲。第四，分享收益。如果上传用户已加入YouTube合作伙伴计划，并且在自己的视频中添加了音乐，那么该用户则可以与该乐曲的版权所有者分享收益。第五，对版权主张提出异议。

此举将上游的版权方和YouTube联系起来。如果有第三方试图将受版权保护的文件副本再次上传，只需几秒钟YouTube的数据库就会完成对该副本的扫描比对，识别出是否对YouTube中已经收录的有权文件构成了侵权。这个数据库直接向版权方开放，让版权所有者成为判断如何处理的直接决策者。而YouTube开发提供的这套识别系统，也让YouTube越来越符合对网络侵权内容“应当知道”的场景。

在这样的场景下，假设一家互联网企业应用了盗版识别技术，识别出不符合权利人在先的版权要求，是很可能符合“应当知道”的情形的。按照《最高人民法院关于审理侵害信息网络传播权民事纠纷案件适用法律若干问题的规定》（法释〔2012〕20号）第八条第（2）款规定，“网络服务提供者未对网络用户侵害信息网络传播权的行为主动进行审查的，人民法院不应据此认定其有过错。”也就是说，网络服务提供者主动审查行为增加了“应当知道”的可能性。因此，网络平台不具有主观过错的抗辩空间在新技术的采用下反而被不断压缩。“避风港原则”的主观过错基础似乎被动摇。

在国内算法推荐的信息流短视频平台上，这一问题也逐渐显现出来，算法推荐下网络平台方“不知道也不应当知道”的抗辩理由不断被削弱。部分短视频平台将有版权的长视频切断成若干段视频，以“碎片化”方式上线传播，希望利用“通知一删除”的处理规则和“避风港原则”规避法律责任，引发业界争议。

2018年7月7日，上海市版权局和华东政法大学联合举办的“短视频版权与竞争问题研讨会”上，有代表表示：“电影等作品一经发布，一到两个小时，短视频网站就上线了作品片段，并开始24小时不间断滚动更新，播放量巨大。在权利方发出侵权通知后，虽然侵权方会配合下线侵权视频，但随后可能又会在另一个时间点上线新的侵权内容。”目前侵权模式主要有3种：机器搜索爬取、自动分段、搬运；未经许可直接转载；用户剪辑、组成专辑、去水印、上传。资讯、短视频网站将上述3种来源的内容加以算法分析，向用户提供热播作品的片段。短视频平台再以“通知一删除”即免责为由，一般在24小时内删除，但短视频作品更新周期短，一旦被传播，即便删除，侵权损害已经造成，尤其对于跟播影视剧、体育赛事等内容来说，维权有时效要求。

表面上短视频网站只提供了一个平台，用户上传内容，侵权方是用户。但作为专门提供视频服务的平台，知道或应当知道传播内容为知名度较高的电影、影视剧、综艺节目等，对潜在侵权内容应当具有较高的注意义务。平台通过对侵权内容进行算法推荐，获得流量红利，获得巨额广告营销收入，属于涉嫌“帮助”侵权范畴，构成此前提出的“网络平台类型化模型”中的第二类网络平台，与上传侵权内容的用户构成共同侵权。此外在某些特定情况下，大量内容除用户上传之外，不排除有平台方自行通过机器抓取、剪辑并伪装成UGC模式上传，通过算法推荐，依据用户喜好进行内容推送，获取经济利益。此种假设场景下，已经构成第三类直接参与经营活动的经营者，应当承担直接侵权责任。

《最高人民法院关于审理侵害信息网络传播权民事纠纷案件适用法律若干问题的规定》（法释〔2012〕20号）第七条规定，“网络服务提供者在提供网络服务时教唆或者帮助网络用户实施侵害信息网络传播权行为的，人民法院应当判令其承担侵权责任。网络服务提供者以言语、推介技术支持、奖励积分等方式诱导、鼓励网络用户实施侵害信息网络传播权行为的，人民法院应当认定其构成教唆侵权行为。网络服务提供者明知或者应知网络用户利用网络服务侵害信息网络传播权，未采取删除、屏蔽、断开链接等必要措施，或者提供技术支持等帮助行为的，人民法院应当认定其构成帮助侵权行为。”

第九条规定，人民法院应当根据网络用户侵害信息网络传播权的具体事实是否明显，综合考虑以下因素，认定网络服务提供者是否构成应知：

（1）基于网络服务提供者提供服务的性质、方式及其引发侵权的可能性大小，应当具备的管理信息的能力；

（2）传播的作品、表演、录音录像制品的类型、知名度及侵权信息的明显程度；

（3）网络服务提供者是否主动对作品、表演、录音录像制品进行了选择、编辑、修改、推荐等；

（4）网络服务提供者是否积极采取了预防侵权的合理措施；

（5）网络服务提供者是否设置便捷程序接收侵权通知并及时对侵权通知做出合理的反应；

（6）网络服务提供者是否针对同一网络用户的重复侵权行为采取了相应的合理措施；

（7）其他相关因素。

第十条规定，“网络服务提供者在提供网络服务时，对热播影视作品等以设置榜单、目录、索引、描述性段落、内容简介等方式进行推荐，且公众可以在其网页上直接以下载、浏览或者其他方式获得的，人民法院可以认定其应知网络用户侵害信息网络传播权。”

3．网络平台方从侵权内容中分享收益，中立性变弱

如前所述，如果上传用户已加入YouTube合作伙伴计划，并且在自己的视频中添加了音乐，那么该用户则可以与该乐曲的版权所有者分享收益。而加入YouTube合作伙伴计划，也意味着可以分享符合条件的翻唱歌曲视频所产生的收益，当然，YouTube也会是收益的分享方之一。算法推荐的信息流短视频平台通过侵权内容迅速聚集海量用户和流量红利，从而获得巨额广告营销收入。此时网络平台已经丧失了单纯意义上管道和连接点的中立立场，中立性基础被动摇。

4．网络平台是否主动对传播内容进行审查过滤的义务基础变革

传统“避风港原则”坚持的是“通知－删除原则”。根据欧盟2000年《电子商务指令》（2000/31/EC号指令）第十四条、第十五条的规定，“网络内容共享服务提供商只需

在接到著作权人通知后及时删除/屏蔽侵权链接，便不承担共同侵权责任，成员国不得要求上述服务商审查其平台上传播或存储的信息，也不得要求其主动监测存在非法活动的情形。”

而近年各国通过制定规则，在虚假信息、恐怖主义、政治广告及版权等领域，纷纷加强网络服务提供者的记录、审核义务。2016 年欧盟委员会出台《数字化单一市场版权指令（草案）》，第十三条的规定则迫使网络服务提供商积极监测其用户的内容，与《电子商务指令》及相关案例法相悖。2017 年 9 月，欧盟委员会发表公报，针对网络平台打击非法内容提出指导意见，以促使网络平台积极预防、监测和移除煽动仇恨、暴力和恐怖主义的在线非法内容。欧盟委员会在公报中表示，随着宣扬恐怖主义、仇外暴力和种族主义等网络言论的激增，网络平台需要加强社会责任感，在阻遏非法内容传播方面发挥更重要的作用。2018 年 3 月，欧盟发布《关于有效处理在线非法内容的措施建议》，其中在线非法内容包括恐怖主义内容、煽动仇恨与暴力内容、儿童性虐待材料、非法仇恨言论、商业欺诈以及知识产权侵权内容。具体内容上，建议提出：要有更明确的“通知和行动”程序，要有更高效的技术支持，积极保障基本权利，特别关注小型企业，与当局紧密合作。对于恐怖主义内容，建议提出“一小时删除规则”，并建议平台改进系统并做定期报告。2018 年 9 月，欧盟议会投票通过《数字化单一市场版权指令》，对网站审核版权的职责做出规定，要求脸书、YouTube 等 UGC 类平台加强版权审核。2018 年 11 月，法国通过打击信息操纵的法案，旨在打击选举期间的虚假信息传播，可以让候选人或政党要求法官通过紧急审理叫停在全国选举之前的 3 个月内的“假新闻”传播，脸书和推特等数字平台在传播有偿广告时有透明的义务。法案要求新闻和社交网络平台建立起对假新闻的投诉和处理机制，建立政府直接监管与网络平台自律相结合的机制。

在我国也呈现这一变化，越来越多的网络平台相关立法，都赋予平台要主动发现违法信息内容的行政义务，不限于被动的“通知一删除”。

（二）两个不变

网络平台的传输介质性质并没有改变，整体制度设计的责任框架仍然要对网络平台和直接经营者进行根本区分，进行不同的责任设定。

1. 网络平台自身的介质属性没有改变

平台的传输介质性质没有改变，平台与直接经营者之间行为性质仍然存在本质区别。

美国 1996 年的《通信规范法》第二百三十条、1998 年的《数字千年版权法》和欧盟 2000 年的《电子商务指令》等逐渐确立并影响至今的网络平台责任的起点——“避风港原则”，对网络平台责任确立的基本逻辑前提是，承认平台是节点，是连接点，是内容传输的管道，而非内容的生产者。网络平台在用户生产内容作品的商业模式中扮演的角色是网络服务提供者（ISP）。网络服务提供者是否为侵权行为承担责任有两个重要原则：一是

"避风港原则"，如果 ISP 被告知侵权，则有删除的义务，否则与侵权行为承担连带责任。二是红旗原则，ISP 只有在"不知道也没有合理的理由应当知道"盗版的存在时，才能获得"避风港原则"的庇护。

2013 年我国《信息网络传播权保护条例》第二十一二十二条也是遵循这一原则，都是肯定了网络平台的链接点地位、传输介质地位而非内容提供商；网络平台主观上不知道也没有合理理由知道服务对象的作品侵权；客观上没有选择并没有改变所传输的作品，因此不承担赔偿责任。2013 年 1 月 1 日生效的《最高人民法院关于审理侵害信息网络传播权民事纠纷案件适用法律若干问题的规定》（法释〔2012〕20 号）第六条也规定，人民法院认定网络服务提供者构成侵权的重要前提是其有过错。第八条进一步明确，过错包括对于网络用户侵害信息网络传播权行为的明知或者应知。网络服务提供者未对网络用户侵害信息网络传播权的行为主动进行审查的，人民法院不应据此认定其具有过错。网络服务提供者能够证明其已经采取合理、有效的技术措施，仍难以发现网络用户侵害信息网络传播权行为的，人民法院应当认定其不具有过错。

2018 年 9 月 12 日，欧洲议会通过法律事务委员会关于《数字化单一市场版权指令》（以下简称《欧盟版权指令》）的提案，意味着这一提案将随后进入正式的立法讨论程序。若欧洲议会、欧盟理事会及欧盟委员会最终就这一提案达成共识，并正式颁布该指令，则欧盟各成员国都必须修改本国相关法律，以适应该法令的要求。《欧盟版权指令》草案最早由欧盟委员会于 2016 年 9 月 14 日发布，旨在促进内容创作者与互联网内容传播平台之间的合作，并缩小二者间的盈利差距。在最新版本中，该法令提出了几点影响巨大的新规定，包括：允许以科研为目的的数据挖掘行为（第三条），规定新闻出版者对其出版的新闻享有邻接权（第十一条）等；第十三条要求互联网平台服务商采取有效、适当的措施，如内容过滤系统等，阻止其用户上传侵犯著作权的内容，又被称为"内容过滤条款"。《欧盟版权指令》在版权保护的视角下，仍然坚持区分"内容创作者"与"在线内容分享服务提供者"。第十三条明确规定，存储并向公众提供其用户上传内容的在线内容共享服务提供商应采取有效、相称的措施，如内容过滤技术等，确保与著作权人签订的使用许可协议得到遵守，或是在著作权人的指认下停止传播侵权内容，并且在第二条第五项定义，"在线内容分享服务提供者"（Online Content Sharing Service Provider）是指：主要目的是向公众大量提供由其用户上传的内容，并通过整合或推广这些内容吸引更多用户，以此直接或间接牟利的在线服务，如音频/视频的在线浏览服务提供商。第十三条规定不适用于：

（1）主要目的并非向用户提供受版权保护内容，并从中获利的服务提供商，如电子通信服务（包括互联网接入服务提供商）；

（2）仅供用户储存自用内容的云服务提供商，如 Cyberlockers；

（3）在线零售平台，如亚马逊、eBay 等；

（4）小型和微型企业（员工少于 50 人，年营业额或年度资产负债表不到 1000 万欧元的企业）；

（5）为非营利目的，存储和提供内容的网站，如在线百科全书、科学或教育资源库、代码托管平台等；

（6）主要目的是参与或促进版权盗版的服务。

2. 归责的基本立场没有改变

既然区分内容发布者与网络平台的传输介质属性，则对内容发布者承担直接侵权、网络平台承担类似间接侵权或帮助侵权的基本规则立场也没有改变。因此我们认为，网络平台责任的整体框架体系并没有发生根本性变革。

通过以上分析可以看出，至今确立 20 年的网络平台责任在智能互联网时代，随着各类新技术的应用和商业模式的发展，其产业基础、主观过错基础和中立性、对传播内容的主动审查义务等方面都已经发生改变。但对于网络平台的传输介质性质并没有改变，整体的责任框架仍然要对网络平台和直接经营者进行根本区分。我们面对混业经营复杂的网络平台讨论其法律责任时，始终应当坚持从法律行为出发、回归到具体场景中，区分网络服务者到底是网络平台的角色还是直接经营者（内容提供者）角色，才能明确究竟承担怎样的法律责任。

三、由法定责任转向强制保险——以自动驾驶中责任分析为例

从国际象棋、围棋到医疗辅助诊断、司法辅助裁判、辅助驾驶甚至到自动驾驶，随着图像识别、语音识别等技术的发展，人工智能系统在交通、医疗、工业、服务业等越来越多的领域中逐步接近甚至未来可能超越人类认知判断水平，但随之而来的法律问题也引发了关注。

以自动驾驶汽车为例，国际汽车工程师协会（SAE International）将自动驾驶技术分为 6 个等级：非自动（Level 0）、驾驶员辅助（Level 1）、部分自动（Level 2）、有条件自动（Level 3）、高度自动（Level 4）以及完全自动（Level 5）。由于本节讨论智能互联网背景下的平台责任，因此以下讨论仅限于 Level 4 和 Level 5。当自动驾驶汽车达到 Level 4 或 Level 5 时，使用者参与程度大大降低，甚至从使用者转换为乘客，不再需要对车况、路况进行监视，被完全释放出来后，一方面会衍生出一个新的商业场景，而另一方面，此背景下发生的交通事故，已经无法完全沿用传统的侵权责任、产品责任等法律归责方式，当然对平台责任也提出了新的挑战。

传统侵权责任的归责思路是过错在先，由于发生了损害结果，必须要有责任人承担责任、赔偿弥补损失，因此需要依据主观过错确定责任主体及法律责任的分担。

但在 Level 4 和 Level 5 自动驾驶场景下，人类使用者已经转换为乘客模式，可以自由

支配自己在车内的行为，对事故不存在过错，难以成为过错侵权的责任主体。而自动驾驶的汽车并不是有效法律主体，因此，当自动驾驶车辆发生侵权时，责任承担的考量路径只能转向到产品责任，来考察自动驾驶汽车的生产者是否应该被扩张成为责任主体。

根据我国现行的《侵权责任法》《产品质量法》《消费者权益保护法》等规定，因产品存在缺陷造成他人损害的，被侵权人可以向产品的生产者或销售者请求赔偿。一般认为产品责任涉及消费者权益，为更好地帮助弱势消费者的维权，将产品责任定义为无过错的严格责任，即不需要证明生产者或销售者是否有过错，只要产品存在缺陷，并造成损害事实的，生产者就应当承担侵权责任，并且产品的生产者和销售者之间构成不真正连带责任，向被侵权人实际承担侵权责任的一方事后可以向有过错的另一方进行追偿。因此当 Level 4 以上的自动驾驶汽车发生事故造成人身或财产损失时，被侵权人可以向自动驾驶汽车的生产者或销售者主张产品缺陷责任。但应当能够证明，自动驾驶汽车作为产品本身有缺陷，有损害事实的发生，以及损害事实和汽车的产品缺陷之间存在因果关系。这对于受害人的举证责任要求较高。

此外，在当前主流的深度学习算法中，已经允许计算机从大量数据中学习，不需要人类程序员做出新的、具体的分布式指令，因此在机器学习中，算法基于从输出中得到的推论可能生成新的规则。这意味着深度学习的智能计算机可能会打破预先设定的规则，超出设计者的预期。这也使人们越来越担心人工智能系统的“算法黑箱”问题，其内部决策逻辑并不总是可以被理解和被解释的。当自动驾驶汽车发生交通事故时，人们可能很难查清事故背后的原因。

第四章　对网络言论的规制

第一节　网络社会中的自媒体

一、自媒体的概念

20 世纪 90 年代，美国的个人计算机逐渐普及。然而除了公司自建的局域网、校园网或初期的商业网络服务，人们很少会在自家或公共场所介入互联网。后来各领域的突破将人们推向一个被网络连接的世界。

1990 年，蒂姆·伯纳斯·李创造了超文本技术，成为早期网站（页）呈现的鼻祖。只要点击鼠标就能在网站（页）间跳转或下载文件。伯纳斯想把网上现有的所有文件通过超链接管理起来，并摆脱仅有的阅读模式，尝试进行基于网络的写作功能。

技术革新需要资讯分享的开放精神。戴夫·温纳重构了 Frontier 程序，带起了一股风潮。互联网发明者蒂姆·伯纳斯·李认为，互联网一开始就是一个读写网络（read－write Web）。在原初阶段，一对多的传播方式将占据主导地位。作者、广播者、表演者的地位总高于读者、听众和观众。在这个阶段，读写网络以读为主。随着后期技术的发展，第二阶段发生了从读到写的转向，戏剧性的一幕发生了：读写网络变成了互动式的。在 21 世纪新崛起的博客是最接近互联网原先的读写构想的网络工具。

当互联网技术与信息传播所崇尚的自由、开放、分享精神整合在一起时，传播的主动主体从组织转向个人，传统的大众媒体的影响力受到冲击，自媒体就在这种草根背景下孕育而生。

自媒体（We Media）又称“公民媒体”或“个人媒体”，是指私人化、平民化、普泛化、自主化的传播者，以现代化、电子化的手段，向不特定的大多数或者特定的单个人传递规范性或非规范性信息的新媒体的总称。

通过多年发展，自媒体亦渐趋成熟。自媒体有广义和狭义两种定义，广义的自媒体可理解为：公众借助互联网技术，进行综合自我表达的新媒体传播形式。而狭义的自媒体则可理解为：个人及团队通过有意识地制定传播诉求后，累积了有一定影响力的主流自媒体账号。

在技术发达和广泛被运用的今天，网络社会之中的“公众”，即网络社会之中的任何人，都有机会使用自媒体，都是网络社会中信息的发布者或者是信息的传播者；而“互联网技术”作为自媒体运营的技术支撑，成了传播的渠道；“自我表达”是一种传播内容或者方式；“综合”代表可以应用多样的媒介形式进行传播。有人称“公民新闻”的时代降临了，大众成为新闻发布、新闻解读的主体部分，舆论再次回到“街谈巷议”的自我生成、自我组织的流变状态，而这种“街谈巷议”又因传播速度的飞速增进而使传播机制产生了质变[①]。

二、自媒体的特征

（一）传授关系一体化

传授关系一体化是自媒体与传统的大众媒体的重要区别之一，也是自媒体平台的价值所在。传授一体化打破了封闭、单向式的新闻采编和播报格局，普通公众可以随时随地借助互联网参与和介入社会传播活动之中；新闻传播从大众媒体的单向传播转为双向互动，公众还可随时对被传播的信息内容加以增、改、删等方面的技术性操作。因此，有人说自媒体时代是一个“人人都是记者”的时代[②]。正因为人人都可能对将要传播的信息加以修改，所以网络社会流传的相关信息的真伪有时难以辨别。

（二）用户的“草根”属性

自媒体降低了普通公众在公共领域中发表言论的门槛，赋予其话语权。个人可以参与到社会公共事件当中并公开表达自己的立场，或展示自己的其他能力。这种状态，从某个角度也可以理解为，其推进了民主的进步。

“草根”（grassroots），通常是指同政府或决策者相对应的处于弱势地位的组织或个人。草根在这里主要指两类人：一是指自媒体平台中与知名自媒体人相对的普通自媒体用户。他们使用自媒体主要是为了记录生活，在自己的圈子里进行社会交往，成为知名自媒体人的粉丝。二是指对内容进行经营和管理，并获取成功的普通自媒体人。

过去人们经常用“草根阶层”来形容处于社会底层的平民百姓、群众、消费者或网民的群体或者阶层，从而也引申出了同主流、精英文化或精英阶层相对应的弱势阶层的“草根文化”。

网络社会中，如何正确看待“草根”已经成为难以回避的问题。一方面，如何与“草根”进行良好互动是知名自媒体人需要面对的问题。另一方面，如何从“草根”身份通过有意识的行为成长为知名自媒体人，获得影响力和经济利益，是部分草根用户的需求。

“草根”是自媒体规模化运营的用户基础，其活跃度高低也直接关系到自媒体平台、品牌的生死存亡。而普通公众不具备专业的运营和维护能力，缺乏对内容编辑、发布的专

---

① 邓晔. 论网络言论自由与政府规制［M］. 北京：国家行政学院出版社，2015.

② 王静. 自媒体 微叙事［M］. 北京：中国传媒大学出版社，2020.

业水平；同时对信息真实性缺乏足够的评估能力。这令“草根”用户面对社会热点时常被虚假信息和谣言所欺骗，对社会秩序构成不利影响。对于有志于打造一个有影响力的自媒体平台的自媒体用户来说，缺乏运行和维护技能难以将其自媒体平台做大做强。

（三）彼此间的共振性

就像在一个池塘里扔下一颗石子，会产生向外扩展的水波纹一样，当“一个热点新闻事件加上一种情绪化的意见，就能够点燃一篇舆论的导火索”。当今不少引起社会轰动的事件，大多最初始于私人的网络信息传播。这种一个帖子的发布本身无关紧要，但是却能引发成千上万人的追逐，这印证了洛伦茨“蝴蝶效应”理论的正确性。而且，网民广泛存在着“羊群心理”，这使舆论不断地发酵，从而产生了“共振”。因此，当一个信息在传播并被不断扩大时，这种水波纹的效应就出现了，如果其本身的影响力未得到有效的消解并不断地有外力加入，那么这股波纹的力量就容易被不断放大，甚至最终会形成滔天的巨浪。

正是考虑到信息传播在无止境的扩大下会导致不良的后果，2013 年最高人民法院、最高人民检察院联合发布了《关于办理利用信息网络实施诽谤等刑事案件适用法律若干问题的解释》，该司法解释通过厘清信息网络发表言论的法律边界，为惩治利用网络实施诽谤等犯罪提供明确的法律标尺。其规定，利用信息网络诽谤他人，同一诽谤信息实际被点击、浏览次数达到 500 次以上，或者被转发次数达到 500 次以上的，应当认定为《刑法》第二百四十六条第一款规定的“情节严重”，可构成诽谤罪。

从舆论共振到“雪崩”的过程中，还有两种有规律性的过程出现：一是炒作下的循环放大反应；二是预言的自我实现。

三、自媒体的种类

自媒体行使的多样化令监督权的行使发生一定的困难。通常认为自媒体有以下几种具有代表性的形式。

（一）博客

博客一词来源于英文 Blog 的音译，意为网络日志或网络日记。它是指由个人来搭建、管理与维护，定期或不定期发表文章后，按照时间或类别为顺序依次展示这些文章的小型网站。

博客以文章展示为主，并可借助图片、音乐、视频、外部链接等富媒体资源提高网站的趣味性，以吸引更多访客浏览。最早的博客称为 Blogger，由 Pyra 公司开发，流行后成为当时最知名的个人网站平台。Blogger 至今仍然存在，但需求内容已被赋予更多内涵。这种博客网站的特点是所有个人的博客数据都寄存于一个共同的 Blogger 网站管理者下，这种非独立并缺少更多自主性的特征让一些博客个人产生了独立办博客的想法。后来就产生了独立博客，以 WordPress 为代表的独立博客程序被开发出来供人们免费下载，它拥有更多的功能以及更自主的表达空间。由于完全自主管理，不存在博客内容发布者之上的其他管理者，他们不再担忧其发布的内容涉及令人不悦的信息而被举报、遭到删除；自主化得以让博客页面的设计更能彰显自己的个性，满足各种内容展现的需要。独立博客，如今已经成为言论表达、知识分享与社会交往的自媒体平台。

（二）掘客

掘客是一个文章投票评论的网站。它于 2004 年由美国人凯文·罗斯（Kevin Rose）创办，其最初功能定位于科技类资讯的整合。有趣的是它的内容生成机制与博客完全不同。博客需要博客主自己产生内容然后发布到博客，而掘客并不需要网站管理员发布内容，也就是说这个网站没有专职编辑。它的内容全依赖注册用户提交文章，然后由其他用户阅读后作出对该文章质量的反馈（如投票或收藏）。这一反馈起到了变相编辑的作用，当许多人都收藏了某一篇文章就表明该文章是值得被更多人阅读的，因而会被自动呈现在网站上更容易被关注的位置，从而进一步被人们阅读与关注。这时，一个网站的内容呈现方式发生了由无序到有序，由被动到主动式阅读的变化。这充分体现了“大家说好才是真正的好”的道理。

（三）维客

维客一词源于 wiki 的音译（因此也称为维基），为沃德·坎宁安（Ward Cunningham）所创的协作计划。它是一种开放式、可供数人相互协同创作的超文本系统，其支持面向社群的协作式写作，以及支持相关工具辅助写作。从这点看，维客是一种集体协作的写作工具。写作者创建一个新的词条，对词条进行写作，完成后该成果可被他人阅读，其他人可以根据自己的知识与见解完善和扩展词条。最后该词条在众人的努力下越来越丰富与充实，并随着时间或事件的发展而不断获得更新。多人的知识凝聚在一个词条上的结果是为不同人提供了自己尚未掌握的其他信息，并且对同一问题持不同见解的人在为一个词条中的问题或表述发生争执时，维客可自动标示出所有修改历史，提醒所有阅读者注意。目前最知名的维客之一是维基媒体下属的维基百科（Wikipedia），它是一个全球的百科知识协作计划，其力图通过网民的参与，最终编辑出一个包含人类全部知识的百科全书。

（四）播客

播客是 Podcast 的音译，指一种在互联网上发布音频或视频并允许用户订阅，订阅后可以定期或即时下载这些媒体文件并播放的有声节目平台。该平台及其节目起初由苹果公司为 iPod 多媒体播放器提供，获得成功后被推广到其他多媒体平台，如手机、电脑等，后被称作“有声博客”。用户可以随时点播甚至下载播客平台上的音频、视频节目，也可以自行制作节目上传到播客平台上分享给其他听众或观众。

（五）微博

微博，是一个在用户关系基础上进行信息获取、传播以及分享的媒体平台。用户每次可以发送最多达140个字符的文字内容，并立即分享出去。通过单向、双向的关注机制可让用户自由筛选想了解的各类信息。微博作为一个交流和分享平台，其更注重简约与时效。相比于博客追求较长期间内的所见所感，微博更倾向于表达出即时的思想情感和动态。

（六）微信

微信（We Chat），是由腾讯公司推出的智能终端免费即时通信服务应用程序。人们可在该应用中一对一地传送音频、视频、图片和文字等媒体内容。对有多对多沟通需要的用户，微信可提供类似QQ群的群聊容器。不仅如此，若有一对多沟通需要的用户，微信提供了朋友圈的社交界面，通过设置权限与内容，用户可向所有好友分享文字、图片、视频和链接，其他用户可点赞、评论或转发以建立、发生更深入的社交联系。微信公众平台是微信内一个具有聚合功能的自媒体平台，为用户提供更加多元的服务，也提供了明显的舆论传播入口，一些公众号具有个人化、精英化特征，加强的用户黏度与新增的盈利能力使其具有更加深远的社会价值。

第二节　网络言论的话语权及表达

一、网络言论的话语权

（一）话语权的含义

“话语权”一词源于法国思想家米歇尔·福柯。他坚持话语是人们进行斗争的手段，是转化成语言的斗争或统治系统；人们通过话语将权力赋予自身，它是一种“权力”，话语和权力是不能被分离的。这种权力影响、控制话语的运动，话语是真正的权力得以实现的必要条件。在米歇尔·福柯看来，话语权其实就是统治权，而在历史的发展中，话语权从来都被统治阶级所掌握着。在这种情况下，权力影响、控制着话语的内外部流通，话语和权力相互不可分割，权力的实现更离不开话语的作用。一言蔽之，“话语即权力”理论将话语权阐述为一种政治性权力。

如今许多学者倾向于从权利角度理解话语权，话语权更多地用于指代公民拥有进行语言交流、表达自己思想的权利。《话语权转移》一书中明确将话语权定义为：“公民享有参与社会公共事务以及国家事务讨论的话语权利，其内涵是自由表达权，话语权是公民实现监督权和参政权等其他基本权利的前提。作为一项政治性权利，它是一项公民有权以法律规定为依据参与国家政治生活的民主权利。它是一种在对社会自然权利尊重和理性的提倡作用下的，以私权利对抗国家公权力的状态。”在现代社会中，人们多认为话语权是一种权利，具体而言是通过传播媒介自由表达言论的一种权利。

众所周知，权利与义务就像硬币的两面。公民在享受话语权利的同时，也应承担相应的义务。权利与义务二者是相统一的，权利不能脱离义务而单独存在。因此，话语权利的行使必须以一定的法律义务为界限，即在法律里明确允许和保障的范围内行使。只有在法律规定范围内行使的话语权才是有意义的，才能真正地实现话语权利。

（二）网络言论话语权的含义

话语是观念或意识的外在表达，是表达必需的载体。在人类演化历程中，为延续文化和思想，从利用动物骨骼到发明印刷术，再到实现网络通信，人类的话语载体经历了一次又一次翻天覆地的革新。它颠覆了利用报纸、杂志或者电视传播话语的局面。而网络作为新的信息交换方式，构造了一个完全虚拟的数字空间。不存在一个绝对权威的管理机构，只要想要表达，人们就可通过网络行使被《宪法》赋予的该项基本权利。因此，可将网络言论话语权定义为以网络为载体的话语表达权利。

网络话语权因其载体不同而显示出传统话语权所没有的特点，网络的平等性与开放性改变了人们以往传统的话语权行使方式，网络社会中网民身份地位相互平等，确保了所有参与者在公共事务的讨论中都能够享有平等的机会、获得同等的对待；网络的匿名性使得公民敢于表达自己的真实想法；网络的开放性使公民不必在意各自的社会地位和身份，都能够行使自己的网络话语权，对公共议题发表自己的看法；网络的互动性也很强大，它从根本上改变了传统信息传播方式，使公众不再是被动的信息接受者，人人都可以是记者和出版人。公民通过多元的话语表达形式逐渐形成了新的社会沟通形态。网络话语权的意义不仅在于话语权的使用，更重要的是它使话语权真正地介入了现实，实现了话语的权利化。

二、网络言论的表达

无论是从互联网自由、开放、分享的特性还是各国法律规定对言论自由的理解，网络言论都应属于言论自由保护的对象。各国政府制定相关法律政策时，按照公约要求管理和规范互联网公民的言论自由是毋庸置疑的。《公民权利和政治权利国际公约》规定了：“人人享有自由发表意见的权利，不论口头的、书面的、印刷的、采取艺术形式的，或通过他所选择的任何其它媒介。”

网络信息的表达自由主要涉及网络言论自由，与“网络传播自由”的含义基本相同。我们只能享有有限度的自由而不能追求无边界的自由[①]。但人的感性与冲动永远指向自由

① 丁西泠. 网络舆情及其应对研究［M］. 北京：新华出版社，2018.

的最大化。理性与感性二者常常陷入矛盾，这种矛盾便是对最大自由的渴望与实际享有的自由之有限的矛盾。言论自由在网络世界里延伸，人们便把自由的理想最大化从现实世界诉求到虚拟的网络世界中。有人认为，在虚拟的网络世界中，是可以彻底实现言论自由的。但言论自由并不是说公民可以不受任何约束地绝对自由地表达含有任何内容的信息，这种自由必须是在法律保障范围内的自由，超出了这个范围就得不到应有的法律保护，这个范围就是法律对言论自由的限度。

互联网虽然具有虚拟的属性，但是它并不是一个完全虚拟的世界，其本质仍然是现实的，由它产生的任何后果也是现实的。网络行为都是实实在在的客观行为。互联网面向公众，直接对社会生活产生影响，所以说网络空间也是国家管治的一个部分。由于传播信息方式上的虚拟性，公众在网络上虽然不会遭受到生命、健康方面的危害，但是不可避免地受到由其他方面带来的实在影响，比如人格权方面受到侵害和财产的损失。因此，在网络上的行为是不能完全不受限制的。我们必须认识到互联网上的内容也是言论，属于言论自由保护的范畴。

（一）网络言论自由的积极作用

互联网上发表的内容不论涉及政治、经济或是宗教，都是人们发表的言谈和意见，都属于言论的范畴，与传统的言论无实质性的差别，只是采用了新的言论方式和交流媒体，是互联网技术的发展给言论自由功能的实现提供了崭新的舞台。

首先，互联网在增进知识领域做出了巨大的贡献。言论自由本身就具有增进知识和获取真理的价值。在认识事物的过程中，真理常常需要我们从谬误中加以辨明。只有倾听各方意见，尤其是与自己持对立观点的意见，接受对自己观点的质疑和挑战并不断对其进行修正，我们所拥有的知识体系才更加完备。美国经典的言论自由理论——霍姆斯的“思想与观念的自由市场理论”对言论自由的这一价值作了很好的说明。霍姆斯将物质市场的观念扩展至思想市场的观念。互联网作为一个开放的系统，局部和独立的网络都可以根据自身需要进行设计，全球的互联网用户只要遵守协议，就能接入互联网，实现跨越国界的信息交流与传递。每个独立的网络拥有自己的网络接口和使用环境，所以，互联网面对用户、网络服务提供者都是相对开放的管理空间。互联网对用户类型不做要求，对接入互联网的用户不限制其与其他系统建立连接，对网络服务器的提供者不做任何类型的要求，对网络服务的提供者也允许它们无障碍地进入。在科学技术迅猛发展的今天，更是允许技术的更新和社会的进步对互联网加以改进。人们不同层次的需要都可以从互联网提供的巨量的信息源中得到满足。各类新闻资讯应有尽有，人们自由选择，任意搜索。

其次，互联网推动了人的全面发展。互联网技术突破了地域和时间的限制，为人们提供了更广阔的知识空间，每个用户获得了范围更大的社会交往机会，社会性得到空前的延伸和发展。

最后，互联网推动民主政治建设向前发展。互联网削弱了国家的控制、拓展了公众参与、强化了公众监督，远远超过传统媒体对国家权力的制约作用。在我国，网络言论产生了强大威力，尤其在传达民意方面作用更加的突出。曾经的孙志刚案让收容遣送制度被废止；刘涌案直接导致最高人民法院再审并最终判处刘涌死刑。人们通过网络言论自由的方式毫无保留地表达看法，互联网所发挥的作用可见一斑。湖南湘潭女教师黄静裸死宿舍一案，由于网站的大肆渲染和众多网友的压力，更是历尽波折；还有铜须门事件也在网上轰动一时。网络技术愈发先进，网络信息的传播速度就愈快，其强大的功能对政府政策的透明性、科学性以及是否符合民意都不断地提出了更严峻的挑战。曾经陕西省林业厅公布了镇坪县文彩村村民周正龙所拍摄的华南虎照片，随即互联网上质疑声四起，当事人周正龙坚称自己所拍照片为真，并用自己的脑袋做赌注与质疑照片者激辩虎照之真伪。随着相关专家鉴定结果的一一呈现，当广大网民认为虎照真伪很快盖棺定论时，相关部门却迟迟未作最后结论。在虎照真伪的激烈交锋中，互联网所拓展的言论空间使得更多的民众参与到话题讨论之中。人们通过网络发表的对虎照真伪辨别的言论无疑也是监督意识的表达。它提醒政府官员：监督的目光无处不在。互联网使得公民质疑的精神复苏，使公共探讨空间向更大、更广的范围扩展，其意义已远远超过了对虎照真伪的讨论。

（二）网络言论自由的消极作用

我们明显地感觉到，在互联网上只要是我们需要的信息，都可以轻松被找到。而在信息丰富的同时，虚假信息也成泛滥之势，使我们难辨真伪。虚假信息已经成为网络有害信息里面数量最多的、危害最大的信息类型之一。网络虚假信息主要表现为网络娱乐信息和网络经济信息。

网络上的娱乐信息主要是指关于名人的网络信息——比如说演艺、体育明星等，这类信息是网站获取点击率的主要类型。我国对网络娱乐信息的审查力度较弱，对名人隐私权的保护力度较普通公众而言较弱，因而编造、炒作名人的“花边”新闻成为网络虚假信息的来源之一，通常这些信息都是负面的，如各种绯闻，整体上来说这类信息只会起到负面的导向作用。另外，虚假经济信息在网络上流行，证券类相关信息和经营性的商业信息出现得最为频繁。由于这种信息对经济运行，甚至个人利益都会产生影响，所以，这类信息的破坏性影响同样不能忽视。比如，某知名网站的论坛中有人发布有关某上市公司即将融资的内幕信息，这些信息让人信以为真后，可能导致该公司股票的巨大波动，使某些人从中渔利，而另一些人可能遭受巨大损失。这些虚假经济信息严重破坏了社会主义市场经济秩序，形成了一个资料太多而知识太少的嘈杂世界，使得人们无所适从，无法在浩如烟海的信息中做出正确、有效的选择，时时陷入一种困惑与尴尬的境地。

网络上虚假信息的泛滥，既有技术方面的原因，也有管理上的漏洞。网络技术发展突飞猛进，不断给用户提供更加灵活、便捷的信息传递方式，同时与之相关的防范技术和制度建设相对落后，管理跟不上趋势，最终导致了虚假信息的泛滥。美国学者约翰和卡耶指出："大多数网站对网络信息的真伪都没有具体的检测措施，网络环境中把关程序的缺失导致网络信息内容的准确性较之传统媒体逊色不少，没有社会与职业监督的压力。"

据相关资料统计，互联网上涉及色情信息的网站已多达上亿个，含有色情内容的网页也有上亿之多。然而更加让人担心的是，青少年儿童是浏览网络色情信息的"主力军"。以我国目前的网民数量来看，中小学生约占一半的比例，如此高数量的青少年正面临着网络色情信息毒害的危险。目前我国采取的一系列打击色情网站的手段的确使一些独立的色情网站数量有所减少，然而这些毒瘤并未消失，而是采用了另一种更为隐蔽的方式生存——比如各种论坛和博客。在一个表面正规的论坛里可能暗藏着部分栏目，它们成了色情信息交流的温床，个人用户可以上传含有色情内容的信息，其他用户可以通过这些论坛浏览、下载、甚至继续传播相关信息。由于互联网信息的庞杂，对这些传播方式目前还没有很好的技术措施进行过滤，因此只能通过网民自律来解决。依法管理网络已经成为各国越来越关注的一个话题。

网络垃圾信息通常是指未经接受者同意，强行塞入或张贴的一些商业广告信息、政治宣传材料、征集慈善捐助请求等信息。垃圾信息里面也会包含一部分的虚假信息。在网络垃圾信息中，人们最经常接触的、也是最为严重的就是垃圾邮件。随着互联网技术的不断发展和更新，电子邮件系统的广泛应用，垃圾邮件的泛滥之势越来越严重。污辱性信息肆虐网络。网络污辱性信息是指在网络上散布的对个人或群体进行恶意诽谤、诋毁、骚扰、败坏对方声誉、扰乱对方生活的有害信息。其中，网络诽谤信息的危害性最为严重。网络传播具有匿名性的特点，个人用户可以通过网络宣泄情绪，尤其是不健康情绪，从而使一些诽谤信息得以泛滥成灾，严重地侵害了网络的健康环境和社会公共利益以及他人的合法权益。这类侮辱性的信息表现为在博客上发表侮辱、诽谤性的言论，或利用聊天室、即时通信工具等编造谎言、捏造谣言，或通过电子邮件进行人身攻击、侮辱，或在网上发布污辱性音频、视频以及图像等。

第三节　对网络通信与舆情的监控

一、网络通信与舆情的概念与依据

（一）网络通信与舆情的概念

1. 网络通信监控

网络通信监控是一个系统工程，可理解为网络监控系统，它是网络管理系统的一个必要的组成部分，它为网络管理提供网络和被监控主机的状态信息。对于发现网络趋势和快速定位网络故障来说非常重要。网络监控的目的是从网络的各个部分收集有用的信息用于网络的管理和控制。网络监控技术允许网络管理系统去检测网络设备的状态。随着越来越多的网络设备被用来构建网络，对网络设备的监控必不可少。

随着越来越多的人使用网络，网络已经变得越来越大和越来越复杂。在这样复杂的网络中，网络监控程序需要使用有效的方式去检测它们的网络状态，以至于网络管理程序可以更好更全面地控制需要管理的网络和提供商业的高质量的网络服务给用户。了解网络监控的目标非常重要。一旦目标确定就可从中挑选对网络监控最恰当的对应技术和策略。一般对于网络监控来说有三个基本的目标：①性能监控；②故障监控；③账户监控。

性能监控，用于测量网络的性能表现。在性能监控中有以下三个重要的问题：第一，性能监控信息通常被用来规划网络的扩展和定位当前网络使用的问题。确定网络系统当前所能承受的访问量并统计出网络当前的使用状况，以便于适时地对系统进行规模扩展。第二，性能监控的时间必须足够长，以便于建立起一个网络行为模型。通过在一个有效的时间长度内检测网络的使用情况，统计网络当前访问量的曲线图。第三，对于性能监控来说，挑选网络系统中被测试的模块很重要。对于网络来说有很多需要测试的模块。但是需要被监控的部分应该有一定的重要性并且能够有效地检测出需要的信息。

故障监控，处理网络问题的检测。在网络错误监控中有两个主要的问题：第一，错误会出现在网络架构中的各个层次中。当一个问题发生时，问题可能出现在网络中某个层中，应该找出问题出现的对应层次。第二，错误监控需要在相当长一段时间内建立网络的各个正常的特征。网络中经常会出现一些问题，当它们发生时并不意味着问题会持续存在。有些错误不能够经常复现出来。例如，在链路中的干扰会导致传输出错，相对于正常的状况，网络错误突然增加时，网络会出现问题。因此，记录网络正常的特征非常重要。

账户监控，监控用户如何使用网络。网络需要保存一个关于网络设备上用户使用频率的记录。这种类型的信息可以用来记录用户使用网络的流量、费用等信息，并且可以用来预测未来的网络使用需求。

2. 网络舆情

舆情是一个历史性概念。舆情思想是我国传统社会政治思想的一个重要构成部分，在我国历朝历代治国理念中有着重要地位。古代舆情思想的核心就是“民心所向”，体现着普通民众的意愿和情绪表达方式。

舆情作为社会科学研究中一个新的领域，学界对此尚未形成统一见解。目前有两种主流观点：一是从广义上来说，舆情就是指民众的全部生活状况、社会环境和民众的主观意愿的总和，也即社会民意。二是从狭义上来说，舆情是在一定社会空间内，围绕中介社会事务的产生与发展，作为舆情主体的社会民众对国家事务管理者所形成和保持的社会政治态度。从传统的社会学理论上看，舆情是民意的综合反映，属民意理论范畴。从现代舆情理论上看，舆情并不是简单的民意规律概括，而是对民意及其作用与执政者及其政治取向规律的描述。综上，结合舆情的主体、客体、中介事项和本体四项因素，舆情是指社会意识形态的特殊表现形式，是一定时期内，特定的社会环境中，社会群众对国家统治者或管理者的管理或行政行为，所产生和持有的群体性社会政治情绪与态度的总和。

随着网络社会的发展，网络已经冲击和改变了社会舆情的基本环境，一个以网络环境为载体的全新舆论场已经形成。我国网络舆情相关的法律规范主要是从 1996 年以来政府所实施的一系列有关计算机的条例和法规，如《互联网信息服务管理办法》《信息网络传播权保护条例》和《政府信息公开条例》等。《中共中央关于加强党的执政能力建设的决定》中提出“建立舆情汇集和分析机制，畅通社情民意反映渠道”，由此掀起了国内对网络舆情研究的热潮。

二、网络通信与舆情监控的方式

网络通信监控按照监控的方式可以分为主动监控和被动监控。就解决网站或者网站应用所出现的问题而言，被动监控更为有效。网络管理员可用主动监控发现问题，如应用程序问题和网络或服务器连接问题，以确保大量的网站浏览者不受网站或应用程序故障或性能恶化产生的影响。

主动监控，主要的方式是通过监控主机主动的向被监控主机发送监控的内容请求信息，在被监控主机上通过代理来收集主机的状态信息。

被动监控，也称之为用户实时监控，是一种通过截取网络中传输的数据包并做相应分析的技术，具体是指从网络设备或者网络线路中复制出一份正在网络中传递的数据的监控方式。这种方式对于监控网络中应用程序的性能来说有比较高的价值。一般情况下，这种监控方式可以提供网络通信状况的具体的细节，并且通过对数据的备份还可以用于分析之后遇到的相关故障，同时可以方便地用于监控网络发展的趋势。

第四节　网络言论责任的追究

网络媒介下的言论相对于传统现实社会中的言论在表现形式上有很大不同，其中最明显的是大量大众化匿名言论的制造和传播。匿名性是网络的一大特点，各种论坛、博客、微博和即时聊天工具都可成为网络社会中匿名言论的汇聚地。这样一种新的言论行使方式对我国的言论自由之保护制度提出了许多新要求，可以说老的问题还没解决，新的问题又出现了。要想加强我国宪政制度中网络言论这一薄弱环节，明确网络言论的责任并按法律严肃追究责任是必由之路。由于在网络上发表不当言论而违反法律的，可从民事、行政和刑事三个方面进行责任追究。

一、民事责任

在民事责任方面，主要是网络言论侵犯名誉权的问题。名誉权是指公民和法人依法对其名誉所享有的权利。名誉权是作为一种特定的社会评价而存在的，网络言论侵害名誉权是以网络为工具实施侵害他人名誉权的行为。在网络上对特定人或法人实施谩骂、诽谤的行为，尚未达到行政处罚或刑事处罚的标准，民事上仍属侵权行为，应该承担侵害他人名誉权的民事责任。责任形式包括：停止侵害，排除妨碍，赔偿损失，赔礼道歉等方式。《中华人民共和国民法通则》规定了："公民、法人享有名誉权，公民的人格尊严受法律保护，禁止用侮辱、诽谤等方式损害公民、法人的名誉。"《侵权责任法》规定了："侵害民事权益，应当依照本法承担侵权责任。"而名誉权当然是民事权益的内容。《关于办理利用信息网络实施诽谤等刑事案件适用法律若干问题的解释》明确规定了"造成被害人或者其近亲属精神失常、自残、自杀等严重后果的"属情节严重，应构成诽谤罪。也就是说，当侵权行为给被害人或者其近亲属造成严重后果时，法律直接将其规定为犯罪行为。

二、行政责任

在行政责任方面，《治安管理处罚法》规定了："散布谣言、故意扰乱公共秩序的，处10日以下拘留，500元以下罚款；煽动民族仇恨、民族歧视，或者在出版物、计算机信息网络中刊载民族歧视、侮辱内容的，处10日以上15日以下拘留，并可以处一千元以下罚款。"《计算机信息网络国际联网安全保护管理办法》规定了："违反法律、行政法规，有本办法第五条、第六条所列行为之一的，由公安机关给予警告，有违法所得的，没收违法所得，……构成违反治安管理行为的，依照治安管理处罚条例的规定处罚；构成犯罪的，依法追究刑事责任。"另外，《互联网信息服务管理办法》也规定了散布谣言、扰乱社会秩序、破坏社会稳定的互联网信息服务提供者的行政责任。由此看来，网络言论传播者被追究行政责任时可以给予治安拘留或罚款的行政处罚。

三、刑事责任

在刑事责任方面，制裁非法网络言论主要体现在罪名和法定刑两方面。罪名方面有，《刑法》第一百零三条第二款"煽动分裂国家罪"、第一百八十一条第一款"编造并传播证券、期货交易虚假信息罪"、第二百二十一条"损害商业信誉、商品声誉罪"、第二百四十六条第一款"诽谤罪"以及第二百九十一条第一款"编造、故意传播虚假恐怖信息罪"等。如果行为人利用谣言实施以上特定的犯罪，在满足犯罪构成要件的前提下，参照以上具体罪名进行处罚。法定刑方面，我国《刑法》中用于制裁网络谣言的部分罪名的法定刑大体适中，基本符合罪刑相当的要求。例如，"煽动分裂国家罪"的法定刑为"5年以下有期徒刑、拘役、管制或者剥夺政治权利”；对“损害商业信誉、商品声誉罪”的行为人的惩罚为“2年以下有期徒刑或者拘役”；“诽谤罪”的法定刑为“3年以下有期徒刑、拘役、管制或者剥夺政治权利”。《最高人民法院、最高人民检察院关于办理利用信息网络实施诽谤等刑事案件适用法律若干问题的解释》明确了网络谣言入罪的适用范围、量刑情节和法定刑的参照使用，从而为法院审理这类案件提供了法律依据。需要注意的是，一旦考虑适用刑事制裁方法，司法机关要严格地遵守刑事诉讼的正当程序。不仅需要事先对这则网络言论进行认定，还要严格审查其是否符合入罪的标准，是否达到了定罪量刑的程度。从而切实保障每个诉讼参与人的权利，做到不纵不枉，实现刑事相关法以及司法解释治理非法网络言论的功能和价值。

第五节 “网络过滤计划”之得失

一、“网络过滤计划”概述

（一）“网络过滤计划”的概念

网络过滤计划是为维护国家安全、社会稳定以及个人、组织合法利益的，以在网络上介入过滤软、硬件，阻止非法的或不安全的网络行为、网络内容的一套系统性方案。通常而言，网络过滤计划可分为狭义和广义两层含义。狭义的网络过滤计划，一般是指针对我国互联网边界的安全审查系统，它主要用于审查境内外的网络数据流量并根据预设的规则对其采取放行、阻止或其他动作，目的是维护国家整体安全环境，使其不受境外威胁或破坏。广义上的网络过滤计划，除了包括上述边界安全审查系统以外，还包含不涉及境外流量的，针对国内流量所进行安全审查所需要的方案、设施、制度等。

（二）“网络过滤计划”适用的技术

网络过滤计划之目标是明确的、一贯的，就是要维护国家、社会以及个人、组织的安全与合法利益。根据国内流量和国外流量的不同特点，以及在管辖权、实际控制能力的不同，针对境内和境外流量分别采取了不同的过滤策略。

1. 境外流量的过滤

所谓境外流量是指流量发送或接收一方为境内用户，另一方为境外用户相互之间进行网络通信时产生的网络数据流量，并不包含境外用户之间发生的流量。

2. 域名解析服务缓存污染

域名服务器缓存污染是指一些刻意制造或无意中制造出来的域名服务器封包，把域名指向不正确的IP地址。一般来说，在互联网上都有可信赖的域名服务器，但为减低网络上的流量压力，一般的域名服务器都会把从上游的域名服务器获得的解析记录暂存起来，待下次有其他机器要求解析域名时，可以立即提供服务。一旦有关域名的局域域名服务器的缓存受到污染，就会把域名内的电脑导引向错误的服务器或服务器的网址。具体而言，过滤设备对特定端口上的域名查询请求进行入侵检测，一经发现与黑名单关键词相匹配的域名查询请求，会马上伪装成目标域名的解析服务器返回虚假的查询结果。由于通常的域名查询没有任何认证机制，查询者高度信任并接受最先到达的格式正确之结果，即便它是伪造的。

3. IP 地址或端口屏蔽

IP 地址是指互联网协议地址，它相当于现实生活中的某一个目的地的地址。要前往该目的地需要规划从出发地到目的地之间的路径，在网络通信中，这条路径就是路由。一般情况下路由是由管理员根据网络拓扑而制定的，这条路由最起码要是正确的，这样才可以引导路由器把数据包发送到正确的目的地。而过滤设施中的某些路由是有意错配的，就是为了把本来是发往某个 IP 地址的数据包统统引导到错误的地址上，而不是把它们转发到正确目的地。同理，端口屏蔽则是在端口上进行阻断。

4. 关键词阻断

过滤设施通过监听网络流量中特定的、有价值的数据，对流量中出现的与黑名单关键词列表相吻合的，则向流量发送者回复一个重置的通知消息。发送者收到重置消息时误以为网络被断开了，因此就放弃了本轮通信。

诚然，网络过滤的方式还有很多种，如对加密连接的干扰、间歇性网络封锁、深度包检测、对电子邮件的拦截等。

二、实施网络过滤的必要性及普遍性

尽管美国高喊互联网自由的调门，将不受审查的网络言论自由作为其指责和攻击别国的武器。但互联网早已不是从前无政府状态的虚拟空间了，互联网的无限制自由从来都是不存在的。因为包括美国在内，很多国家都对互联网实行着或多或少的监管和控制，都在以不同方式进行网络过滤、屏蔽等互联网审查活动——无论是美国的多元化控制，还是法国的直接屏蔽网站，或是新加坡的“煽动法”，都证明了这一点。

（一）实施网络过滤的必要性

虽然黑客组织“匿名者”自称代表了所谓“互联网一代”，他们要求更加合理的版权政策、更多的透明度，并要求减少审查，反对政府对互联网的任何干预。但是现在猖獗的网络犯罪，肆无忌惮的黑客大肆窃取私人隐私和商业秘密乃至国家秘密，恶意的网络攻击对各国的网络安全构成严重威胁，病毒和垃圾邮件横行世界等使得越来越多的国家认识到，单纯依靠市场的力量和民众的自律是远远不够的，它们不足以充分保护互联网的安全。无论是从政治上来说，还是从社会民生、网络健康发展本身来说，加强网络监管、规范网络行为，都是非常必要的。

（二）实施网络过滤的普遍性

互联网审查现象在世界各国普遍存在。许多国家都在以不同方式进行网上过滤、屏蔽等互联网审查活动。有学者称在全球范围内有超过40个国家的政府在过滤互联网内容。开放网络倡议（Open Net Intiative）发现全球互联网审查和监视存在持续增长的现象。包括以前还曾反对网络监管的一些西方国家也都转向对互联网进行控制、审查，使得互联网审查成了普遍存在的现象。

三、“网络过滤计划”的利弊分析

（一）实施“网络过滤计划”的好处

首先，网络审查监控有助于过滤网络上有违道德的内容，以维护公共伦理价值观。有违道德的内容，主要是指以下两类：其一是鼓吹极端言行、不人道与不正义的主张；其二是渲染暴力及色情等内容。其次，网络审查监控有助于打击网络上违反法律的言行，以维持法纪。所谓违反法律的言行，指计划犯罪与实际违法的行为。最后，网络审查监控有助于杜绝危害国家安全和稳定的言行，以保障公众的利益。任何意图煽动群众以影响公共秩序、策划影响社会安全的行为、企图破坏国家安定的计划，皆有违公众利益，应予以禁止。

一些国家已经开始对网络进行监控和分析，如德国政府成立“网上巡警”调查机构，对网络进行监控和分析，并明文规定网页不得有极端言行和渲染暴力色情的内容；澳大利亚政府近年设计出了“网络筛选程序”，过滤澳大利亚政府认为具有争议性或危害国家安全的网页；新加坡政府公布了《互联网运行准则》，具体表明不准传播的包括违反法律、公众利益、社会道德、公共秩序以及国家安定等“违禁内容”。

（二）实施“网络过滤计划”的弊端

1. 对政治生态的不良影响

“从群众中来，到群众中去”的群众路线，是我们一直坚持的。只有听到群众的声音，才能了解群众的需求。群众的呼声要有适当的渠道和方式得以反映出来。

尽管有相应的渠道来听取群众的声音和意见，但是无可否认的是，网民有在网络上发表自己言论的自由。如果过度地监控和毫无原则地追究言论责任，“知无不言、言无不尽”就成了一种理想状态。人们会出于自保而慎言乃至不言。当彼此都被禁言压抑的时候，人们往往会有被忽略和被无视的感觉。如果广泛被监视，就有被禁言的感觉。从而采取的对策就是“无言以对”的无声对抗，社会就失去了民主的土壤，独裁往往就在无言的状态下萌生了。

2. 对于个人和小群体的危害

网络过滤令原本自然简单的传播和沟通代价徒增，与其相关联的部分价值观正在发生变化，如打不开的链接才有价值，将文章被封杀、账号被删除视为荣耀等。另一方面，一些网民不敢将私人信息放在网上；因存在不同意见而群聚的网友在网上谈论有可能被敏感化的论题时更多趋向于选择谨慎的态度。沟通上的阻塞令一些因观点、立场一致而结合成的讨论无法凝聚和继续。早期聚集的群组逐步消解当初的共识，脱敏话题比例提升，整体价值渐次下降。已培养了一定人际关系的原有社交平台逐渐荒凉，内容苍白。

更有甚者，“自我过滤”在部分群体中已逐渐成为习惯。一些极为普通的词汇变成了敏感词，网友们在交流中为了能顺利发布与沟通，不得不规避使用它们，进而选择使用代号、分隔符、隐喻，或者干脆避而不谈。表达上的限制令人们彼此之间的理解和认同感下降，隔阂感让原先本有的共识无法如常凝聚，安全意识的提升也造成了信任度下降，使网友交流逐渐趋向小圈子化。

3. 对经济发展的不良影响

《中国外商投资发展报告〔2015〕》与《中国外商投资发展报告〔2014〕》显示，在全球国际直接投资流出额较大幅度下降的环境下，我国吸收外商直接投资微幅增长，但吸收外商直接投资环境竞争力排名相对下降，被对外直接投资超越，成为直接投资净流出国。同时，影响国际资本进入中国市场的因素正在发生重要变化，中国经济增长下行压力增大，改革开放的“红利”在进一步释放的过程中还没有出现特别鲜明的变化，中国的经济结构变迁会使外商投资的结构发生变化，存量的外资存在区位转移。多方面管制加强、生态环境恶化、人工和企业经营成本加大，外企越来越难以找到留在中国的理由。一直主导全球低端生产线的中国大陆正在国际竞争中逐渐失去“世界工厂”的地位。尤其近年来急速加强的网络过滤力度，令驻华外企人士难以与国外通讯、无法登陆国际知名网站，这严重影响了技术、学术研究，让很多海外人士感到不便。

实体经济的衰落使我国急需留住外资，外汇管理局曾发布《国家外汇管理局关于进一步改进和调整直接投资外汇管理政策的通知》，要求大幅取消或简化归并现有的管理环节，简化企业申请材料，以统一的标准化格式申请表取代现行业务申请书，简化流程，降低成本；取消部分直接投资项下管理环节；简化现有管理程序；放松直接投资项下资金运用的限制……目的就是希望为外资进入营造便利条件。然而这无法满足外企撤资的其他理由，撤离中国的头牌外资企业开始增多。外资的撤离除了撤走巨额投资，还带走了庞大的海外市场。中国正面临着制造业倒闭潮和失业潮双面夹击的局面。事实上，对互联网过度的管控会打压商业的发展机会以及对技术和研发领域的投资，而这些领域对发展中国家今后的发展是至关重要的。

第五章　对网络营销的规制

第一节　对网络营销的规范管理

一、网络营销的兴起

（一）网络营销及其特点

1. 对网络营销的界定

网络营销，是指建立在互联网基础之上，借助互联网更为有效地满足客户的需求和欲望，从而实现企业营销目的的一种手段。也有学者表述为：网络营销是建立在现代市场营销的基础上，结合网络技术的特点而产生的新的营销模式。严格地说，网络营销是依托网络工具和网上资源开展的市场营销活动，是将传统的营销原理和互联网特有的互动能力相结合的营销方式，它既包括在网上针对网络虚拟市场开展的营销活动，又包括在网上开展的服务于传统有形市场的营销活动，还包括在网下以传统手段开展的服务于网络虚拟市场的营销活动[①]。网络营销不仅指网上直接销售，还包括企业上网宣传、网上市场调查、网络分销等许多方面。总体而言，网络营销是企业营销的一个重要组成部分。

在当前的网络环境下，常见的网络营销主要通过以下的方式实现。

（1）企业网站与网上商店。企业网站是一个较为综合的网络营销工具，在所有的网络营销实现途径中，企业网站是最为基础也是最为重要的一种网络营销途径。借由企业网站，企业可以更加便捷且直观地展示品牌形象、完成顾客反馈以及进行网上调查、网上销售、网上合作等。而对于个别无法独立运营企业网站的小规模企业而言，建立在第三方提供的电子商务平台上，由企业自行经营的网上商店也是不二之选。网上商店在一定程度上也能完成企业网站的部分职能，如网上销售、顾客反馈。由此可见，企业网站和网上商店是一种较为基本的网络营销手段。

（2）搜索引擎。搜索引擎是指根据一定的计算机程序搜集互联网上的信息，将信息进行组织和处理后显示给用户，为用户提供信息检索服务的系统。搜索引擎本质上是一个网站，该网站是专门提供信息检索服务，通过对互联网上的网站进行检索，从中提取相关信

---

① 侯滢，王印成主编. 网络营销［M］. 北京：经济日报出版社，2018.

息，建立庞大的数据库，用户可以通过输入特定的关键词查找相关的信息、产品和服务。

拥有较大的流量以及吸引更多的“眼球”是在信息繁多的互联网中脱颖而出的关键。由于搜索引擎的商业价值极高，因而越来越多的企业都将搜索引擎作为主要的网络营销手段，如通过竞价排名的方式使企业获得更多的曝光度。

（3）网络广告。网络广告是广告业务在网络领域的拓展，也是网络营销领域最先出现的营销手段之一。网络广告是指广告主利用一些受众密集的网站，以图片、文字、动画、视频等方式传播自身的商业信息，并设置链接到某一目的网页的过程。网络广告是网络营销中极其重要的一个领域，是最直观的电子商务活动，同时也已成为互联网公司盈利的主要手段之一。

（4）交换链接。交换链接是具有一定资源互补优势的网站之间的简单合作形式，即分别在自己的网站设置对方网站的超链接，使用户可以从合作网站中发现自己的网站，增加网站的曝光率，以达到相互推广的目的。

（5）E－mail 营销。E－mail 营销是通过电子邮件的方式向目标用户传递有价值的商业信息的一种网络营销手段。通过电子邮件系统，企业可以以文字、图像、音频或视频等方式准确地向客户投递相关的商业信息。电子邮件具有使用简单、投递迅速、形式多样、传递快捷、易于保存等特点，故其在网络营销中得到广泛的应用。

（6）微信营销。微信营销是一种新型的互联网营销模式，是伴随着腾讯公司推出的即时通讯软件——微信的流行而兴起的一种营销方式。具体而言，即企业通过微信平台开展品牌及产品的推广宣传活动。通过微信公众平台，企业可以与用户实现点对点的营销活动。

（7）博客或微博营销。企业或个人通过博客或微博这种网络平台，发布与企业或者个人有关的信息，并且密切关注、及时回馈平台上客户对企业提出的意见或建议，以达到营销目的的营销活动。

（8）病毒式营销。病毒式营销，是指通过用户的评价、评论等形成的口碑宣传营销，其传播速度之快、影响力之大犹如病毒蔓延，所以被称为“病毒式营销”。通过用户个人体验的“口口相传”，利用网络的快速复制和传递功能使想要传达的信息在互联网里如病毒一般迅速传播。病毒式营销是一种高效的营销方式，而且是通过用户进行的，其培养的用户黏性也较高。

（9）其他方式。除了上述 8 种方式之外，网络营销的实现方式还包括社会性网络服务营销（SNS 营销）、软文营销、论坛营销等方式。

2. 网络营销的特点

与传统营销相比，网络营销以网络为依托进行营销，具有强烈的互动性、时效性及准确性等特点。具体而言，网络营销具有以下的突出特点。

（1）传递与反馈的及时性。在传统营销中，商业信息的传达及消费者的反馈都需要耗费一定的时间成本，具有一定的滞后性。着眼于网络虚拟市场的网络营销，在促成交易上具有更高的效率，从而可以降低交易成本。网络营销可以突破时间和空间的局限，为商家挖掘更多的交易机会以及更为广阔的市场空间。

（2）消费者的主动性及营销的互动性。在传统营销中，企业是主动方，而消费者往往成为被动的一方，企业往往通过各种媒介向消费者传达商业信息。在这种情况下，企业漫无目的地单向地向消费者发送信息，而真正有效的信息传递却寥寥无几，此时，企业的营销往往事倍功半。而在网络营销中，消费者则可主动出击，寻找自己感兴趣的信息，这也使营销的目标更为清晰准确，使营销的效果更为显著。

网络最为显著的特点在于交互性。企业可以主动地在网络上发布营销信息，而消费者则可在任何时间和地点接收有关信息，极大地促进交易的达成，完成营销的目的。网络营销的互动性不止于此。消费者可以在网络上与企业进行直接的沟通和交流，促进良好的长期关系的形成。

（3）信息化性。网络数据库具有大量存储信息以提供给消费者查询，而且其所提供的信息量与准确度远超其他媒体。借助大数据技术，企业可以对用户使用网络的行为进行收集以及分析，了解用户偏好，提供高度定制化的服务。通过对数据的整合以及分析，网络营销可以尽可能地满足单个消费者的特定消费需求，给消费者提供更为准确的消费信息，发挥互联网独特的优势，不断培养客户的忠诚度，形成一种一对一的、消费者主导的、低成本的人性化服务。

（二）网络营销对传统营销的冲击

从生产力要素的角度来看，人类历史经历了从自然经济、农耕经济到工业经济、知识经济的社会形态的过程。

营销是伴随着工业经济的出现而产生的概念。在自然经济及农耕经济的背景下，人们的生产能力有限，劳动者的劳动技能及劳动水平低下，自给自足的经济形态，导致商品交换水平低下。缺乏较具规模的市场使得营销无法进行。而工业经济的发展，使社会生产力得到极大的提高，大量的剩余产品投入交换使较具规模的市场得以形成。生产力的提高除了使消费品更加充分以外，还不断提高消费者的消费能力。生产者意图加速消费品流通、快速完成交易的愿望使营销的概念应运而生。在此背景下，传统营销的实现方式较为单一，企业往往通过电视、电台、报刊等传统媒体向消费者传递商业信息，营销手段较为单一，而且漫无目的地“广泛撒网”，反而使得企业的营销成本有所增加，这与企业追逐利润的目的相违背。

随着生产力的不断发展，知识经济理论应运而生。知识经济强调的是知识本身的价值。在当代社会，知识已经取代了土地、资本，成为最重要的生产要素。知识经济的一个显著的特征是以知识为基础的组织数量快速增加。这些组织以高素质的人才为核心力量，在研发、设计等环节投入更多的资源，向市场提供知识密集型的产品和服务。在知识经济的大背景之下，营销已经不再是简单地向消费者传递商业信息。网络营销强调的是如何更有效地完成商业信息的传递，从而加速交易的完成。网络营销依托网络技术的创新，在传统营销传达商业信息的功能之上，增添了个性化营销、定制化营销、信息传达与反馈的及时性等传统营销所无法容纳的新功能，使企业的营销更为精准有效。网络营销改变了传统营销以规模为导向的营销方式，更加强调技术在营销中的地位，因而更为契合知识经济的特点而在信息化时代蓬勃发展。

“双十一”购物狂欢节是一项最早于2009年由淘宝商城发起的网络营销活动，而今却发展成为全网电子交易平台共同参与的一项盛大的年度网络营销活动。活动当天，电子商城通过折扣的方式刺激消费者进行消费。据统计，2015年“双十一”全网单天交易额高达1229.37亿元，全网手机、家电、化妆品、母婴和运动鞋五个品类的销售额占比总和为23.27%。如此庞大的销售额给传统营销带来的冲击不言而喻。企业如果单纯依赖传统柜台进行销售，在“互联网+”的时代背景之下，其商业机会势必会被网络营销所攫取。传统柜台销售最大的局限性在于其具有强烈的地域性，传统柜台的服务半径是有限的；而网络营销借助高效的物流服务，能够极大地扩张其销售范围。因此，越来越多的企业同时采取传统营销及网络营销的策略，并且在网络营销方面投入更多的资源，以最大限度地发掘商业机会。

（三）网络营销给网络社会法律规制带来的挑战

网络营销活动中的违法行为，作为一种新的案件类型，给法律规制带来新的挑战，这对法律制度的设计及法律的实际执行等相关方面均提出了新的要求。法律规制的尺度该如何把握才能达到既有益于鼓励营销方式的创新又能有效制裁违法犯罪的理想效果，这值得我们思考。而在行政执法方面，由于网络本身的特殊性，如何进行调查取证、相关电子证据保存及呈现等都是目前行政执法领域出现的新问题，这不仅要求基层的执法人员熟悉执法的办案程序，还需要其掌握一定的计算机技术，并辅之以配备必要的监管设备。当前基层执法人员的水平和能力与网络执法监管要求仍有一定距离，面对不断涌现出的新领域违法行为，很多执法人员感到力不从心，无从下手。

网络营销中销售伪劣商品及侵犯知识产权的问题近年来成为网络社会中法律规制的重点领域。国务院办公厅自2013年以来已连续三年发布全国打击侵犯知识产权和制售假冒伪劣商品工作要点。工作要点均提及互联网领域侵权假冒的专项治理，强调规范互联网领域的市场秩序，足见政府对网络营销中相关违法行为之治理的重视。同时，国务院于2015年发布了《国务院办公厅关于促进农村电子商务加快发展的指导意见》及《国务院办公厅关于推进线上线下互动加快商贸流通创新发展转型升级的意见》等相关文件，文件均指出应进一步鼓励和支持互联网领域商业模式的创新，发挥互联网在商业模式创新、技术应用创新、激发商业活力及市场需求、推进农村市场现代化及推进国内外市场一体化等方面的积极作用。在此背景下，如何最大限度地发挥网络营销对于国民经济及产业发展的积极影响的同时，有效遏制网络营销中售假售劣及侵犯知识产权等违法行为的不良影响，是政府治理网络市场的关键问题。网络营销并非“真空领域”，政府应当从“线上”及“线下”着手打击网络营销中售假售劣及侵犯知识产权等违法行为，在制止伪劣产品及侵权产品通过“线上”途径进行扩散的同时，亦应当注重打击“线下”的生产行为。如何实现“线上线下”的有效互动是目前网络营销中法律规制的关键所在。

二、当前网络营销存在的问题

（一）食品安全问题凸显

网上出现了很多家庭作坊式的“私家食品”销售广告，声称“现做现卖，用料讲究，符合卫生要求”。实际上，不少网上订餐的供应者既无营业执照，又无生产许可证，更无卫生许可证。因此，网络上销售的食品质量和安全问题令人担忧。网上订餐平台作为信息交换的中介将消费者与餐饮供应者联系起来，通过在平台上附加其他商业广告等方式谋取利润。但现实中，个别平台商未能较好地履行其审核义务，餐饮供应者只需简单地注册便可在该平台上从事餐饮服务。平台商的疏忽给许多无营业执照、无生产许可证、无卫生许可证的生产者从事餐饮服务提供了“温床”，由此产生的食品安全问题不容忽视。

（二）个人信息泄露问题严重

在“大数据”时代，借助“爬虫技术”等信息网络技术，企业可以收集大量的个人信息，从而为其提供更加精准的定制化营销。与此同时，相应的技术亦是一把“双刃剑”。个别商家将其收集到的个人信息进行不法利用，如大量发送垃圾邮件、非法买卖个人信息、甚至将个人信息转让给不法分子以方便其进行诈骗等犯罪活动。网络营销中个人信息泄露的问题已经日渐严重，对公民日常生活造成困扰甚至使其遭受财产的损失。

（三）个人维权难度较大

由于网络信息的更新速度较快，信息发布者可随时删除相关营销信息，这给被侵权的个人在举证时带来极大的不便。一般消费者并不具备证据保留的意识，同时，其中也涉及电子证据的保全等较为专业的问题，这些都将成为个人维权的障碍。除此之外，网络技术将世界各地的人联系起来的同时，也使侵权行为得以在相距较远的两个主体之间发生。由此带来的管辖权确定问题以及维权所花费的较大的时间及金钱成本亦造成了个人的侵权困境，使个人的合法权益无法得到切实的保障。应对网络营销所产生的争议纠纷，应建立一个更为高效、灵活、便利的纠纷解决机制。

三、对网络营销的规范管理探析

（一）有关网络营销的规定

根据《中华人民共和国食品安全法》（简称《食品安全法》）第三十五条的规定："国家对食品生产经营实行许可制度。从事食品生产、食品销售、餐饮服务，应当依法取得许可。"该法第六十二条规定："网络食品交易第三方平台提供者应当对入网食品经营者进行实名登记，明确其食品安全管理责任；依法应当取得许可证的，还应当审查其许可证。网络食品交易第三方平台提供者发现入网食品经营者有违反本法规定行为的，应当及时制止并立即报告所在地县级人民政府食品药品监督管理部门；发现严重违法行为的，应当立即停止提供网络交易平台服务。"《食品安全法》明确规定了第三方交易平台的审核义务以及违反该义务的相应责任，这在一定程度上提高了第三方平台的注意义务，在一定程度上降低了"三无"商家借助平台从事违法行为的可能性。

根据《中华人民共和国消费者权益保护法》（简称《消费者权益保护法》）第二十八条的规定，"采用网络、电视、电话、邮购等方式提供商品或者服务的经营者，以及提供证券、保险、银行等金融服务的经营者，应当向消费者提供经营地址、联系方式、商品或者服务的数量和质量、价款或者费用、履行期限和方式、安全注意事项和风险警示、售后服务、民事责任等信息。"该条款明确了采用网络方式提供商品或服务的经营者，必须向消费者提供一系列的信息，其中包括经营地址、联系方式、商品或服务的具体信息、风险警示、售后服务等与消费者维权有关的重要信息，这也将为消费者维权提供一定的保障。

根据2015年修订的《中华人民共和国广告法》（简称《广告法》）第四十三条规定，"任何单位或者个人未经当事人同意或者请求，不得向其住宅、交通工具等发送广告，也不得以电子信息方式向其发送广告。以电子信息方式发送广告的，应当明示发送者的真实身份和联系方式，并向接收者提供拒绝继续接收的方式。"该法第四十四条第二款规定，"利用互联网发布、发送广告，不得影响用户正常使用网络。在互联网页面以弹出等形式发布的广告，应当显著标明关闭标志，确保一键关闭。"电子邮件营销及互联网广告是网络营销的重要实现方式。该条款对这两种网络营销手段进行规制，明确电子邮件营销需事先征得当事人的同意，旨在应对目前"垃圾邮件"泛滥的现象。同时也规定互联网广告的行使方式，以保障用户免受不当互联网广告的影响，维护网络页面的整体性。

针对网络食品销售这一新问题，一些地方已经着手制定相应的管理规定，如浙江省食品药品监督管理局联合浙江省通信管理局于2015年12月17日出台《浙江省第三方交易平台网络订餐监督管理规定》。四川省食品药品监督管理局于2016年2月1日向社会公开征集《四川省关于加强第三方平台网络订餐管理的指导意见（征求意见稿）》的意见。北京市食品药品监督管理局也于 2016 年 3 月 14 日开始实施了《北京市网络销售食品经营监督管理办法（暂行）》，对网络销售实行规范化管理。上述的地方性法规主要从资质管理、准入机制、信息公示、惩戒机制及监督机制等方面对网络订餐服务进行规范。应对新型的网络营销方式，有关部门正采取相应的措施对此进行规制。

国家食品药品监管总局即将出台的《网络食品经营监督管理办法》，将细化网络食品第三方交易平台义务。网络食品第三方平台至少应当承担以下方面的义务和责任：第一，第三方平台备案；第二，入网主体资质审查与实名登记；第三，食品安全风险的自查和排查；第四，违法行为的制止和报告；第五，严重违法行为发生时停止平台服务；第六，履行特别承诺，如先行赔付；第七，投诉举报的处理；第八，承担附条件民事责任赔偿；第九，执法调查配合；第十，食品安全法制宣传。

总体而言，目前我国针对网络营销的专门规制主要体现在《食品安全法》《消费者权益保护法》《广告法》及个别地方性法规的相关条文的规定。主要从网络交易第三方平台的审核义务和注意义务、“网购”中的消费者权益保护、互联网广告实现方式等方面对网络营销进行具体规定。

（二）网络营销者的责任承担

1. 网络经营者的责任

网络营销者在网络营销活动中违反合同约定，或者侵犯消费者权益的，应当依照《合同法》和《消费者权益保护法》的相关规定承担相应的责任。如时下流行的微信营销中，商家常常采取“点赞”的方式进行营销，以让更多的公众知悉其商品或服务的存在。具体而言，常见的营销方式往往是商家在自身的微信公众号中发布商品或服务的信息，同时附加说明分享至朋友圈的读者在获得一定数量的点赞后即可后台联系商家换取相关礼品。而由于在网络平台上信息流通的不确定性，营销的规模往往是商家无法预测的，时常会出现读者在完成相关要求后，商家却以各种借口为由而拒绝履行其承诺。从法律关系的角度而言，商家要求读者转发并获取一定的点赞数量的行为可以视为附条件的赠与合同的要约，当读者完成商家的指令之时，即以实际行动完成了赠与合同的条件，此时商家则应该履行其赠与行为，否则构成违约行为，应该承担相应的违约责任。此种不履行的行为既不符合《合同法》的规定，又不符合商业道德，营销者应该按照法律规定承担其相应的责任。

2. 网络交易平台的代偿责任

根据《消费者权益保护法》第四十四条规定，“消费者通过网络交易平台购买商品或者接受服务，其合法权益受到损害的，可以向销售者或者服务者要求赔偿。网络交易平台提供者不能提供销售者或者服务者的真实名称、地址和有效联系方式的，消费者也可以向网络交易平台提供者要求赔偿；网络交易平台提供者作出更有利于消费者的承诺的，应当履行承诺。网络交易平台提供者赔偿后，有权向销售者或者服务者追偿。网络交易平台提供者明知或者应知销售者或者服务者利用其平台侵害消费者合法权益，未采取必要措施的，依法与该销售者或者服务者承担连带责任。”

3. 网络经营者的特殊侵权责任

根据《中华人民共和国侵权责任法》（简称《侵权责任法》）第三十六条规定，“网络用户、网络服务提供者利用网络侵害他人民事权益的，应当承担侵权责任。网络用户利用网络服务实施侵权行为的，被侵权人有权通知网络服务提供者采取删除、屏蔽、断开链接等必要措施。网络服务提供者接到通知后未及时采取必要措施的，对损害的扩大部分与该网络用户承担连带责任。网络服务提供者知道网络用户利用其网络服务侵害他人民事权益，未采取必要措施的，与该网络用户承担连带责任。”此条款是《侵权责任法》关于网络侵权责任划分的特殊规定，明确网络服务提供者承担连带责任的特定情形。

第二节　对网络信息服务的规范管理

一、网络信息服务的兴起

（一）网络信息服务及其特点

1. 网络信息服务的界定

网络信息服务，是指网络服务提供商与用户在建立合同关系之基础上，向网络用户提供信息展示、传输、存储、交流等服务。

任何一个网站经营者，特别是网络服务提供商，均可以给网络用户提供网上信息展示、传输、存储、交流等基础性服务；有偿传输电子邮件、信息检索和查询等均是网络信息服务的主要内容。对于提供服务的一方和接受服务的一方，在法律上存在着合同关系。

根据国务院2011年1月8日发布的《互联网信息服务管理办法》第二条第（2）款规定，互联网信息服务，是指通过互联网向上网用户提供信息的服务活动。根据互联网企业提供的信息服务的性质，一般可以将互联网企业划分为网络服务提供商（ISP）和网络内容提供商（ICP）。

网络服务提供商是指能提供拨号上网服务、网上浏览、下载文件、收发电子邮件等基础性服务企业，是网络最终用户进入互联网的入口和桥梁。常见的ISP业务包括搜索引擎ISP、即时通信ISP、移动互联网业务ISP以及电子邮箱服务商等。

网络内容提供商是指向广大用户综合提供互联网信息业务和增值业务的电信运营商，其业务比较多元化，因而难以一一列举。实际的网络服务市场中，许多互联网企业为了增强自身的营利能力，它们通常都同时从事 ISP 业务和 ICP 业务。

2. 网络信息服务的特点

网络信息服务的特点集中体现为信息量巨大、更新速度快、影响范围广以及技术导向性强。具体而言，借助现代互联网技术，网络用户可以随时随地在网络上发布信息，尤其是在博客、微博、播客等自媒体崛起的背景下，每个网络用户均可成为信息的生产者，也可成为信息的传播者，这使得网络信息服务呈现出信息量巨大、更新速度快及影响范围广的特点。

目前，规模较大的网络信息服务提供商常常同时提供 ISP 服务以及 ICP 服务，以用户需求及体验为核心的网络信息服务体系正逐步建立。因此，网络服务技术的稳定性将极大地影响互联网公司的运营，技术在互联网公司经济中占据着主导地位。核心技术的把握是互联网公司经营成功的关键，也是用户选择其服务的重要影响因素。

（二）网络信息服务对传统服务的冲击

随着生产力的不断发展，知识经济理论应运而生。知识经济强调的是知识本身的价值。在当代社会，知识已经取代了土地、资本，成为最为重要的生产要素。

知识经济的一个显著的特征是以知识为基础的组织数量快速增加，这些组织以高素质的人才为核心力量，在研发、设计等环节投入更多的资源，向市场提供知识密集型产品和服务。“互联网＋”的概念的兴起，使众多网络信息服务商提供的服务不再单纯局限于“线上”服务。“线上”活动与“线下”服务得以实现互联互通。在网络信息服务天然固有的高度信息化的优势的对比之下，传统服务在信息流通上的闭塞性的弊端越发显著，这使得传统服务领域中越来越多的商业机会被攫取[①]。互联网企业掀起跨界竞争，冲击甚至颠覆传统服务业企业的行业地位。互联网企业凭借其灵活的机制、与众不同的商业模式，改变了竞争规则，使不少传统服务业企业都产生现实的危机感。在淘宝、京东等电商平台上进行“网购”已不再是新鲜的事物，人们明显感觉到电商服务的兴起对传统零售业的冲击。又如在过去，电信运营商的垄断地位何其巩固，仅以短信和语音两项业务就能实现巨额盈利。然而，微信横空出世，迅速改变人们的交流方式，并成为人们日常交流的重要工具。同样的，伴随着互联网金融的持续升温，传统银行业赖以生存的存款、贷款、汇款等核心业务也面临众筹、人人贷、第三方支付等新型互联网业态的有力竞争。互联网企业跨界竞争，发挥鲶鱼效应，正全面重塑行业格局。

二、当前网络信息服务存在的问题

（一）虚假信息泛滥

网络使信息传播更为广阔，信息海量带来的负面影响便是信息良莠不齐，信息内容真

① 初景利主编. 网络用户与网络信息服务［M］. 北京：海洋出版社，2018.

伪难辨。2016年年初至今，微信已删除公众账号谣言文章8.5万篇，并处罚7000多个严重违规的传播谣言的公众账号，朋友圈处理谣言的总链接数超过120万条。仅在微信公众号这一信息平台被发现的虚假信息之数目便如此庞大，更遑论其他平台。网络信息服务中虚假信息泛滥的问题不容忽视。

（二）个人信息泄露现象严重

信息技术的普遍运用赋予人们强大的处理信息的能力。在享受信息技术带来的处理数据方面的便捷时，不能忽视大量信息被泄露的问题——其中还包括客户个人信息的泄露。如2016年4到5月，“补天漏洞响应平台”首页上记载了不少保险公司系统存在漏洞的消息，比如天安人寿高危漏洞下有着上千万交易记录和数百万用户信息；农银人寿保险则有数百万保单记录和支付信息……而涵盖了大部分保险公司信息的北京保险协会，更是不甘落后，8亿保单信息里大约有1亿用户信息存在被泄露的隐患。

（三）侵犯知识产权的行为频发

网络最显著的特点在于其交互性，用户可以在其选定的时间和地点获取信息而不再受时间和地域的限制。交互性使用户在享受网络信息服务方面获得良好的体验的同时，改变了侵害知识产权行为的后果。在著作权领域，一旦侵权人将作品上传至服务器，其他用户便可不经许可在个人选定的时间及地点使用作品，甚至是完成作品的复制，这使侵权行为产生的后果严重，权利人的损失无法估量。由于百度文学类贴吧存在着大量的侵权行为，日前，“百度贴吧”发起了一项盗版内容清查行动，对数千个文学类贴吧进行暂时关闭处理。在文学类贴吧暂时关闭期间，“百度贴吧”出台了一系列措施。包括：完善贴吧现有的管理制度，加强侵权惩罚措施；关闭盗版问题严重的贴吧；开通“贴吧曝光台”“全民举报吧”两条绿色举报通道；筹备盗版特征库；对于新建“文学吧”，百度贴吧将重点监察等。百度公司此举也意在打击其贴吧服务里隐藏的大量知识产权侵权行为。

三、对网络信息服务的规范管理探析

（一）有关网络信息服务的规定

我国现行的法律法规中，有关网络信息服务的规定主要体现在全国人大常务委员会发布的《全国人民代表大会常务委员会关于加强网络信息保护的决定》、国务院发布的《互联网信息服务管理办法》《中华人民共和国电信条例》和《信息网络传播权保护条例》、公安部《计算机信息网络国际联网安全保护管理办法》及工业和信息化部发布的《电信和互联网个人信息保护规定》和《规范互联网信息服务市场秩序若干规定》等相关法律法规。

《互联网信息服务管理办法》的主要目的在于规范互联网信息服务活动，促进互联网信息服务健康有序发展。该管理办法的主要内容是规定了提供互联网信息服务的企业准入程序、提供特殊信息服务的准入条件、互联网信息服务内容禁止性条件及违反相关规定的法律责任。

《规范互联网服务市场秩序若干规定》的出台是为了应对互联网企业之间不正当竞争行为频发，侵害相关企业的合法权益及消费者利益的情形。其主要内容是规定互联网信息服务提供者不得从事的侵犯其他互联网信息服务提供者合法权益的行为，互联网信息服务提供者不得从事的侵犯网络用户利益的行为以及违反相关规定所需承担的法律责任。

《信息网络传播权保护条例》的立法目的是保护著作权人、表演者、录音录像制作者等权利人的信息网络传播权，鼓励有益于社会主义精神文明、物质文明建设的作品的创作和传播。该条例结合作品在互联网这一媒介中传播的相关特点，规定了对技术措施的保护，网络环境中相关作品的合理使用及法定许可情形，对提供信息存储空间或者提供搜索、链接服务等其他中间环节的网络服务提供者的归责原则及违反相关规定所应承担的法律责任。

《计算机信息网络国际联网安全保护管理办法》的立法目的在于加强对计算机信息网络国际联网的安全保护，维护公共秩序和社会稳定。该管理办法规定单位和个人不得从事的危害计算机网络完全的行为，互联单位、接入单位及使用信息网络国际联网的组织应当履行的安全保护职责，公安机构应当履行安全监督职责、承担相应的法律责任。

《全国人民代表大会常务委员会关于加强网络信息保护的决定》的出台是为了应对互联网领域个人信息保护不足的情形。该决定规定了网络服务提供者和其他企业事业单位在业务活动中对公民个人电子信息的收集程序、使用方式、保护措施及告知义务等，并规定违反相应规定所应承担的法律责任。

由于《全国人民代表大会常务委员会关于加强网络信息保护的决定》的规定较为笼统，具有一定的政策导向性，工信部据此出台《电信和互联网用户个人信息保护规定》，从信息收集和使用的规范、安全保障措施、有关部门的监督检查及相应的法律责任几个方面入手对电信及互联网环境下个人信息保护作出更为具体的规定。

2015 年 7 月 6 日，全国人大常委会公布了《中华人民共和国网络安全法（草案）》（简称《草案》）并向社会公开征求意见。《草案》共 7 章 68 条，从维护网络主权和战略规划、保障网络产品和服务安全、保障网络运行安全、保障网络数据安全、保障网络信息安全等方面进行了具体的制度设计。《草案》强调，网络运营者对其收集的公民个人信息必须严格保密，不得泄露、篡改、毁损，不得出售或者非法向他人提供。《草案》要求互联网企业承担网络安全保障义务、规范用户信息收集与使用、限制用户数据的储存地、建立用户信息发布审查制度，同时明确直接主管人员的责任。尽管该法目前仍处于公开征求意见的阶段，但从中我们亦可觉察立法机构规范用户信息使用及加强互联网监督和管制的意图。

（二）网络信息服务者的责任承担

1. 以行政责任的承担为主

目前，单独对网络信息服务者的相关行为作出规制的法律法规都规定了违反相应规定的法律责任，而这些责任主要集中表现为行政责任。在网络信息服务者违反相关法律规定时，有关部门通常采取警告、罚款、责令停业、限期改正、关闭网站甚至吊销经营许可证等行政处罚方式。

2. 民事责任

根据《侵权责任法》第三十六条的规定，“网络用户、网络服务提供者利用网络侵害他人民事权益的，应当承担侵权责任。网络用户利用网络服务实施侵权行为的，被侵权人有权通知网络服务提供者采取删除、屏蔽、断开链接等必要措施。网络服务提供者接到通知后未及时采取必要措施的，对损害的扩大部分与该网络用户承担连带责任。网络服务提供者知道网络用户利用其网络服务侵害他人民事权益，未采取必要措施的，与该网络用户承担连带责任。”此条款是《侵权责任法》关于网络侵权归责原则的特殊规定，明确网络服务提供者承担连带责任的特定情形。

第三节　网购中的消费者权益保护

一、消费者的基本权利分析

（一）消费者的界定

2013 年修订的《消费者权益保护法》（以下简称《消法》）第二条规定：“消费者为生活需要购买、使用商品或者接受服务，其权益受本法保护；本法未作规定的，受其他法律保护。”这是《消法》关于消费者权益保护法的调整范围的界定。由此可知，所谓消费者，是指为满足生活需要而购买使用经营者提供的商品或者服务的人。

从消费的主体方面上看，消费者区别于政府或者企业等团体和其他组织，主要是指自然人消费者。从消费的性质上看，生活消费区别于以盈利为目的的生产性消费，它是以满足日常生活需要为目的的。

（二）消费者的基本权利

1. 知情权

《消法》第八条规定了消费者对于其购买的商品和接受的服务的真实情况享有知悉权。第八条第 2 款规定了商品和服务所需要披露的信息包括商品的价格、产地、生产者、用途、性能、规格、生产日期等等。在虚拟的网络交易中，消费者无法接触和体验实物，只能通过网页上的介绍和相关图片对产品进行了解。因此对消费者知情权的保障显得更为重要，具体而言就是在网络购物环境中，凡是与消费者正确判断、选择商品有直接关联的情况和信息，消费者都有权知悉，经营者应当在网页中标明。

2. 公平交易权

《消法》第十条规定了消费者的公平交易权，具体而言是指消费者在购买商品或者接受服务时与生产经营者进行公平交易的权利，包括获得质量保障、价格合理、计量合理等公平交易的权利，并可以拒绝强制交易。网络消费者在信息不对称以及各种格式条款泛化适用的网购环境中处于弱势地位。公平交易权的确立可以给予消费者正当的地位和权利与消费者平等谈判，以此来维护自己的利益。

3．人身权和财产权

《消法》第十一条明确规定消费者的人身和财产安全不能因消费行为而受到侵犯。其中网络购物涉及的人身权利主要包括生命权、身体权、健康权、姓名权、名誉权、肖像权等人格权利。财产权即指直接财产和间接财产，而在网络经营中最易受侵害的是在线支付的财产安全。

4．求偿权

求偿权是指消费者人身、财产等权利因购买商品接受服务受到侵害的有权利依法主张赔偿，与此同时还可以要求侵权人履行其他民事责任方式，如修理、更换、恢复原状、消除影响、赔礼道歉等等。需要注意的是可以行使求偿权的人并非必须是网购消费者本人，还可以包括网络消费者之外的由于某种原因而权益受损的人。

此外，我国《消法》还赋予消费者自主选择、成立维权组织、对商品和服务进行监督等的权利。

二、网络环境中消费者权利保护的特殊性

网络消费迅速发展，大大地突破了时空的限制，给消费者提供了更加便利的消费方式。然而网络的虚拟性与网络活动本身的危险性，导致了消费者权利更容易受到侵害的现象发生。所以与传统的消费者权利相比，网络环境中消费者权利具有特殊性，具体表现如下。

（一）加强隐私权的保护

互联网信息时代，个人信息泄露的现象时有发生，但是在网络消费的环境下，一旦消费者的个人信息遭到泄露，很可能会影响到消费者的财产安全。故2013年修订的《消法》新增了消费者享有个人信息得到保护的权利，并且规定经营者收集、使用消费者个人信息应当公开、合法，不得泄露、出售或者非法向他人提供。经营者未经消费者同意或者请求，或者消费者明确表示拒绝的，不得向其发送商业性信息。但对于具体消费者如何取证、对于泄露者如何处罚都有待进一步规定。

（二）网络购买后悔权的确立

后悔权是2013年修订的《消法》引入的权利，建立了7天无理由退货退款的制度，旨在促进交易双方公平地位的达成以保障公平交易权的实现。《消法》第二十五条规定，消费者通过网络购买商品，可以在收货后且商品完好的情况下，7天内无理由自费退货。经营者在收到退货后7天内应当返还商品或者服务价款。对于退货运费消费者和经营者之

间另有约定的从其约定。其中，消费者定制的，在线下载或者消费者拆封的音像制品、计算机软件等数字化商品，已经交付的报纸、期刊，鲜活易腐的，以及经消费者在购买时确认不适合退货的商品不适用该条款。后悔权的引入让网络购物有了更多的选择，人们选择商品时也有了更为充实的保障。

（三）网络交易平台提供者的责任强化

2013年修订的《消法》规定网络交易平台提供者平台作为第三方，承担有限责任，一是在无法提供销售者或者服务者的真实名称、地址和有效联系方式的情况下，承担先行赔偿责任。二是在明知或应知销售者或者服务者利用平台损害消费者权益的情形下，未采取必要措施的，承担连带责任。同时规定，网络交易平台做出更有利于消费者的承诺的，应当履行承诺，防止承诺不兑现。这些规定有助于督促网络交易平台履行应尽的审核义务，也有助于实践中网购异地消费的解决，进而较为充分地保护消费者的权益。与传统的消费不同，互联网消费者是在网络交易平台上与交易相对方取得联络，作为交易平台的提供者，理应保障网络服务安全、告知消费者风险防范。网络交易平台不履行应尽义务，损害消费者权益的，也要承担相应责任。

三、网购纠纷的解决途径

随着网络购物的迅速发展，虚假广告宣传、商品假冒伪劣、售后服务不完善等问题高发，消费者维权面临严峻挑战。解决层出不穷的网购纠纷是现今迫切需要面对的问题，也是对交易双方权利救济的基本保障。

（一）协商和解

消费者与经营者在发生争议后，可以就有关争议在平等自愿的基础上进行协商，通过双方的平等协商达成和解协议。协商和解是现实生活中最为广泛适用的方法，也是最为方便快捷的方式。《消法》第三十九条明确规定了消费者与经营者发生消费者权益争议的纠纷解决方法，其中第一款就规定了“与经营者协商和解”。需要注意的是，在网络购物的环境中，网络经营平台可以建立内部的争议协调机制应对救济。事实上一些大型的网络交易平台都已经建立了内部争议处理准则——如淘宝已经制定的《淘宝规则》以及《淘宝争议处理规则》等，通过这些既有的规则可以给淘宝商城的交易双方提供协商的基础。工商部门也可以进一步要求所有的网络交易平台都建立这样的内部纠纷解决机制，明确过错方的惩罚方式，使得双方在协商和解之时可以参考一定的标准。

（二）要求相关机关调解处理

消费纠纷调解制度是指消费者为生活消费需要购买、使用商品或者接受服务，与经营者之间发生消费者权益争议后，向消费者权益保护组织投诉，由消费者权益保护组织进行调解，保护消费者合法权益的程序。根据全国消协组织受理投诉情况统计，2015年全国消协组织共受理消费者投诉639324件，解决545727件，投诉解决率85.36%，为消费者挽回经济损失 104669 万元。其中，因经营者有欺诈行为得到加倍赔偿的投诉有 4962 件，加倍赔偿金额达 3299 万元。全年接待消费者来访和咨询 95 万人次。这也说明消费者权益保护组织的协调处理在消费纠纷中发挥了巨大的作用。其中，中国消费者协会是中国广大消费者的组织，是一个具有半官方性质的群众性社会团体。在消费者权利受到侵害之时，消费者协会有权受理消费者的投诉，并对消费者的投诉事项进行调查、调解。这种解决方式的优越性在于纠纷解决的效率比较高，团体的介入有利于维护消费者的权益。

（三）约定仲裁

《消法》第三十九条规定消费者可以根据与经营者达成的仲裁协议提请仲裁机构仲裁解决消费纠纷。这种解决争议的方法，往往在商品购销的书面合同里约定。买卖商品的数量一般较大，采取此种方式解决纠纷的程序较为复杂。但是与消费者协会的协调解决方式相比，仲裁机构的裁决书具有强制力，可以申请法院强制执行。并且仲裁还具有保密性强、效率较高的特点，可以减少对当事人的不良影响。仲裁方式在一般的网络购物纠纷中并不常见，因为一般网上购物的消费者很少在纠纷产生之前与经营者达成协议，同时仲裁机构只设在设区的市，因而这一纠纷机制的实际效果并未显现。

对于网络销售者在网店以单方拟定的条款中明确约定纠纷仲裁的，消费者接受服务或购买其产品的，是否意味着达成仲裁条款？对此不能一概而论。根据《中华人民共和国仲裁法》（简称《仲裁法》）第十六条的规定，仲裁协议应当具有请求仲裁的意思表示。即申请仲裁的各方应当就是否仲裁、仲裁事项以及选定的仲裁委员会上达成一致的意思表示。由于“网购”的便捷性与迅速性，一般情况下，消费者仅通过口头或以实际行动的方式达成合同，而往往不会事先约定违约责任的承担及争议解决方式等较为具体的合同事项。网店单方拟定仲裁条款未与消费者协商达成一致，因缺乏明确的仲裁意思表示而不能约束消费者。除非消费者在纠纷发生后通过明示的意思表示表明对该仲裁条款的认可，否则不能一概地认为网店单方拟定的仲裁条款对消费者具有约束力。

（四）提起民事诉讼

向法院提起民事诉讼是消费者权益保护的最后一道屏障。法院判决的强制执行力可以最大限度地保障消费者的权利，使消费者不会产生经营者不执行的顾虑。在网络购物的迅速发展下，我国消费群体纠纷中经营者与消费者信息不对称、维权成本高等问题更为明显。为了贯彻落实 2012 年修订的《中华人民共和国民事诉讼法》关于公益诉讼的规定，最高人民法院于 2016 年 4 月 25 日公布了《审理消费民事公益诉讼案件适用法律若干问题的解释》（2016 年 5 月 1 日起施行）。其中明确规定，经营者提供的商品或者服务具有侵害众多不特定消费者合法权益或者具有危及消费者人身、财产安全危险等损害社会公共利益的行为，消费者协会可以提起消费民事公益诉讼。司法解释还明确规定了消费领域社会公共利益类型化、管辖法院、原告处分权的限制、公益诉讼与私益诉讼的关系、请求权类型及责任承担方式、裁判既判力等问题。可见公益诉讼的规定以及明确化可以对消费维权进行实质救济，解决维权成本高等问题。

第四节　对网络经营中不正当竞争与垄断的规制

一、网络营销中的反不正当竞争

（一）网络社会中不正当竞争的行为样态

网络社会缺乏成熟明晰的准则，竞争者之间往往利用技术手段对对手的产品和经营进行肆意破坏和干扰，有时还会以维护网络用户的权益或提升用户体验等为说辞为其不正当的竞争行为开脱。尽管具体行为方式各异，但其实质仍是不正当地破坏他人竞争优势，最终这类行为通常会以违反《反不正当竞争法》第二条第一款的诚实信用和商业道德论处。

1. 不正当干扰他人经营活动

（1）浏览器屏蔽广告。在“合一诉金山一案”中，金山公司的猎豹浏览器设置了自动屏蔽合一公司的优酷网视频广告的功能。法院判决认为，优酷网视频广告是合一公司正当商业模式下所提供的整体服务之一部分，这与行业惯常认定的恶意广告有较大的区别，该商业模式具有可受法律保护之利益。金山公司通过猎豹浏览器过滤优酷网视频广告的行为不具有正当性，应当承担相应的法律责任。

（2）阻碍用户下载、安装或使用他人产品。在2010年的“腾讯与搜狗输入法之争一案”中，被告的搜狗拼音输入法软件通过弹出窗口方式，诱导用户在“修复”输入法时删除QQ拼音输入法在语言栏上的快捷方式。法院认为被告的行为违反了诚实信用等原则，构成不正当竞争。

在2004年的“百度诉三七二一公司一案”中，三七二一公司在其“3721网络实名”软件中设置软件冲突警告并阻止用户正常下载百度公司的“百度搜霸”软件。法院认定三七二一公司的行为阻碍了“百度搜霸”软件的正常下载、安装和运行，构成了不正当竞争。

2. 不正当利用他人产品宣传自己的产品

（1）利用他人产品引导用户使用自己产品。在2013年的“百度诉奇虎公司恶意插标案”中，被告奇虎公司不仅篡改百度搜索页面进行恶意插标，还通过插标引导用户点击安装360安全浏览器。且被告改变了原告经营的百度网站在其搜索框中的下拉提示词，引导用户访问与搜索结果无关的被告经营的影视、游戏等页面。一审法院认为，被告上述行为违反了诚实信用原则，构成不正当竞争。

（2）修改他人网页页面，嵌入自己的产品。在“百度诉珠穆朗玛一案”中，珠穆朗玛公司经营www，8848. com等两家网站，在网站上提供搜索助手软件mysearch，安装该软件后会在百度搜索结果的页面上方强行嵌入搜索条，不但挤占百度网站原有的广告位，而且用户继续调出网页时会导致搜索系统自动关闭。法院经审理认为，珠穆朗玛公司未经他人许可强行修改他人的网站页面，破坏了百度公司的商业运作模式，减少了百度网站的访问流量，增加了珠穆朗玛公司网站及其所链网站的访问量，且极易导致用户误认为被修改过的页面由百度提供，构成不正当竞争。

3. 不正当抄袭、利用他人的相关内容

（1）在互联网环境下转播电视台节目。2014 年的“央视国际诉我爱聊公司一案”，涉及互联网环境下通过客户端转播电视节目的行为。该案二审法院明确指出：涉案的体育竞赛节目不构成著作权意义上的作品，且互联网环境下通过客户端转播电视节目亦不构成《著作权法》规定的“转播”行为，因此既不侵犯著作权又不侵犯广播组织权。但我爱聊公司在互联网环境下的实时转播行为和央视国际通过信息网络向公众传播、广播央视电视节目的服务内容、形式、对象相同，二者构成竞争关系。在此前提下，我爱聊公司擅自转播电视节目的行为客观上减少了央视国际的网站访问量，使得目标群体无需登录央视国际的网站或者无需使用央视国际的客户端即可实现通过互联网观看央视相关频道节目的目的，一定程度上替代了央视国际的类似网络服务①。因此，我爱聊公司的行为明显有违公平竞争、诚实信用的市场原则和公认的商业道德，具有不正当性。

（2）复制使用他人网站的用户评论。在 2016 年 5 月 26 日审结的“汉涛公司诉百度公司、杰图公司不正当竞争纠纷一案”中，法院审理后认为，百度地图和大众点评在为用户提供商户信息和点评内容的服务模式上近乎一致，双方存在直接竞争关系。百度地图大量使用大众点评网的用户点评，替代其向网络用户提供信息，会导致大众点评网的流量减少。与此同时，百度地图又推介自己的团购等业务，攫取了大众点评网的部分交易机会。而百度知道直接向用户提供来自大众点评网的点评信息，将一些想获取点评信息的网络用户导流到了百度知道。百度公司大量、全文使用涉案点评信息，实质替代大众点评网向用户提供信息，对汉涛公司造成损害，其行为违反了公认的商业道德和诚实信用原则，具有不正当性，构成不正当竞争。

4. 仿冒行为

（1）使用他人企业名称、姓名或知名商品特有名称作为搜索排名关键词。在 2008 年的“大众交通集团诉百度一案”中，百度网站的“竞价排名”和“火暴地带”栏目网页中，出现大量假冒原告大众搬场公司的网站链接，这些网站擅自使用原告的“大众”注册商标，并以与原告大众搬场公司的企业名称相同或近似的名称招揽搬场物流业务。法院认为，被告应当知道原告大众搬场公司是上海地区的知名企业，对于以该公司名称或与该名称关联程度较高的词组为关键词的注册用户应当审查其是否具有合法的经营资质或其与原告大众搬场公司是否有关联。被告未尽合理的注意义务，客观上帮助了假冒网站实施不正

① 匡文波. 网络媒体的经营管理［M］. 北京：中国传媒大学出版社，2009.

当竞争行为，应与直接侵权人承担连带责任。

（2）将他人知名商业标识注册为域名。在 2014 年的“北京趣拿诉广州去哪案”中，二审法院改变了一审法院关于广州去哪公司受让使用“quna.com”域名、注册并使用“123quna.com”“mquna.com”域名，构成不正当竞争的认定。二审法院认为，广州去哪公司受让的域名“quna.com”初次登记时间早于“qunar.com”域名被注册并创建网站的时间，因此，“quna.com”域名的注册是正当的。双方域名虽然混淆性近似，但对此均有容忍的义务，不能以此反推广州去哪公司使用“quna.com”域名存在恶意。其次，相较北京趣拿公司的“qunar.com”域名而言，“123quna.com”“mquna.com”域名与广州去哪公司使用的“quna.com”域名更为近似。由于广州去哪公司使用“quna.com”域名有正当理由，随后注册的“123quna.com”“mquna.com”域名也应当允许注册和使用。

（二）网络社会中对不正当竞争行为的法律规制

1. 对不正当竞争的法律禁止

目前，由于网络不正当竞争行为的表现形式层出不穷，自 1993 年颁布至今经过 20 余年仍未修改的《反不正当竞争法》已经严重滞后于社会的发展。由于相应具体条款的缺位，法院在认定网络社会中的不正当竞争行为时，频繁地引用《反不正当竞争法》第二条第一款进行说理。以相应的竞争行为是否不符合“自愿、平等、公平、诚实信用”原则和商业道德这一标准认定相关行为是否构成不正当竞争行为。原则性条款的运用给网络社会的不正当竞争行为认定带来很大的不确定性。

在 2016 年 2 月 25 日，国务院法制办就《中华人民共和国反不正当竞争法（修订草案送审稿）》向社会公众公开征求意见。送审稿中的第十三条明确地列举出部分网络社会中的不正当竞争行为，由此我们可以看出立法机关对目前网络不正当竞争行为的认识以及态度。具体而言，第十三条规定，“经营者不得利用网络技术或者应用服务实施下列影响用户选择、干扰其他经营者正常经营的行为：（1）未经用户同意，通过技术手段阻止用户正常使用其他经营者的网络应用服务；（2）未经许可或者授权，在其他经营者提供的网络应用服务中插入链接，强制进行目标跳转；（3）误导、欺骗、强迫用户修改、关闭、卸载或者不能正常使用他人合法提供的网络应用服务；（4）未经许可或者授权，干扰或者破坏他人合法提供的网络应用服务的正常运行。”据此，目前立法机关对网络社会的不正当竞争行为的规制原则集中表现为不得影响用户选择、干扰其他经营者正常经营的行为，具体表现为阻止用户正常使用网络应用服务、流量劫持行为及破坏其他经营者服务正常运行的行为。

2. 不正当竞争者应承担的法律责任

我国的《反不正当竞争法》呈现出法律责任深化的特点。《反不正当竞争法》加大了法律责任的力度，将行政责任、民事责任与刑事责任并用以制裁不正当竞争行为。网络社会中的不正当竞争行为从事者同样也应当承担相应的责任。

（1）承担民事责任。《反不正当竞争法》第二十条规定，经营者因违反该法给其他经营者造成损失的，应当承担损害赔偿责任。除此之外，不正当竞争行为的继续存在必然会使其他经营者正常经营活动的开展受到阻碍，因此，不正当竞争者必须同时停止侵权行为的继续实施。不正当竞争者承担民事责任的方式也不仅仅局限于承担损害赔偿责任和停止侵权责任，还包括赔礼道歉等其他民事责任的实现方式，这些民事责任则需结合具体的不正当竞争行为及当事人的诉讼请求而定。

在网络社会中的不正当竞争者的民事责任归责上，一直存在着的赔偿金额的认定这一难题。由于互联网市场的无形性，互联网经营者的实际损失的认定一直是网络不正当竞争民事责任认定上的一个难题，法官往往通过酌情判决的方式确定赔偿金额。法官在赔偿金额认定上具有较大的自由裁量权，也使法律的适用变得不稳定。

（2）承担行政责任。《反不正当竞争法》第二十一条和第二十八条及第三十条对仿冒行为、商业诋毁行为、限制竞争、串通投标、商业贿赂、虚假宣传及虚假广告等不正当竞争行为均规定相关监督检查部门有权责令停止违法行为并处以罚款。由此可见，行政执法在制裁不正当竞争行为中的地位及作用。

互联网绝非法外之地，在网络社会从事不正当竞争行为同样要承担相应的行政责任，有关部门亦积极行使其行政执法权，维护市场竞争秩序的健康发展。例如，南充市一家文化传播公司利用微信平台发布“免费送出万套咖啡杯”“中国十大杰出影楼老板保证”等字样的商业广告 10 条，并以“积满 18 个赞就能免费领取一套星巴克咖啡杯四件套”为噱头吸引人眼球、扩大经营额。工商质监局执法人员在网络巡查中发现问题后，立即对该公司实体经营店进行了检查，发现当事人在微信上宣称的“万套精美星巴克咖啡杯”总共进货量尚不及 5000 套，且现场不能提供“中国十大杰出影楼”的相关证明。商家的行为涉嫌虚假宣传，对此，顺庆区工商质监局新建所根据《反不正当竞争法》的相关规定对当事人进行了行政处罚。又如珠海奥美亚打印耗材有限公司在其淘宝网店宣传公司为“珠海耗材明星企业、淘宝全国销量领先、淘宝全网唯一完整企业链大工厂”，并宣称“奥美亚”所有产品都是采用德国进口墨水。经立案调查，珠海市工商局依法责令当事人停止虚假宣传的不正当竞争行为，并处以罚款 3 万元的行政处罚。

（3）承担刑事责任。《反不正当竞争法》第二十一条第二款规定，“经营者擅自使用知名商品特有的名称、包装、装潢，或者使用与知名商品近似的名称、包装、装潢，造成和他人的知名商品相混淆，使购买者误认为是该知名商品的，监督检查部门应当责令停止违法行为，没收违法所得，可以根据情节处以违法所得 1 倍以上 3 倍以下的罚款；情节严重的，可以吊销营业执照；销售伪劣商品，构成犯罪的，依法追究刑事责任。”尽管该条款仅是一条援用性条款而未对相应行为创设单独的刑事责任，但是我们也可从中看出我国立法机关对相应的不正当竞争行为设定较为全面的法律责任，体现出我国《反不正当竞争法》法律责任深化的特点。

二、网络营销中的反垄断

（一）网络社会中垄断的行为样态

《中华人民共和国反垄断法》（简称《反垄断法》）将滥用市场支配地位、经营者集中、行政垄断及滥用知识产权等行为视为垄断行为。网络社会中的垄断行为集中体现在滥用市场支配地位及经营者集中这两种行为之上。

1. 经营者集中

因为最近国内互联网企业的并购，出现的最大的一个特点就是行业的第 1 名和第 2 名合并，例如滴滴和快的实现战略合并；58 同城收购赶集网 43.2%的股份；美团网和大众点评实现合并；携程先是收购艺龙网 37.6%的股份，随后又获得去哪儿网 45%的股份，成为这两家网站的第一大股东。严格而言，现实生活中的实体企业间的合并导致的经营者集中并非网络社会中所特有的垄断行为的样态。

2. 滥用市场支配地位

网络社会中，互联网企业滥用市场支配地位的垄断行为值得关注。互联网企业，尤其是网络交易平台企业因其所在行业具有“双边市场”的特点，使其较易产生垄断。双边市场即网络交易平台企业需要面对两组市场，平台商在为交易双方提供媒介服务传递交易信息时，能够集聚更多的成员数量和更大的交易总额。在规模经济的影响下，实力较强的平台商甚至可以对其面对的两组市场施加压力，借由这种压力获取垄断优势。目前，网络社会中滥用市场支配地位的行为比较突出的表现形式是搭售或附加不合理交易条件。

“奇虎公司诉腾讯公司滥用市场支配地位一案”中，原告诉称，被告腾讯科技（深圳）有限公司是 QQ 即时通讯软件的著作权人，被告深圳市腾讯计算机公司为 QQ 即时通讯软件的实际运营人。两被告共同提供 QQ 即时通讯软件，并提供实际运营服务，应对该软件的实际运营产生的法律后果共同承担责任。被告经多年经营，在即时通讯软件及服务市场中取得市场支配地位，本应谨言慎行，维护健康的竞争环境。但被告却滥用其在即时通讯软件及服务市场上的支配地位，不仅意图排除相关市场上的竞争，还欲将其市场支配地位违法传导至互联网安全软件市场，阻碍包括原告在内的其他经营者的发展乃至生存。被告已经在即时通讯软件及服务市场这个相关产品市场具有了市场支配地位，目前各方当事人争议的相关产品市场为互联网安全软件市场，被告的行为导致其在即时通讯软件及服务市场的支配地位传导至争议的相关产品市场——互联网安全软件市场，因此应当予以否定判断。法院最终认定腾讯公司“搭售”其杀毒软件的行为不构成滥用市场支配地位。但是，互联网企业搭售或附加不合理交易条件等行为而涉嫌垄断的问题，值得我们关注。

（二）网络社会中对垄断行为的法律规制

1. 对垄断的法律禁止

《反垄断法》第十七条规定，“禁止具有市场支配地位的经营者从事下列滥用市场支配地位的行为：（1）以不公平的高价销售商品或者以不公平的低价购买商品；（2）没有正当理由，以低于成本的价格销售商品；（3）没有正当理由，拒绝与交易相对人进行交易；（4）没有正当理由，限定交易相对人只能与其进行交易或者只能与其指定的经营者进行交易；（5）没有正当理由搭售商品，或者在交易时附加其他不合理的交易条件；（6）没有正当理由，对条件相同的交易相对人在交易价格等交易条件上实行差别待遇；（7）国务院反垄断执法机构认定的其他滥用市场支配地位的行为。”

《反垄断法》第二十条规定，“经营者集中是指下列情形：（1）经营者合并；（2）经营者通过取得股权或者资产的方式取得对其他经营者的控制权；（3）经营者通过合同等方式取得对其他经营者的控制权或者能够对其他经营者施加决定性影响。”

尽管目前我国立法尚未对网络社会中的垄断行为专门创设具体的条款进行规制，但在认定互联网企业涉及滥用市场支配地位、经营者集中及滥用知识产权的行为时，应当充分考虑互联网行业及市场的特殊性，使相应的垄断行为得到追究。

2. 垄断者应承担的法律责任

《反垄断法》第四十七条规定，“经营者违反本法规定，滥用市场支配地位的，由反垄断执法机构责令停止违法行为，没收违法所得，并处上一年度销售额1%以上10%以下的罚款。”该法第四十八条规定，“经营者违反本法规定实施集中的，由国务院反垄断执法机构责令停止实施集中、限期处分股份或者资产、限期转让营业以及采取其他必要措施恢复到集中前的状态，可以处50万元以下的罚款。”该法第五十条规定，“经营者实施垄断行为，给他人造成损失的，依法承担民事责任。”

由此可见，网络社会中的垄断者主要承担行政责任和民事责任。具体而言，垄断行为涉及的行政责任主要包括停止违反行为、没收违反所得、并处以罚款。在涉及经营者集中时，国务院反垄断执法机构还可以责令其停止实施集中、限期处分股份或资产、限期转让营业等其他措施以恢复集中前的状态。而民事责任的承担方式主要包括停止侵权行为、赔偿经济损失等。

第六章 对网络金融的规制

第一节 网络金融与“影子银行”概述

网络正在悄无声息地改变着我们的生活模式，其中也包括给金融业带来的巨大变革。网络和金融的结合以一种新的模式出现并存在，打破了传统金融的经营模式，这种新的模式如以余额宝为代表的网络理财、P2P 网络贷款、第三方支付平台等。这些新生的金融模式其发展规模、发展深度、发展水平都是不容小觑的，依托互联网、大数据、云计算等技术在一定程度上延伸和扩展了金融市场的边界，使得越来越多的人参与其中。网络金融的发展弥补了我国金融领域的空白，给客户带来了更多的理财产品，给中小型企业带来了更加便捷的贷款平台，利用互联网、移动支付等方式降低了资金融通过程中产生的交易成本。另外，网络金融的部分业务和传统金融机构业务相重合，使传统金融领域的垄断地位受到了威胁。网络金融在一定的程度上冲击了传统金融的经营业务范围、盈利能力，传统金融模式势必会做出相应的调整，反过来也制约了网络金融的发展。此外，网络金融模式具有高杠杆、涉及面广的特征，使得风险的传播具有广泛性，影响金融业的系统稳定性。网络金融正在以一种新的方式重构金融市场，使得金融业机遇与挑战并存。

不得不说，目前网络金融的发展还存在着一定的缺陷——从事网络金融的企业参差不齐，技术存在一定的风险漏洞、缺乏有效的监管等。我国的网络金融的发展前景目前尚不明朗，存在许多潜在的风险。

一、网络金融

（一）网络金融的界定

当今学界对网络金融尚未有公认的定义。通常认为，网络金融作为信息网络技术与现代金融相结合的产物，是对以网络技术为支撑的可以在全球范围内展开的金融活动的总称。字面上，网络金融，是指基于金融电子化建设成果在国际因特网上开展的金融业务。可以说，网络金融是指在国际互联网上开展的金融业务，包括网络银行、网络证券、网络保险等金融服务及相关内容。广义上，是指以网络技术为支撑，在全球范围内的所有金融活动的总称，它不仅包括狭义的内容，还包括网络金融安全、网络金融监管等诸多方面的内容。它不同于传统的以物理形态存在的金融活动，而是存在于电子空间中的金融活动，其存在形态是虚拟化的、运行方式是网络化的。它是信息技术特别是互联网技术飞速发展的产物，是适应电子商务发展需要而产生的网络时代的金融运行模式。

（二）网络金融的起源

作为一种基于网络的服务，在绝大多数情况下都能在网络环境以外的现实生活中找到其原型。网络金融同样如此，早期，传统银行将自身业务或服务延展到网络平台上去，借助网络这一快捷方式的平台为客户提供多元化服务。这就是最普遍、本源可被理解的网络金融。

1971 年 Nasdap 系统的诞生标志着网络金融从构想走向了现实。1995 年 10 月，美国三家银行与一家计算机公司合作成立了全球第一个完全纯网络的银行——“安全第一网上银行”，构成了早期网上银行的雏形，由此形成了网络金融的新局面。之后各国银行也纷纷效仿，建立起类似的网上银行，把业务拓展到了互联网运用之中，在互联网上开始提供传统的金融服务。2000 年 7 月，UnoFirstGroup 诞生，这是全球第一家网络金融服务企业，其业务范围覆盖全球。

至今，网络金融在许多国家和地区，尤其是发达国家得到了较快的发展，包括网络银行、网上保险基金、私人理财、证券交易等，可提供比较全面的金融服务。只有互联网的深入发展，才能使得如此多样的金融业务服务得以普遍推广开来。总体而言，国外发达国家的网络金融发展得较成熟，业务范围较为丰富，服务方式多样，技术创新先进，为客户提供了便捷的使用体验。人们再也不需在繁忙之中抽空跑去银行等传统的金融机构去排队等候办理柜台业务，而只需要一台电脑或手机即可完成。

（三）网络金融及其新的发展模式

由于现代信息科技的刺激和促进，社会中出现了类似直接融资却又不同于银行间接融资的第三种金融发展模式——网络金融。

从网络金融目前正在提供的服务模式上看，可将网络金融分为以下三类。

一是传统金融机构将服务延伸到互联网上。网上银行、网上证券等主要是传统的金融机构主体，业务内容本质上也是传统的金融业务，只不过是把服务渠道拓展到了网上而已，互联网主要是起到了管道的作用。

二是纯粹在互联网上提供金融服务。此类型多为电商企业向互联网的业务拓展渗透，如阿里金融、网络小贷、互联网基金、保险销售平台等，原有的电商平台为其金融服务提供比较有利的资源、信息等条件，互联网在其中承担着数据库职能。

三是互联网公司担任中介的金融服务。此种类型的共同点都是中介服务，互联网在其中起到的是中介连接的作用。家喻户晓的人人贷（P2P）模式、众筹等都属于此类型。

可以看出，第一类模式是网络金融的试水。这一时期下的网络金融服务在更大意义上是传统金融服务的附庸和陪衬，其实质仍然是传统金融部门的业务，只是业务获取和办理方式发生了变化。网络金融尚未真正独立出来独当一面。随着第二、第三类模式的明晰化，网络金融的独特创新一面开始显现。第二类模式是从互联网技术开始，融入了商业模式后继而与金融相结合。第三类模式是更为新颖的金融类中介平台。后两类模式的现状和未来之发展近年来讨论得较为热烈，甚至人们逐渐认为传统金融机构、金融业务的未来就是后两类网络金融模式。

二、“影子银行”

（一）“影子银行”的含义

“影子银行”的概念是在2007年的美联储年度会议上，由太平洋投资管理公司执行董事Me. Culley首次提出的。他将其定义为“非传统、非正规金融机构，集合了短期不确定资金，不接受联邦政府监管，没有再贴现权利的投资工具和通道”。他认为“影子银行”与传统银行提供了相似的借贷和中介等服务，并且和传统银行有相同的利润动机。金融危机调查委员会将“影子银行”定义为“在传统银行体系之外并进行相似的金融活动，其中大多经营不受监管或仅受轻度监管”。纽约联邦储备银行认为“影子银行”是在中央银行不能提供流动性支撑和缺少政府公共部门信用担保的情况下从事期限转换、信用转换和流动性转换的金融中介机构。金融稳定理事会认为“影子银行”是银行监管之外的信用中介体系。

广义上的“影子银行”，是指处于正规银行体系之外的信用中介实体及其业务活动；狭义上指的是在上述系统中具有系统性风险隐患，包括期限转换、流动性转换、信用风险转移和具有监管套利隐患的实体及其活动。美联储主席伯南克将“影子银行”定义为“在传统的受到监管的储蓄机构之外，能够将储蓄转化为投资、实现借贷转换的金融机构”。金融稳定理事会将“影子银行”定义为游离于银行监管体系之外、可能引发系统性风险和监管套利等问题的信用中介体系（包括各类相关机构和业务活动）。

结合众多“影子银行”的概念解释，“影子银行”体系大体呈现出以下三个方面的特征：一是复制了部分商业银行系统的特征，行使了商业银行的职能，如流动性转换、期限转换和信用转换等。二是非传统银行，但有存款和融资职能，在银行监管体系以外，不受监管或者仅受到轻微的监管，中央银行不提供最后贷款人的保障，政府公共部门不提供信用担保和额外服务。三是存在信用和系统性风险隐患。

总的来说，“影子银行”体系强调了两个方面的内涵：一是银行，“影子银行”需要承担传统银行作为信贷途径的主要职能，包括风险转换、期限转换，将资金从储蓄转换为投资，但又不会完全复制传统的债务融资和股权融资。二是影子，指的是与传统商业银行如影相随、相生相伴的机构，却规避了银行应受之监管，在监管真空中实现了套利。

“影子银行”是一种信用中介，但方式不同于商业银行的吸收存款、发放贷款，它通过各种创新金融工具，在金融市场中提供信用转换、期限转换和流动性转换这三种转化，将社会资金资源重新配置，连接了借款人、贷款人的各自需求。“影子银行”兼有银行和影子特性，这意味着“影子银行”能作为融资中介，复制部分银行职能，但透明度低，总有部分业务是未能实现阳光化的。究竟这部分不能获取准确统计数据或者没有完全被监管到的部分能否计入“影子银行”成为研究的争论点。因此，也就将“影子银行”进行狭义与广义的理解：狭义上的“影子银行”是指从事债权类业务的一类非银行金融机构；广义上的“影子银行”则包括投资基金机构、证券经纪自营商、对冲基金、私人股本集团、结构投资工具和渠道、货币市场基金以及非银行抵押贷款机构。

（二）我国“影子银行”的状况

1. 我国“影子银行”的特点

中国的“影子银行”与美国、欧洲等发达经济体的“影子银行”有很大差异。中国的“影子银行”业务中包含着一些在传统银行体系内完成的信贷融资，其信用衍生产品交易还未形成一个完整的体系，运作模式也较为简单。但与发达经济体类似的是，中国对“影子银行”的定性也缺乏统一标准，但基本上都具有以下特点：一是从事传统银行类似的信贷业务或类信贷业务；二是为规避既有监管采用金融创新的方式，客观上造成缺乏监管的假象。

2. 我国“影子银行”的主要业务

我国“影子银行”的主要业务是转移商业银行不能完成的受限“贷款”业务，其业务范围遍布在非银行金融机构委托贷款、信托贷款、担保公司存贷款和银信合作理财产品等非正式证券化活动。

（1）银信理财产品。2004年初，中国银行、工商银行、建设银行、农业银行响应国家号召，积极股改，转换思想和创新方式剥离不良贷款，浦发银行、招商银行等股份制银行也抢占金融市场，转换经营模式推进零售业务扩展。尤其加入WTO之后，外资银行的进入使国有银行的垄断地位被打破。当城镇人均年收入水平突破一万美元，财富的增长改变了人们对生活规划的方向，人们不愿在低储蓄率下在银行安置其存款。于是借助供给与需求端的契合，银行理财产品开始起航。随后，利率市场化进程的加快，年初人民币贷款利率上浮区间扩大至1.7倍，年末彻底放开贷款利率上限。起初，银监会对理财业务的指导比较粗放，在摸索中进行。自2004年以来，国内商业银行创新出一批没有严格规范的理财产品，在银行内部逐步实现“脱媒”、证券化，虽然带来高风险但是符合“影子银行”体系运作流程，这一过程正是向“影子银行”业务的迈进。银行理财产品的投资标的，逐步从投资单一金融产品转向组合类的产品。

（2）信托。2008年以来，一种新的“影子银行”业务——中国信托资产开始出现。每年以约1万亿元的增长幅度不断攀升。鉴于银行信贷规模的管控不稳定，企业融资必须找到一个持续性的渠道，于是信托就迎合了这种时代性的需求。据中国信托业协会统计，截至2015年末，全国68家信托公司管理的信托资产规模为16.30万亿元，较2014年末的13.98万亿元，同比增长16.60%。从季度环比增速来看，显示了信托行业恢复增长的积极信号。

从信托财产的运用领域来看，信托公司秉承“多方式运用、跨市场配置”的灵活经营体制，能把准政策和市场的脉搏，适时调整信托财产的配置领域。从2015年末数据显示，14.69万亿元资金信托依然投向工商企业（22.51%）、证券市场（20.35%）、金融机构（17.93%）、基础产业（17.89%）、房地产业（8.76%）五大领域。

（3）委托贷款。委托贷款的委托方包括政府部门、企事业单位及个人等，受托方是银行。银行制定了多种标准化的投资方案，内容包括贷款对象、用途、金额等，供委托人选择，委托资金必须在合法的基础上接受监督使用。据央行统计的数据显示，2014年社会融资规模为16.46万亿元，其中委托贷款2.51万亿元。在全部委托贷款业务中，金融机构作为受托方只扮演代为发放、监管使用、协助收回的角色，并从中收取一定手续费，不对任何委托贷款风险承担责任。而委托人作为委托方，要承担借款人不能如约偿付借款的风险。委托贷款不像银行贷款的审批那样有一套科学、系统、严谨的程序，它缺少统一、规范的标准。委托人也无法全面掌握借款人的信息，因此在无形之中加大了委托贷款的风险。另外，银行受托发放的贷款是按照约定合同执行的，收取的手续费是贷款额的一定比例，没有多的可能也不存在少的概率，所以银行没有监管贷款收回的动力，相当于处于无监管状态，这个风险还是由委托人来承担。

（4）未贴现银行承兑汇票与民间票据市场。银行承兑汇票是商业汇票的一种，商业银行汇票的95%以上都是银行承兑汇票。首先，银行必须有该出票人的开户行，有存款账户，银行审查出票人的资质，符合要求方能同意按照指定日期和金额无条件支付票据持有人相应资金，这个票据就是银行承兑汇票，持票人无须考虑到期收回资金的风险，有银行作保。本质上是银行提供了信用保障服务，这种支持基于银行对出票人资质和信用的认可。企业收到银行承兑汇票可以放心地背书转让给他人，或者留存到期，如期提款。也可以不到期获取现金，去银行申请银行承兑汇票贴现，取得现金。实际未贴现银行承兑汇票的主要风险属于“类信贷风险”。银行承兑汇票属于表内资产，但是商业银行可以使其买断，造成票据资产出表。这个过程实际可以通过受托管理银行表外资产的券商使用这部分资金买断，之后银行放贷空间增大，券商则通过为银行提供资金通道，获得相应通道费用，双方获利，一举两得。

目前民间票据市场花样繁多。在当前货币政策下，银行的贴现规模收窄，“影子银行”的票据业务开始兴起，民间的票据倒卖、票据信托和同业代付规模等以倒卖套利方式频繁出现在民间、地下票据市场。货币政策的有效性也就在大量的金融机构体外资金循环下降低了。而民间票据市场的花样繁多，收票人不会仅限于常规地赚取利差获得收益，因为收票人赚取的低于银行直接贴现利率，高于转贴现利率的利润空间有限，所以又催生另一个套利业务票据“空转”。

（5）资产证券化。中国资产证券化第一批试点始于2005年12月，中国建设银行在银行间市场发行第一期个人住房抵押贷款支持证券（MBS），国家开发银行发行了第一期资产支持证券（ABS）。截至2013年6月末，在银行间市场共发行了896亿规模的资产证券化产品，其中2011年试点重启后的国家开发银行、工商银行、建设银行等六家金融机构共发行了6单228亿规模。已经发行的信贷资产证券化产品显示：发起机构和投资者日益多元化，发行机构涵盖了政策性银行、国有银行、股份制银行、资产管理公司、财务公司和汽车金融公司等，投资者范围涵盖政策性银行、商业银行、股份制银行、城商行、财务公司证券公司、外资银行、证券投资基金社保基金等。信贷资产证券化被看作是国家财政部门最新“盘活存量、控制增量”的渠道之一，但是由于缺乏风险转移工具，商业银行的坏账风险无法剥离，从风险结构上看与传统的商业贷款并无差异。另外，贷款人获得资金后具体用途无法实时监控，增加道德风险概率。同时，资产证券化可能借助信托机构合作进行，缺乏正规性的立法监管条例。

（6）私募股权基金。中国的创业投资（以下简称“创投”）企业包括狭义私募股权PE（Private Equity，简称PE）与风险投资（Venture Capital，简称VC）。在实际操作中PE与VC的界限不太容易划清，两类公司参与业务常常有所交叉。中国创投产业在2000年后迈入了新一轮的活跃期，市场中对创投的偏好空前高涨起来，募集的创投的投资基金数量和金额高速增长。

狭义的PE，主要是指对具有大量和稳定现金流的成熟企业进行的股权投资，也就是通过私募形式募集已经拥有一定规模，并产生持续稳定现金流的成熟企业的权益，而其中占资金规模大部分的是并购基金和夹层资本，最终推动非上市企业价值增长取得上市、并购、管理层回购、股权置换等方式出售持股套现退出的一种投资行为。VC则是泛指一切高收益、高风险的投资。狭义的风险投资，是指在高新技术的支撑下，生产与经营技术密集型产品的投资。中国的风险投资始于1985年，成立了中国新技术企业投资公司，其作为第一家专营新技术风险投资的全国性金融企业。20世纪90年代，VC在中国的投资企业几乎都是互联网企业，如新浪、阿里巴巴等。21世纪以来，VC在中国的投资开始转向餐饮、清洁技术等企业。

（7）民间借贷。民间借贷，是指不受官方监管的民间借贷行为，包括第三方理财、民间集资、民间金融组织等。央行2011年针对6300多家民间融资的资金融入方（企业）和资金融出方（民间融资中介机构）进行了专项调查。数据显示，截至2011年5月末，全国的民间融资总量约3.38万亿，占当时贷款余额仅6.7%，占企业贷款余额比重为10.2%，占

“影子银行”贷款总规模的33%。3.38万亿民间融资中，真正的地下金融有1000多亿。截至2015年底，我国约有8000多家典当行，分支机构928家，注册资本1610.2亿元，从业人员6.3万人。这类机构主要发放短期贷款，它们接受各种各样的抵押品，包括汽车、珠宝、股票和债券等金融证券、房地产等。小额贷款公司与典当行类似，也是以向个体户、中小企业发放短期贷款为主，贷款多用抵押品作担保，放款手续简便，利率较高。截至2015年末，全国共有小额贷款公司8910家，贷款余额9412亿元。

除此之外，中国目前还有为数众多的担保公司，它们给那些高风险的借款者提供担保，使得银行给一些信用等级较低的客户贷款成为可能。但是，有些担保公司不是单纯的获得担保手续费，而是用这个资金以更高的比例出去放贷，进一步放大了“影子银行”系统的杠杆和风险。近年来，除了以上传统的民间借贷渠道外，还出现了网络金融等新金融业态，主要涵盖了第三方支付公司、网络贷款、P2P、传统金融机构的网络平台等。统计显示，截至2013年末，全国共有小额贷款公司7839家，贷款余额8191亿元，全年新增贷款2268亿元。一些较大的网络借贷公司，月均贷款余额近1亿元。

2013年6月13日，阿里巴巴集团推出余额宝，余额宝借助天弘基金新型云直销系统，凭借支付速度快、支付成功率高，使得基金万份收益不降反升。天弘基金官方数据显示，截至2013年11月14日，天弘增利宝货币基金规模突破1000亿元，成了国内基金史上首只规模突破千亿元的基金。网络贷款“门槛低、收益高、操作快”，随着网络覆盖越来越广泛，网贷越来越普及，金融业的发展也正在向交叉化推进，民间借贷又将掀起一股热浪。网贷更为简便，节省交易场所、节约固定成本——足不出户，就可以在网络信息平台上获取相应信息，由借贷双方自主协商完成借贷交易。网络贷款可以从某种程度上替补银行借贷，但是风险控制措施的缺乏会加大网贷风险。而且，很多不法组织不是出于资金短缺的需求，而是利用网贷从事非法的勾当。投资者由于无法对其进行有效的鉴别，因此存在着极大的风险。

三、网络金融与“影子银行”的关系

网络金融是现代信息技术、网络技术和各种金融业务的有机结合，是一种在网络虚拟空间进行金融活动的一种新型金融形式。而“影子银行”则是游离于银行监管体系之外、可能引发系统性风险和监管套利等问题的信用中介体系（包括各类相关机构和业务活动）。用更通俗的话来解释，“影子银行”就是有着部分银行功能，却不受监管或少受监管的非银行机构。

从两者的词义看，金融行业主要包括三大类：银行业、投资业和保险业。具体而言包括了银行、证券、保险、财务公司、租赁等，因此“银行”一词在业务和监管上的范畴应小于“金融”。然而金融各类业务又分三六九等，一些网络金融企业的战略布局或在做大做强后都不约而同想在银行业上分一杯羹。而根据传统金融业“分业经营，分业监管”的制度，网络金融企业涉足银行业务时正面临监管真空区，有了“影子银行”之嫌疑。近年来这一趋势正在加强，由此带来了网络金融反向归并入“影子银行”的担忧。

国办发〔2013〕107号《国务院办公厅关于加强影子银行监管有关问题的通知》明确了“影子银行”监管责任分工，以及如何完善监管制度，并首次将新型网络金融公司纳入“影子银行”的范畴。2016年6月，周小川在华盛顿出席国际货币基金组织（IMF）时表示：“互联网公司在支付、银行业服务和众筹等领域不断渗透，并创造了新的金融工具。我们从感情上是支持高科技发展的，人们也不希望这些互联网公司受到太多限制，但这些公司确实在从事一些影子银行活动”。这一观点将“影子银行”与网络金融联系在了一起，引发众多关注。

不能简单地将“影子银行”等同于非法金融机构和非法金融活动。根据1998年国务院颁发的《非法金融机构和非法金融业务活动取缔办法》（国务院令第247号）的规定，非法金融机构，是指未经中国人民银行批准，擅自设立从事或者主要从事吸收存款、发放贷款、办理结算、票据贴现、资金拆借、信托投资、金融租赁、融资担保、外汇买卖等金融业务活动的机构。而非法金融业务活动，是指未经中国人民银行批准，擅自从事的下列活动：（1）非法吸收公众存款或者变相吸收公众存款；（2）未经依法批准，以任何名义向社会不特定对象进行的非法集资；（3）非法发放贷款、办理结算、票据贴现、资金拆借、信托投资、金融租赁、融资担保、外汇买卖；（4）中国人民银行认定的其他非法金融业务活动。

第二节 网络金融的风险

整个金融业的稳定在于风险的管理和控制，网络金融确实简化了程序，但其放大风险的特性不容忽略。网络金融最大的特点是集约化，即在最短的时间内聚集更多的人气，有利于产品和服务的产销。小额贷款在短期内吸引大量的网民参与其中，但参与者的风险意识比较浅薄，甚至完全忽视风险的存在，风险的集聚和蔓延会危及整个金融业的稳定。

一、网络金融风险的理论

风险管理理论有两种学说，纯粹风险说和企业全部风险说。纯粹风险说以美国为代表，该学说认为风险管理的核心职能是确认和分析企业存在的纯粹风险，并通过分析在风险自保和保险转移方式之间选择成本最小、获得保障最大的风险管理决策方案。企业全部风险说以德国和英国为代表，该学说认为企业的风险管理还要考虑投机风险。根据资产组合理论，企业的投机风险是特别风险，从整个行业的角度分析是可以相互抵消的，个体的风险转嫁过程是零和博弈的过程，只要不存在衍生性，双方的得失相抵，就不会破坏金融行业的稳定性。纯粹风险是行业稳定性应该解决的根本，纯粹风险越小，行业越稳定。

除了网络金融的相关技术风险外，还存在着诸多的法律风险，电子证据效力以及采信就是其中的一个重要问题。尽管在《中华人民共和国合同法》《中华人民共和国民事诉讼法》《中华人民共和国电子签名法》中已经明确了电子证据作为证据的一种，但是如何认定相关的电子证据、电子证据应当符合什么条件、原件如何体现等等，还需进一步地明确和细化。例如，根据“国标GB/T25064”《电子签名格式规范》的要求，“根据本标准生成的电子签名并满足《中华人民共和国电子签名法》第十三条规定，即认为是可靠的电子签名”。而民事诉讼中的“原件”，则并非指数据本身的源代码，而是直观可见的数据电文，其能够同时满足以下两个条件，即可被视之为原件（或者按照原件来对待）：（1）能够有效地表现出所载内容并可供随时调取查用；（2）能够可靠地保证自最终形成时起，内容保证完整、未被更改。

二、网络金融风险的现状

在网络金融发展过程当中存在着很多有待解决的问题。首先是网络安全问题，这关系到消费者信心以及网络金融的发展前景。网络空间数据量庞大，数据容易泄漏，对消费者隐私的保护是很重要的一环，这对金融网站的技术有很高的要求，同时也不能忽视网站管理的力度。近些年，由于数据的泄漏导致网站以及用户损失重大的案例时有发生，加强网络安全管理是各个国家网络金融机构长期的课题。其次是法律法规与监管问题。网络金融业务的种类和规模的发展速度十分惊人，但是却缺少相关的法律法规。一旦发生纠纷，很难确定相关责任。而网络用户量庞大也使这种纠纷发生的概率增加，这不仅有损于网络金融消费者权益，还减缓了网络金融的发展速度。同时，由于缺乏相关法律法规，网络金融的监管出现了很多漏洞，监管体系也急需完善。

（一）网络安全问题

网络金融中的网络安全隐患，可分为内部管理漏洞与外部交易欺诈两个方面。对网络金融机构而言，提升网络安全的首要工作应加强自身内部管理工作。具体而言，网络金融安全的内部管理工作应以完善交易流程、提升网络技术与信息安全控制强度以及健全网络支付机构的内部规章制度管理为主要内容。内部管理出现的失当，通常是指网络支付机构在上述内部管理重点和主要事项中存在过失与疏漏的情况。内部管理失当的具体风险事件多种多样，包括但不限于以下风险：（1）交易管理失控。如交易处理存在安全隐患、进行未授权的交易、从事未报告的交易、超过限额的交易以及内部交易等。（2）技术和信息安全防控存在漏洞。如支付指令在处理流程中被窃取和篡改、用户关键信息泄露、保密或安全设备遗失、涉及安全防控的机密信息泄露等。（3）资金管理缺位。如结算资金划拨错漏，盗取、挪用用户资金等。(4) 人员管理不善，如内外勾结、偷盗、贪污、接受贿赂、做假账等。

上述风险事件中，产品服务缺陷、用户资金挪用和用户信息泄露等三种风险事件更容易引发社会公众对某个支付机构乃至整个网络支付行业的信任危机，其重大而恶劣的潜在影响使其成为监管部门、媒体以及社会公众关注的重点，应当引起网络支付机构的特别注意。如 2011 年中国银行网银由于其产品设计存在着严重的缺陷，就将自己置身于支付不安全的舆论风暴之中。网络金融网络支付机构外部欺诈主要涉及机构外部人员，以非法侵占他人合法权益为目的，通过利用各种欺诈手段，窃取网络支付交易的数据信息。威胁网络支付安全的外部欺诈形式层出不穷，比较典型的外部欺诈形式有以下几种：(1) 发送欺诈性电子邮件，以中奖、对账等内容引诱用户在邮件中填入账号、密码、身份证号等信息，继而盗窃用户资金。(2) 模拟银行或网络支付机构的客服号码发短信或打电话引导用户告知账户密码信息。(3) 假借正规金融机构或商户名义发布信息或建立起类似的域名和网页内容引诱受骗者登录虚假网站，输入账号密码，以实施信息窃取。(4) 在网站、可下载的文件、图片及软件或大规模发送的电子邮件中隐藏木马程序，当客户在感染木马的计算机上进行网上支付交易时，木马程序则会窃取用户账号和密码，或在受害者不知情的情况下，引导用户利用网络支付工具打款给对方账户或支付某笔订单。(5) 利用部分用户贪图方便、设置弱密码的漏洞，使用软件程序随机扫号，导致密码简单的用户账户被盗。(6) 利用非法获取的用户身份信息等猜测用户账户密码，进而实施盗窃。(7) 通过电话、短信等非接触方式模仿用户朋友及亲属，引诱用户利用网络支付工具打款给对方账户或支付某笔订单。(8) 庞氏骗局或金字塔传销类型的商户欺诈。外部欺诈的主要对象是网络支付用户，相比传统的欺诈手段，互联网外部欺诈案件或风险事件的主要特点是：技术水平高、单笔金额小、速度快、隐匿性强、防御难度大。而对网络支付机构而言，其所面临的最常见、最大量的外部欺诈就是互联网上的木马和“钓鱼”，诈骗方式层出不穷。

总的来说，网络金融相对应的安全配套环境尚未发育成熟。2016 年中国互联网络信息中心发布的第 37 次《中国互联网络发展状况统计报告》显示：2015 年有 42.7%的网民遭遇过网络安全问题。在安全事件中，电脑或手机中病毒或木马情况最为严重，发生率为 24.2%，其次是账号或密码被盗，发生率为 22.9%。同时，随着网络购物群体的不断增大，网络消费安全问题明显上升。2015 年，在网上遭遇消费欺诈的比例为 16.4%，较 2014 年提升了 3.8 个百分点。

2011 年 1 月，全国信息安全标准化技术委员会组织制定了《公钥基础设施安全支撑平台技术框架》《证书认证系统密码及其安全技术规范》《信息系统安全等级保护实施指南》等 18 项信息安全的技术标准。该批标准经国家标准化管理委员会批准发布，并于 2011 年 2 月 1 日开始实施。该批标准的颁发和实施，对网络金融活动的开展，规范和指导我国金融网络信息安全保障体系建设具有重大的理论价值和现实意义。

（二）相关网络金融平台的监管问题

网络金融发展缺乏法律法规与应有的监管，相关的制度安排和法律法规急需完善。网络金融多样化的业务模式和产品给法律监管带来了一定的困难。商业银行、互联网公司、第三方支付平台等多元化的业务主体也给传统的监管方式和监管政策带来了挑战。其中，尤以互联网信贷监管缺失问题最为严重。由于目前我国对于互联网信贷业务尚未出台明确的法规，因此目前该业务实质处于法律的灰色地带，而借贷运作模式中让人眼花缭乱的债权运作行为，让法律对其借贷行为的界定极为困难。更加严重的是，由于没有监管机构明确对其的监管职责，既无法对从业公司的资格进行审查，又没法对其资金安全进行监督，而该行业自律规范也远远未成形。近年来，就发生了多起互联网信贷平台“非法集资”和“携款潜逃”事件，给互联网信贷的声誉带来极坏影响。

非法集资问题由来已久，吴英于 2005 年 5 月至 2007 年 2 月间，以非法占有为目的，采用虚构事实、隐瞒真相、以高额利息为诱饵等手段，向社会公众非法集资人民币 7.7 亿元，案发时尚有 3.8 亿元无法归还，还有大量的欠债。一审以集资诈骗罪判处被告人吴英死刑，剥夺政治权利终身，并处没收个人全部财产。随着时间的推移，非法集资非但没有减少，非法集资额反而增加，有个人非法集资 97 亿元的，还有单位非法集资达数百亿的。以 e 租宝、泛亚为代表的重大案件涉案金额几百亿、涉及几十万人，波及全国绝大部分省份。据公安部统计的数据表明，2015 年全国非法集资新发案数量近 6000 起，涉案金额近 2500 亿元，参与集资人数逾 150 万人；仅 2016 年一季度，立案数就达 2300 余起。可见，非法集资这颗毒瘤已经像传销那样，到了非铲除不可的地步了。

1. 网贷平台

网络金融的发展给非法集资带来了新的出口。其中 P2P 网贷平台的发展尤为瞩目。P2P 网贷是指在一个开放的网络平台上，借款人和贷款人平等参与，直接达成借款交易。在这个过程中，P2P 网贷平台通过提供信息揭示、信用审核等服务，取代了传统银行的中间人角色。但 P2P 网贷平台与银行有着本质的区别，即 P2P 平台不与贷款人和借款人发生直接的债权债务关系，而是提供一种纯中介性质的服务。

在国内，P2P 网贷平台“拍拍贷”于 2007 年诞生。当时，P2P 网贷平台并不为社会大众及创业者所关注，拍拍贷的发展也比较缓慢。到了 2010 年，越来越多的人注意到 P2P 网贷平台的发展潜力和前景，一批创业者开始加入。2011 到 2012 年间，P2P 网贷平台开始了快速发展，出现了上千家的 P2P 网贷平台，其中有相当成交量的活跃平台就有数百家。由于法律和监管的缺失，一些网贷平台干起了非法吸收公众存款和非法集资诈骗犯罪的勾当。其中，e 租宝网贷平台自 2014 年上线仅一年多，就于 2015 年 12 月因涉嫌非法集资被立案调查。一家大型理财平台轰然倒地，受害的投资者多为中老年人群体。后来有关部门加大了对 P2P 平台的监管和查处力度，2016 年曝光的问题平台名单超百家。

对于网贷，我们尚未有专门的规范，相关规范仅散见于类似《网络交易管理办法》《融资性担保公司管理暂行办法》《非法金融机构和非法金融业务活动取缔办法》《中国银监会办公厅关于人人贷有关风险提示的通知》《最高人民法院关于人民法院审理借贷案件的若干意见》等文件之中。

2. 第三方支付平台

第三方支付是指具备实力和信誉保障的第三方企业和国内外的各大银行签约，为买方和卖方提供与银行支付结算系统接口的交易支持平台的网络支付模式。在银行的直接支付环节中增加一中介，在通过第三方支付平台交易时，买方选购商品，不直接将款项打给卖方而是付给中介，中介通知卖家发货；买方收到商品后，通知付款，中介将款项转至卖家账户。我国当前第三方支付平台大致可以分为两类：一种是独立网关支付模式，如易宝支付模式，另一种则是附有担保的支付模式，如支付宝模式。前者在于提供各个银行间的直通网关服务，使交易更加便利，而后者则在前者的基础上充当信用中介，消费者首先将资金划入平台账户，在收到货物后通知平台，商家方能获得消费者的资金。目前，我国第三方支付主要存在以下风险：网络与信息的安全风险、资金沉淀风险、网络洗钱风险、信用卡套现风险、交易安全的风险、法律责任风险等。

在第三方支付的情况下，需要注意的是洗钱问题。第三方支付行业是典型的反洗钱薄弱环节，其所提供的网络支付服务与传统银行支付相比，更容易成为洗钱、套现、恐怖主义活动融资等不法行为的集散地。首先，第三方支付机构作为支付服务中介，使得原本完整的交易过程被割裂，从一定程度上屏蔽了对资金流向的完整识别。其次，受银行对用户信息保密等因素影响，网络支付机构获取的付款方信息有限。其难以判断异常交易行为。最后，跨境买卖的支付需求逐渐显现，然而跨境资金支付同时成为黑钱跨境的潜在渠道。由于我国第三方支付机构管理良莠不齐，部分网络支付机构未能完全满足反洗钱的标准要求。因此我国第三方网络支付平台是反洗钱战役需要注意的重点环节。

第三方支付平台在经营中会形成大量的用户数据（例如交易记录、银行卡信息、客户资料等），因此在数据的采集和运用方面可能存在着一定的风险。而且，第三方支付机构在监管不力的情况下，也容易产生卷款潜逃的问题。此外，还有利用第三方支付平台进行现金套现、洗钱等非法行为的可能。在民商事领域，自己账户管理所产生的利息归属也是一个问题。中国支付协会 2013 年 3 月 19 日发布的《支付机构互联网支付业务风险防范指引》尽管涵盖了支付、网络支付、机构风险管理体系、用户风险及防范、商户风险及防范、资金安全管理、系统信息安全管理、支付机构反洗钱和反恐怖融资管理要求、风险信息共享和风险事件处理等相关的内容，但其仅仅是作为行业性的业务指引，不具有法律约束力。

3. 网络金融诈骗平台

据公安部门介绍，当前非法集资犯罪方面新旧领域风险叠加，互联网金融已成为高危领域。打着互联网金融、投资中介、股权投资、境外上市等旗号的新型案件增多。特别是在网络借贷这一案件多发的领域，公安机关已摸排发现了一批案件线索，依法侦办了一批重大案件。2015年底，在广东深圳警方破获的系列利用“爱币”“K币”等网络虚拟货币进行非法集资的案件中．初步估计，其中涉案金额就高达10亿多元，涉及的受害者遍及全国28个省。据了解，除了许以不正常的高额利息等非法集资的共同特征之外，此案不同于传统非法集资之处，在于出现了互联网、虚拟货币、原始股等诸多所谓“金融创新”的噱头。

还有一些网络交易诈骗，搭建一个网络平台来与受骗人交流。近期出现了以现货交易为幌子的网络金融诈骗平台。这些平台最开始以农产品现货交易为主，此后则多以白银、把金、祐金、铜等贵金属及原油交易为主。该新型的网络投资诈骗犯罪一般采用公司化运作模式，犯罪团伙主要由“股东”“分析师”“操盘手”“业务员”“代理商”5类人员构成，他们打着合法公司的招牌，勾结网络软件公司在互联网上搭建虚假的大宗商品、农产品、贵金属、证券等交易平台，虚构物品、证券交易，以高额回报为诱饵诱骗客户投资。其犯罪手法多是在网上搭建虚拟的“现货交易平台”，然后利用专业软件在后台修改K线图，表面上看平台K线图与国际大盘走势一致，但在具体的时间点上，它的涨跌是由人在后台控制。这些人为制造的涨、跌势态，令投资者在不知不觉间亏损。中国公安部于2015年3月就打掉了百余个诈骗平台，冻结赃款1.3亿，抓获嫌犯2000余名。

第三节　网络金融风险的法律控制

随着网络金融机构数量与业务不断增长以及网络金融平台在电子商务行业中逐渐成熟，以法律方式规范网络金融逐渐成为社会共识。

一、加强网络金融监管的国际合作

网络社会打破了垂直化的管理模式，在网络金融的环境中，提供金融服务的主体也在增多，显示出“平面化”和“多点化”的格局。因此，监管机构必须根据网络金融的形势发展而加以调整。

在网络金融呈现出互联网金融垂直化（产业链金融）、“支付金融”泛化为消费金融、互联网金融的投融属性被规范、互联网金融成为技术革新的前沿阵地的四大发展趋势下，中国金融要想在全球金融危机中崛起，就必须积极参与国际金融事务，在制定和遵守相关规则方面起到积极的作用。中国作为金融稳定理事会（Financial Stability Board，FSB）

的成员国，在网络国际金融方面的合作、制定相应的共同监管规则方面应当作出积极的贡献。世界范围内不仅有世界银行（World Bank），还有亚洲基础设施投资银行（Asian Infrastructure Investment Bank，AIIB）等，它们将在相应的方面为网络金融发挥自己的作用。

根据《中华人民共和国反洗钱法》的规定，国务院反洗钱行政主管部门根据国务院授权，代表中国政府与外国政府和有关国际组织开展反洗钱合作，依法与境外反洗钱机构交换与反洗钱有关的信息和资料。实践证明，面向我国境内网民的90%以上的诈骗网站、钓鱼网站、赌博网站，服务器位于境外。因此，网络金融的国际合作显得尤为重要。

二、完善网络金融监管的国内立法

当前我国关于网络金融的法律法规效力等级普遍不高，且分布零散，缺乏专门调整的法律规范。这似乎反映了监管部门还未能摸清网络金融的性质与未来的发展方向，对监管主体以及监管方式还没有十足的把握，因此不敢贸然制定稳定性较强的法律即较高位阶的法律。但这种不确定状态的持续必然会危及这类平台的稳定发展，也无法对网络金融主体给予足够的法律救济措施。对此必须首先对网络金融的业务范围作出明确界定，只有业务范围明确以后才能谈监管问题。有关部门要针对其制定一套专门的、具有较高位阶的法律。为网络金融创造一个合法稳定的发展空间，引导其在市场竞争中健康开展业务。

当前，关于金融业的立法主要有：《中华人民共和国中国人民银行法》（1995 年颁布、2003 年修订），《中华人民共和国商业银行法》（1995 年颁布、2003 年和 2015 年修订），《中华人民共和国保险法》（1995 年颁布、2002 年和 2009 年和 2014 年以及 2015 年修正），《中华人民共和国证券法》（1998 年颁布、分别于 2004 年和 2005 年以及 2013 年修订），《中华人民共和国信托法》（2001 年），《中华人民共和国银行业监督管理法》（2003 年颁布、2006 年修订），《中华人民共和国证券投资基金法》（2003 年颁布、2012 年和 2015 年修订），《中华人民共和国电子签名法》（2004 年颁布、2015 年修订），《中华人民共和国反洗钱法》（2006 年），《电信和互联网用户个人信息保护规定》（2013 年），《网络交易管理办法》（2014 年）等。

在专门的法律出台前，现行有关金融规制的法律应当及时根据网络和电子商务发展的趋势进行修订，以明确网络金融的监管主体与责任和行为规范。

许多金融业务都依赖于互联网，也就是线上业务。这是由于线下业务根深蒂固地被传统金融机构控制的结果。我国传统的“一行三会”分业监管制度是针对传统的线下业务开展而制定的，对于线上业务的监管出现了或多或少的水土不服现象。如网络金融平台可以规避监管，以较低成本快速开展借贷、融资、保险、证券等业务。银发〔2015〕221 号《关于促进网络金融健康发展的指导意见》中对网络金融业明确作出了分业监管的要求，由央行负责互联网支付业务的监督，银监会负责网络借贷、互联网信贷、互联网消费金融的监督，证监会负责股权众筹、互联网基金销售的监督，保监会负责互联网保险的监督。可以说该指导意见涵盖了各金融管理部门，明确了它们对于网络金融业的监管范围，有利于发挥部门之间的协同监督作用。但遗憾的是该意见的落实尚需各部门具体落实相关的监管细则，仅凭这一纲领性文件不足以对网络金融平台进行有效监管。

另外，即便是各部门落实各自的监管细则，但多头监管下难免会出现相互扯皮的情况。实践表明，一些社会问题之所以无法得到解决正是因为涉及多个部门管理，而部门之间相互推卸责任。网络金融平台也存在这样的问题。对此可以考虑在各监管部门之外建立一个监督管理委员会，专门对网络金融业务进行监管。或者在各监管部门之上设立专门的市场监督管理委员会，促进“一行三会”之间的协同工作，对市场上出现的新兴金融机构与业务进行统筹，及时纳入“一行三会”的监管。

“一行三会”是金融界对中国人民银行、中国银行业监督管理委员会、中国证券监督管理委员会和中国保险监督管理委员会此四家中国的金融监管部门之统称。自 2003 年以来，“一行三会”构成了中国金融业分业监管的格局，且系统内均实行垂直管理。

三、加大对网络金融犯罪监控的力度

对于金融类平台或业务，要将其后台与人民银行、公安、法院等部门联网，构建数据共享机制，有效监测异常交易行为，遏制金融犯罪。如当用户递交的身份验证信息与其关联的银行卡信息多次发生验证不一致时，要对此现象进行预警，及时发出暂停该用户相关业务活动的指令并将该异常行为报告至其他联网机构。当发现用户关联的银行卡账户的信息或第三方支付账户的信息被盗或者第三方支付账户资金可能存在较大的风险时，网络金融平台必须对用户的第三方支付账号采取暂停支付交易业务、限制使用等预防措施。当有关账号或交易涉嫌犯罪时，平台应及时报告公安机关，配合做好调查取证工作，必要时应当向平台所在地中国人民银行分支机构报告。

目前，我国关于第三方支付的相关规定主要有：《非金融机构支付服务管理办法》《非金融机构支付服务管理办法实施细则》《非金融机构支付服务业务系统检测认证管理规定》《支付业务许可证申办流程》《非金融机构申请材料的规范性要求》《支付机构反洗钱和反恐怖融资管理办法》等。

自 2012 年以来，中国近 100 家 P2P 网贷平台出现各种问题，以高额利润或者回报为诱饵的诈骗活动层出不穷，有的影响之大、范围之广令人难以置信。即使当时没有人举报，但如此大规模的骗取、资金流出境外等行为，监管部门竟然全然不知，的确令人感到疑惑。央视曾经于 2014 年 3 月 29 日报道的金玉恒通理财诈骗案就是一个典型的例证。金玉恒通投资有限公司声称，金玉恒通集团目前已实现投资基金管理总值 230 亿英镑，会员人数超过 240 万，公司各项重要指标年均增长率均保持在 50％以上，预计到 2013 年底，金玉恒通的投资基金管理总额将达到 300 亿英镑，服务会员数超过 280 万人，公司规模将进一步扩大。在月息 45％的蛊惑下，全国竟然有 2 万多人深陷骗局，涉案金额高达百亿元。按照国家相关规定，个人账号境外汇款每天的限额是 5 万美金（以当时的汇率换算大概 30 多万人民币），按银行查封的 100 多个账户计算，每天最多也只能往境外转走 3000 多万元人民币，投资人近 100 亿的投资资金需要 330 多天（近一年的时间）才可以全部转走。“对于网络金融这样时刻都在新生的事物，我们自然不能苛求监管部门，防范永远落后于犯罪，我们呼吁的是监管部门亡羊补牢，关注、研究、警示创新中的鱼目混珠，未雨绸缪，打击预防犯罪本身就是扶持鼓励创新发展，期待着这方面监管部门的有所作为。”按照《中华人民共和国反洗钱法》第二十条“金融机构应当按照规定执行大额交易和可疑交易报告制度。金融机构办理的单笔交易或者在规定期限内的累计交易超过规定金额或者发现可疑交易的，应当及时向反洗钱信息中心报告”，对于这样长期、大规模的单向资金流往境外的洗钱活动，相关部门完全是可以尽早发现和控制的。

四、健全对网络金融客户权益的保障体系

《消费者权益保护法》是为了保护消费者的合法权益，维护社会经济秩序稳定，促进社会主义市场经济健康发展而制定的一部法律。而该法中对第三方支付的客户权益保护的有关规定缺乏实用性，更多是原则性规定。另一些规定则散见于其他相关立法中。我国应完善有关客户权益的保障体系，应严格限制网贷平台、第三方支付平台随意处分或挪用客户资金。平台必须严格按照客户的指示进行操作。在司法机关的判决、裁定作出前单方冻结资金、账号或划拨资金会侵犯客户的财产权。安全保障方面，使用者注册平台后，平台方提供的各项软硬件技术要满足金融机构安全标准，以保障资金安全。可能侵害资金安全的危险主要来自支付平台技术因素或者人为因素，平台有义务制定相关安全管理规范杜绝危险发生。截至 2016 年 6 月 12 日，“余额宝”的用户已接近 3 亿，尽管用户数量并非经营者瞄准的主要目标，但近 8000 万余额宝用户开通了支付宝余额自动转入余额宝功能，用户黏度越来越高，一旦某个方面出现了问题，将会产生“外溢性”的连带效应。

尽管网络金融的发展已然成为经济发展中不可或缺的力量，为每一个网络使用者带来了方便快捷的金融服务体验，但需要注意的是，电子商务的发展迅猛，还有许多问题尚未来得及发现与思考。甚至有些问题非常严重，一旦暴露出来会迅速威胁到国家的金融秩序稳定。法律的滞后性在这一领域表现得尤为明显，我们能做的就是尽可能地提前预设各种可能性，尽可能在问题暴露后以法律将其限制在可控范围。

第七章　对网络信息传播的规制

第一节　信息传播方式的发展

一、信息传播的界定

信息传播是指人类个体、组织之间进行的信息传递和交流的活动。从广义上讲，泛指一切通过介质的信息流通渠道。

信息传播具有以下作用。

1. 告知作用

告知作用，是指通过信息传播所具有的向人们迅速、及时地提供新近发生的新闻和信息的功能。它是人类警示环境、了解环境、适应环境、改造环境的最重要的手段之一。对于那些即将来临的自然灾害或战争威胁，能够及时向人们发出警告，促成他们及早防御。另外，通过信息传播还可以向人们提供有关生活环境的信息，比如关于公共事业、经济状况等方面的消息，这也能满足社会和个人的日常信息需要。

2. 表达作用

表达作用，是指在信息传播中，人们通过媒介和符号表述与交流自己的思想、观点和情感的功能。如果说告知作用发挥的是信息传播所提供的外在信息作用，那么表达传递则是发挥其传递内在信息的效能。尤其作为大众媒介的传播者，不但应该客观对周围世界所发生的各种变化予以传递，而且也应该向人们表达自己对某些事件的态度和观点，以及日常生活中的所思所想。

3. 指导作用

指导作用，是指通过告知消息、表达观点、解释缘由、公开劝服，对受众的思想和行为所产生的一定的方向性指点和引导的作用，是人类信息传播的基本功能。在中国古代，人们提倡“文以明道”“文以贯道”“文以载道”，就是强调文字传播必须表达一定的观点和主张，在社会生活中发挥积极的指导功能。指导功能存在于人类的一切传播活动之中，不论它是政治的、经济的传播，还是文化的、艺术的传播；也不论它是社会主义国家的大众传播媒介，还是资本主义国家的大众传播媒介，它们都要履行或发挥指导功能。

4. 娱乐作用

在信息传播的过程中发挥娱乐功能是大众传播最为明显的另一项功能。随着文化的发展和与外界环境接触的不断增多，人们越来越需要娱乐。电子媒介使得人们对于娱乐的需求得到满足。经济基础与上层建筑二者所构成的社会经济、政治、文化结构的统一体就构成了社会形态。

二、信息传播的方式

（一）古代信息传播方式

1. 烽火

烽火是古代重要的边防军事通信手段，我国在周代就有了通过烽火传递战事信息的记载。作为一种原始的声光通信手段，烽火的具体应用方法是在边境建造烽火台，通常台上放置干柴草料，遇有敌情时则燃火以报警，通过山峰之间的烽火迅速传达信息。

2. 飞鸽传书

飞鸽传书又称鸿雁传书，是古代人与人之间联系的一种方法，即将信件系在鸽子的脚上，放出鸽子，将信息传递给特定的人。飞鸽传书主要利用了鸽子飞翔距离较远、会辨认方向等的特点，将之驯化，以提升送信的速度。

3. 钟鼓传声

钟鼓传声是古人利用声音传递特定信息的典型实例。古人利用钟鼓声质与声量的特征，以钟鼓声传递报时、紧急集合、战斗等的信息。古人文学作品记载中，有“朝钟暮鼓”的说法。

4. 驿站

驿站是中国古代供传递官府文书和军事情报的人或来往官员途中食宿、换马的场所。我国是世界上最早建立有组织的信息系统的国家之一，古人乘马传递信笺文件、通过途径驿站休憩调整是有组织的通信方式的典型体现。

5. 孔明灯

孔明灯又名天灯，是一种古老的汉族手工艺品，在古代于夜晚放飞以传递特定的信号，多做军事用途。相传五代时，有一名叫莘七娘的女子，随丈夫在福建打仗时，她曾用竹蔑扎成方架，糊上纸，做成大灯，底盘上放置燃烧着的松脂，灯就依靠热空气升上天空，用作军事联络信号。另一种说法认为它是由三国时的诸葛亮发明的。

（二）近代信息传播方式

1. 报纸

报纸是以刊载新闻和时事评论为主的定期向公众发行的印刷出版物。报纸是大众传播的重要载体，具有反映和引导社会舆论的功能。虽然金属活字印刷术发明以来，古代欧洲就有零星的类似于“报纸”的刊物存在，但是直至19世纪末到20世纪初，报纸才实现了从“小众”到“大众”的飞跃。这一时期，报纸的发行量直线上升，由过去的几万份增加到十几万份、几十万份乃至上百万份，读者的范围也不断扩大，由过去的政界、工商界等上层人士到中下层人士。这种由量的积累而产生的质的飞跃，宣告了一个时代——大众传播时代的来临。

2．电报机

电报机是用以发送和接收电报的设备。1835 年，美国人莫尔斯发明世界上第一台电报机。电报机利用电流的“通”“断”“长断”代替了人类的文字传递，通过这种电流的变化进行信息传递的规则被称为“莫尔斯电码”。电报的发明，拉开了电信时代的序幕，开创了人类利用电来传递信息的历史。

3．电话

电话是一种可以传送与接收声音信息的远程通信设备。1876 年，美国发明家贝尔与他的同事试验了世界上第一台可用的电话机。早期电话机的原理是说话声音将空气里的复合振动传输于固体上，通过电脉冲于导电金属上传递。

（三）现代信息传播方式

1．广播

广播又名无线电，是指通过无线电波或导线传送声音信息的新闻传播工具。通过无线电波传送节目的称无线广播，通过导线传送节目的称有线广播。广播诞生于 20 世纪 20 年代。广播的优势是对象广泛，传播迅速，功能多样，感染力强；劣势是一瞬即逝，顺序收听，不能选择，语言不通则收听困难。

2．电视

电视是指利用电子技术及设备传送活动的图像画面和音频信号的设备，即电视接收机，也是重要的广播和视频通信工具。电视机最早由英国工程师约翰·洛吉·贝尔德在 1925 年发明。电视的工作原理主要是应用电的方法即时传送活动的视觉图像。电视系统发送端把景物的各个微细部分按亮度和色度转换为电信号后顺序传送，在接收端按相应几何位置显现各微细部分的亮度和色度来重现整幅原始图像。

3．传真

传真是指用电话传输经扫描的印刷材料（文本或图像），从而传递文字、图像信息的设备。通常情况下，电话线路与打印机或其他输出设备相连接，原始文件被传真机扫描并转换为位图文件，传真机把传输内容看作单独的确定的图像进行传收。

4．移动电话

移动电话通常称为手机，是可以在较大的范围内使用的便携式电话终端设备，最早是在 1957 年由苏联工程师库普里扬诺维奇发明。现在全球范围内广泛使用的是第四代手机（4G），它们都是数字制式的，除了传统的信息传递以外，还可以利用无线网络以及大数据功能来追剧、网上购物及信息获取等。目前，整个行业正在向第五代手机（5G）发展。

5. 计算机（互联网）

当今时代，是信息高速发展的网络时代，以互联网为载体的信息传播正以惊人的速度发展着，被越来越多的人接受和利用，通过互联网进行信息传播，也被称为“网络信息传播”。

网络信息传播，主要是基于计算机通信网络的基础，并在此基础上进行信息传递、交流和利用。网络信息传播最主要的载体是计算机，计算机是20世纪最先进的科学技术发明之一，对人类的生产活动和社会活动产生了极其重要的影响，并以强大的生命力飞速发展。它的应用领域从最初的军事科研扩展到社会的各个领域，已形成了规模巨大的计算机产业，带动了全球范围的技术进步，由此引发了深刻的社会变革。计算机已成为信息社会中必不可少的工具。

从信息传播的内容和功能上来看，互联网大大超越了传统媒体，它不仅仅是在进行新闻信息的传播，而且还在军事、金融、商务、教育、科研等各个领域都发挥着革命性的作用。

三、信息传播方式的演变特点

（一）与时代技术同步发展

纵观信息传播方式的发展，任何一种新媒介的出现都离不开新技术的支持。例如，造纸术和活字印刷的出现与改进催生了现代报纸，无线电技术的发展使无线广播成为可能，光电技术的进步使电视得以诞生，电脑及信息网络技术与先进的网络化思想促使互联网出现等。

（二）具备更强的针对性

所谓的针对性，是指面对越来越挑剔的受众，信息传播方式能够基于受众的需求，不断调整自己的传播内容与方式，以期更好地传达至受众，获得更优的传播效果。纵观古今，从最初的信息传播方式如烽火狼烟、钟鼓传声到近代的电报、报纸再到现代的电视、广播、网络，传播者与受众不断交融，不断基于受众不同的需求，将信息点对点或者点对面地传递给有针对性的受众。以如今的网络信息传播为例，用户通过网络“定购”自己需求的信息，如通过电子邮件定购体育新闻，这样的针对性是以往传统媒介所不具备的。另外，用户在发布信息时，信息的接收者也是具有针对性的，如电子邮件、网络论坛、网上聊天等。

（三）信息控制与获取的失衡性

在网络社会中，信息在更先进的技术平台上得到展现，而个人对信息的控制能力则变得越来越弱。信息一旦被公开，则很容易被搬到网络社会上以不同的形式展现或存在，权利人根本无法对其实施有效的控制，在漠视知识产权的状态下，“未经许可不得使用”就成了字面上的法条。在“两个海量”的现状下，信息控制与获取失衡，最具典型的现象莫过于网站上随处可见被上传的歌曲、视频以及文字作品。信息控制与获取的失衡，造成以下四个方面的影响：一是传统知识产权法的利益平衡机制被打破，权利人得不到有效的利益补偿；二是信息利益分配失衡导致市场失灵，创作者的利益被传播者的利益所取代；三是过分保护权利人利益造成公共利益空间受到严重挤压，侵权成为常见的现象甚至导致“法不责众”；四是知识产权的全球化导致国际信息利益差距继续扩大。

第二节　对网络信息传播行为的规制

一、网络信息传播行为

（一）网络社会中的信息传播行为

网络社会是一种全新的社会结构，又称“信息社会”“数字化社会”“赛博社会”“虚拟社会”等，这一社会结构源于社会组织、社会变化以及由数字信息和通信技术所构成的技术模式之间的相互作用。基于不同的文化背景，网络社会的表现形式也相异。由于信息网络时代的进程与不同的社会文化和历史之间产生了不同的交互作用，在网络社会的不同发展阶段，网络社会表现出了不同的形态。通过运用新社会技术范式亲自试验来开发社会，土生土长的网络社会将会出现，这将植根于他们的特性，并向其他文化的社会形式开放。网络化进程将允许人类试验的杂交式发展，那么全球网络社会则会是基于不同特点的，形式各异的，彼此能通信的网络社会。①

（二）网络信息传播及其特点

1．网络信息传播

网络信息传播，从传播学的范畴上看，是信息传播的一种途径和形式，主要是基于计算机通信网络，在此基础上进行信息传递、交流和利用，从而达到社会文化传播目的的传播形式。

网络信息传播融合了大众传播（单向）和人际传播（双向）的信息传播特征，在总体上形成一种散布型网状传播结构。在这种传播结构中，任何一个网络都能够生产、发布信息，所有网络生产、发布的信息都能够以非线性方式流入网络之中。

2．网络信息传播的特点

（1）速度快。信息时代就是信息以光速传播的时代。我们知道，通过网络作为媒介，信息能够以最快的速度得到传播，网络传播信息最明显的优势是传播速度快，时效性强，

① 黄瑚，徐剑副主编．网络与新媒体传播核心教材系列 网络传播法规与伦理教程［M］．上海：复旦大学出版社，2018．

摆脱了时空限制。当前在网络上发布一条新闻能迅速地被受众接收到。根据我们日常生活的体验，只要在微博、微信或者相关网站发布一则信息，无论是身边的人，抑或是大洋彼岸的接受者，只要通过几分钟甚至几秒钟就可以迅速获取到。

（2）范围广。基于计算机技术、多媒体技术、网络技术的网络传播具有传播范围宽广的特点，基本能够覆盖到全世界的每一个角落。换言之，在任何地方、任何时间发生的事件，都可以通过网络传播出去，使人们能够更加迅速地了解周围世界发生的新情况、新问题，帮助人们消除对事物认识的种种不确定性，即使足不出户，也能了解国家大事、时事要闻。

（3）信息准。通过网络作为媒介的信息传播，极大地减少了信息在传播过程中的衰减和失真，使得人们获取的信息具备了原始性、不易消耗性的特点，这就使得通过网络传播的信息具备了准确性的特征。简而言之，人们通过网络获取的信息，即是发布者提供的原始内容，通过这种点对点的直达传播，信息不易受到歪曲和损耗。

（4）消耗低。传统的信息传播需要以客观的物质为载体，如燃起的烽火传达战事的信息、寄送的信纸承载文字的信息等。网络信息传播是借助因特网这个平台作为物质载体和传播手段的，信息在传播的过程中经过了数字化转换。在现代电子传播技术条件下，网络信息传播的消耗主要表现为电流的消耗。与传统的信息传播方法相比，网络信息传播较少依赖于实体载体的耗损，体现出消耗较低的特点。

（5）形态多样。信息传播的多媒体形式包括文字、声音、影像、图片或数据等。迅速及时指传播的时效性进一步提高，受众对于信息传播速度的心理期待进一步提高，人们要求更快速、更准确地获得所需要的信息。

全球传播指任何上网信息都是全球性散布和全球性接收的。这使得对网络传播机构表现的评判和对信息内容的解读，都有可能成为全球性的行为。各种标准和价值观之间的交流和冲撞，也无法避免。

（三）网络信息传播行为的“二分法”

网络信息传播行为，依据传播主体在传播过程中的地位和作用的不同，可以分为“内容提供行为”和“网络服务提供行为”。

“内容提供行为”是指用户通过上传等方式直接提供网络信息内容的行为。内容的提供者主要包括了网络用户和上传信息的网络服务提供者。日常生活中既有用户提供内容的情形，又有网络服务提供者直接提供内容的情形。例如，当前所谓提供视频供网友观看的网站上既有由网站自行提供影视作品的情形，又有由用户上传视频内容的情形。

“网络服务提供行为”是指为网络内容提供者提供技术上的支持，平台上的支撑，对于其内容提供行为起到帮助的行为。

当前，大多数主流观点认为网络服务提供者是网络传播的主体，虽然所谓“服务者”

提供的是网络技术服务，为内容提供者提供作品作嫁衣裳，但如果没有“服务者”的网络传播技术和行为，他人提供的网络信息显然无法在信息网络上进行传播。因而将其提供服务的行为纳入信息网络传播行为之内，符合信息网络传播的实际。

二、违法的网络信息传播行为及其法律责任

（一）违法的网络信息传播行为的界定

违法的网络信息传播行为，是指某些以计算机通信网络为基础的信息传递、交流和利用行为有违个人利益之间、个人利益与公共利益之间的平衡，属于法律法规明令禁止的网络传播行为。违法的网络信息传播行为，是传播的网络信息内容或手段侵犯他人人身、财产权利的行为；抑或是传播的网络信息内容或方法构成对国家网络空间主权、安全和发展利益的威胁，属于扰乱社会秩序、危害国家安全的行为。

根据违法的网络信息传播行为的受众和信息传播特点不同，可以对其作出如下分类。

1. 违法的网络信息人际传播行为

网络信息人际传播，指通过计算机网络进行的个人与个人之间的信息传播活动，是和传统的面对面的人际传播相对应的一种传播形式。网络信息人际传播行为包含了电子邮件传播、即时通信工具传播、部分社交工具传播等。违法的网络信息人际传播，是指人际传播的内容（如利用邮件对特定的人发送非法信息等）或者人际传播的方式（如骚扰邮件等），违反相关法律法规的规定，属于违法范畴的网络信息传播行为。

2. 违法的网络信息群体、组织传播行为

网络信息群体、组织传播行为，是指通过计算机网络进行的群体、组织之间的信息传播活动，其内涵是针对其网络传播关系形成的人的集合体。该传播方式的典型表现是BBS。违法的网络信息群体、组织传播行为，主要是指在群体、组织间传播的信息已构成对第三人的侵权，或是构成对国家利益、公共利益的侵犯的信息传播行为。

3. 违法的网络信息大众传播行为

网络大众传播，相较于网络人际传播，网络群体、组织传播，是规模最大的一种传播方式。互联网的兴起颠覆了传统大众传播的概念，非职业的个人也能够成为大众传播的主体，而其传播手段也因数字化的引入而更加丰富多样。主要的网络信息大众传播包括了网页、微博、搜索引擎等。违法的网络信息大众传播行为，是指大众传播行为的内容或是传播的方式违反了相关法律法规的明文规定，构成了对他人的侵权，或是对国家利益、公共利益的危害。例如通过网页发布非法信息，利用搜索引擎进行侵害他人名誉权或隐私权的人肉搜索等。网络信息大众传播行为相较前两类行为而言，行为手段更为多样，危害性更大。

（二）违法的网络信息传播行为的责任主体

违法的网络信息传播行为的责任主体，可以参照网络信息传播行为的“二分法”，依

据传播主体在传播过程的地位和作用的不同，将之分为“违法内容提供者”和“违法网络服务提供者”。

“违法内容提供者”，是指通过发布等方式直接提供违法网络信息内容的传播主体，主要包括了网络用户和上传了违法内容的网络服务提供者。例如，上传非法信息的网络用户，或针对他人的隐私发起“人肉搜索”，提供隐私的“人肉搜索”参与者等等。

“违法网络服务提供者”，是指为违法的网络内容提供技术上的支持，平台上的支撑，对其违法内容传播起到帮助作用的网络服务商。例如为侵权人通过信息网络提供他人作品提供播放平台的网站，或为侵权的“人肉搜索”提供服务的搜索引擎等等。

（三）违法的网络信息传播行为的责任形态

1. 民事责任

针对“违法内容提供者”及“违法网络服务提供者”而言，对其违法的信息网络传播行为承担的民事责任主要源于侵犯他人的人身权和财产权。若“违法内容提供者”明知所提供的内容构成对他人的侵权，却仍然进行该侵权行为，应当认定其存在过错，应当承担由侵权行为导致的停止侵害、恢复名誉、消除影响、赔礼道歉、赔偿损失等法律责任。对于“违法网络服务提供者”而言，根据《中华人民共和国侵权责任法》第三十六条的规定，若“违法网络服务提供者”主观上明知该违法行为具有不正当目的或采取了不正当的手段，则应当承担相应的侵权责任。若其主观上无侵权的故意，但发现其服务平台有明显的侵权行为或其服务明显已构成侵权，不及时采取屏蔽、删除、断开链接等措施的，应当推定其对损害扩大部分存在过错，也应当承担扩大部分的连带侵权责任。

《信息网络传播权保护条例》第十八条也规定了违法的网络信息传播行为在构成对他人侵权的情况下，所应承担相应的停止侵害、消除影响、赔礼道歉、赔偿损失等的民事责任。

2. 行政责任

对于违法的网络信息传播行为，2009 年修订的《全国人民代表大会常务委员会关于维护互联网安全的决定》笼统地规定了包括违法内容提供者和服务提供者的行政责任，该决定旨在保障互联网的运行安全和信息安全。根据其第六条，对于违法的网络信息传播行为，若该行为属于利用互联网实施的违法行为，违反社会治安管理，尚不构成犯罪的，由公安机关依照《治安管理处罚法》予以处罚；违反其他法律、行政法规，尚不构成犯罪的，由有关行政管理部门依法给予行政处罚；对直接负责的主管人员和其他直接责任人员，依法给予行政处分或者纪律处分。

针对“违法网络服务提供者”，虽然所谓“服务者”提供的是网络技术服务，为内容提供者提供作品作嫁衣裳，但如果没有服务者的网络传播技术，他人提供的网络信息显然无法在信息网络上进行传播，因此相关法律法规有单独对其进行行政责任处罚的规定。针对“违法网络服务提供者”所应承担的行政责任，可见诸2000年颁布的《互联网信息服务管理办法》。根据其中第十五、二十条的规定，对制作、复制、发布、传播非法信息的网络服务提供者，可给予罚款、责令停业整顿、吊销经营许可证、责令暂时关闭等行政处罚。

3. 刑事责任

违法的网络信息传播行为是一个外延较大的概念。根据违法行为的不同特点，当其满足特定的犯罪构成，达到犯罪的程度，再根据刑法相关法条的规定，违法的网络信息传播行为主体可构成相应的犯罪。例如《中华人民共和国刑法》第一百零三条规定的“分裂国家罪、煽动分裂国家罪”，第一百零五条规定的“颠覆国家政权罪、煽动颠覆国家政权罪”，第一百二十条之三规定的“宣扬恐怖主义、极端主义、煽动实施恐怖活动罪”，第二百一十七条规定的“侵犯著作权罪”，第二百四十六条规定的“侮辱罪、诽谤罪”等，再基于此，承担与其相应的刑事责任。

第三节　信息搜索及其责任

一、传统的个人信息搜索

传统的个人信息是指能够识别特定个人的一切信息，包括姓名、年龄、体重、身高、档案、医疗记录、收入及消费和购买习惯、婚姻状况、教育背景、家庭住址与电话号码等。根据《1995年欧盟个人数据保护指令》，个人信息是指“任何与已经确认的或可以确认的自然人（数据主体）有关的信息，可以确认的自然人是指直接或间接地参考他的识别号码或他所特有的身体、生理、精神、经济、文化和社会识别等众多因素中的一个或几个可以对其进行确认的人”。

所谓个人信息搜索，指的是包括了利用搜索引擎搜索、身份证查询搜索、通过社交工具细化信息搜索，乃至“人肉搜索”等搜索方法，获取所需要的个人信息的行为。

通常地，个人信息与个人隐私有紧密的关联，但同时也有一定的区别，二者在内涵和外延上都存在差异，不能互相代替。个人信息包括了权利人愿意与他人分享的信息和不愿意让他人知道的信息。如果某信息是信息主体不愿让他人知晓，而且符合正当性和社会公理的要求，即属于个人隐私的范畴，就不能通过非法的搜索方式取得和使用。自然人享有个人信息的自决权，个人信息的利用，包括其利用的方式、利用的目的、利用的范围等，应经本人同意。原则上，未经本人同意，不得使用。

二、“人肉搜索”及其责任

（一）“人肉搜索”的界定

“人肉搜索”的通俗含义是通过人工参与来提纯搜索引擎提供信息的一种机制，实际上就是网络用户通过其他参与者来搜索自己搜不到的东西的行为，在这过程中“人肉搜索”更强调搜索过程中人与人的互动。

根据“人肉搜索”的程序和特点，其有广义和狭义之分。广义的“人肉搜索”，是指利用现代信息科学技术，变传统的网络信息搜索为“人找人”的关系型网络社区活动。其变枯燥乏味的查询过程为“一人提问、八方回应”的人性化搜索体验的搜索机制。而狭义的“人肉搜索”，指的是通过汇聚网民的力量，通过众多网民的参与和信息的提供，揭露某些事件的真相或寻找某一个具体的人的行为。

（二）“人肉搜索”的积极作用和不良影响

1. “人肉搜索”的积极作用

人肉搜索的积极作用主要在于其是一种功能极其强大的信息搜索工具，人们能够通过人肉搜索行使公民监督权和批评权，发挥强大的社会舆论监督作用。

首先，“人肉搜索”是一种重要的信息搜索工具。“人肉搜索”具有高度互动性的特点，能够帮助人们解决不少难题。在四川“5・12”地震后，不少灾民下落不明，人们在网络上发起寻找失散亲人的“人肉搜索”行动，使不少家庭得以团聚。

其次，“人肉搜索”能够发挥监督社会道德伦理的积极作用。在“虐猫事件”中，基于当事人虐待手段的残忍恶劣，网民们纷纷对其表示愤慨并发起了对施暴者的“人肉搜索”，最终依靠“人肉搜索”找出了该残暴行为的实施人，使施暴者受到了强烈的社会谴责。

最后，“人肉搜索”可以让社会上的腐败等违法行为得以曝光。2008年发生的“周久耕事件”就是广大网民通过“人肉搜索”行使监督权的诠释。但是，检举揭发贪污犯罪与侵犯他人隐私信息之间的关系一直是人们关注的问题。

2. “人肉搜索”的不良影响

虽然“人肉搜索”是公民行使监督权、批评权的一种体现，一定程度上能够促进社会民主和正义的形成，但是这种监督和批评一旦过度，就会演变成为网络暴力。

由于信息网络时代的虚拟性和匿名性，在“人肉搜索”中，一旦发生侵权事件，很难确定侵权主体，这就使得“人肉搜索”在发挥其强大的舆论监督力量的同时，也可能沦为侵犯网络个人信息的刽子手。从已发生的、具有重要影响的“人肉搜索”事件来看，“人肉搜索”大致可以区分为两种类型，即窥探隐私型和公共事件型，前者“以死亡博客”事件和张殊凡事件为代表，后者以“铜须门”事件、虐猫事件、华南虎事件和“金晶被打”事件为代表。在“死亡博客”事件中，“人肉搜索”彻头彻尾地发挥了侵犯他人个人信息的反面作用，众多网民打着维护正义的幌子，肆无忌惮地公开散布当事人的个人信息，最终导致受害人的个人隐私沦为传统道德的陪葬品。除此之外，更有铺天盖地的谩骂、声讨以及现实的暴力溢出虚拟空间冲进现实世界，对受害人的工作和生活造成了极大的影响。这里的“人肉搜索”便成为了实施网络暴力的“凶器”。

（三）“人肉搜索”的法律责任

通过分析“人肉搜索”的定义和积极、消极影响，我们知道，人肉搜索本是一种中立性的搜索技术。故而，本节所分析的人肉搜索的法律责任，是建立在利用人肉搜索进行信息搜寻时，行为人具备不正当目的或采取了不正当的手段，已构成侵犯他人的名誉、隐私权的非法行为之上的法律责任。

1.“人肉搜索”的法律责任主体

因利用“人肉搜索”构成侵权的责任主体大致有三类。第一类责任主体，是“人肉搜索”的发起者，指的是在网络上发起相关问题、收集相关信息的人。第二类责任主体，是“人肉搜索”的参与者，也称“人肉搜索”的信息提供者，即公开或者私下向“人肉搜索”发起者提供问题答案等相关信息的人。第三类责任主体，是“人肉搜索”服务平台的提供者，即是为“人肉搜索”提供搜索平台等技术支持的网络服务提供者。

2.“人肉搜索”的法律责任形态分析

(1) 民事责任。“人肉搜索”行为本身并不是侵权行为，但是当“人肉搜索”超出了法律的底线，侵害了被搜索人的隐私权、名誉权时，就属于侵犯他人隐私权、名誉权的行为。《中华人民共和国民法通则》第一百零一条规定公民的人格尊严受法律保护，公民的名誉权不受侵犯。对于隐私权而言，我国《民法通则》并没有提出隐私权的概念，没有将隐私权作为一项独立的人格权予以保护，仅在《民法通则》第一百零一条对隐私权进行了间接方式的保护。“公民和法人享有名誉权，公民的人格尊严受法律保护。”这里提到的人格尊严，为司法解释留下较大余地。《最高人民法院关于贯彻执行〈中华人民共和国民法通则〉若干问题的意见》第一百四十条规定：“以书面、口头等形式宣扬他人的隐私，或者捏造事实公然丑化他人人格，以及用侮辱、诽谤等方式损害他人名誉，造成一定影响的，应当认定为侵害公民名誉权的行为。”最高人民法院在《关于审理名誉权案件若干问题的解答》中再次强调：“对未经他人同意，擅自公布他人的隐私材料或者以书面、口头形式宣扬他人隐私，致他人名誉受到损害的，按照侵害他人名誉权处理。”

针对“人肉搜索”的发起者、参与者而言，由于加害人具有过错是侵害名誉权、隐私权的重要构成要件，若人肉搜索的发起者、参与者明知是他人的真实信息，却仍然对事件人物进行侮辱诽谤或揭露宣扬他人隐私，应当认定其存在过错，应当承担停止侵害、恢复名誉、消除影响、赔礼道歉、赔偿损失等法律责任。对于“人肉搜索”的网络服务平台提供者而言，根据《中华人民共和国侵权责任法》第三十六条规定：“网络用户、网络服务提供者利用网络侵害他人民事权益的，应当承担侵权责任。网络用户利用网络服务实施侵权行为的，被侵权人有权通知网络服务提供者采取删除、屏蔽、断开链接等必要措施。网络服务提供者接到通知后未及时采取必要措施的，对损害的扩大部分与该网络用户承担连带责任。网络服务提供者知道网络用户利用其网络服务侵害他人民事权益，未采取必要措施的，与该网络用户承担连带责任。”网络服务提供者若主观上明知该“人肉搜索”具有不正当目的或采取了不正当的手段，则应当承担相应的侵权责任。若其主观本无侵权的故意，但发现其平台有明显的侮辱性、宣扬他人隐私的言论后，不及时采取屏蔽、删除、断开链接等措施的，应当推定其对损害扩大部分存在过错，也应当承担相应的侵权责任。

（2）行政责任。“人肉搜索”行政责任主要是针对“人肉搜索”平台服务提供者的责任形态。我们知道，对于充当网络服务商的搜索平台而言，虽然其只是信息传播的网络媒介，但在发生“人肉搜索”侵权的案件中，网络服务商的不作为仍会导致事件的无限扩大。根据2000年颁布《互联网信息服务管理办法》第十五、二十条，作为网络服务商的搜索平台不得制作、复制、发布、传播侮辱或者诽谤他人等侵害他人合法权益的内容，否则需要承担相应的行政责任。

（3）刑事责任。现行刑法对于“人肉搜索”的规定，仍是从侵犯公民隐私权和名誉权两方面进行展开。根据我国《刑法》第二百五十三条之一的规定：“违反国家有关规定，向他人出售或者提供公民个人信息，情节严重的，处三年以下有期徒刑或者拘役，并处或者单处罚金；情节特别严重的，处三年以上七年以下有期徒刑，并处罚金。违反国家有关规定，将在履行职责或者提供服务过程中获得的公民个人信息，出售或者提供给他人的，依照前款的规定从重处罚。窃取或者以其他方法非法获取公民个人信息的，依照第一款的规定处罚。单位犯前三款罪的，对单位判处罚金，并对其直接负责的主管人员和其他直接责任人员，依照各该款的规定处罚。”因此，“人肉搜索”的信息提供者，违反相关规定，泄露他人隐私，情节严重的应直接承担相应的刑事责任。对于“人肉搜索”服务平台侵犯隐私权所应承担的刑事责任，见之于2015年颁布的《刑法修正案（九）》在刑法第二百八十六条后增加的一条，即第二百八十六条之一规定：“网络服务提供者不履行法律、行政法规规定的信息网络安全管理义务，经监管部门责令采取改正措施而拒不改正，有下列情形之一的，处三年以下有期徒刑、拘役或者管制，并处或者单处罚金：（一）致使违法信息大量传播的；（二）致使用户信息泄露，造成严重后果的……”明确了网络服务商安全管理的责任。

三、搜索引擎的搜索

所谓的搜索引擎搜索，是指利用搜索引擎作为搜索行为的工具，通过在搜索引擎上搜索关键字、浏览搜索引擎所提供的信息等方法，获取搜索人所需要的信息的行为。

利用该方法进行信息搜索的核心是搜索引擎。搜索引擎是指根据一定的策略、运用特定的计算机程序搜集互联网上的信息，在对信息进行组织和处理后，为用户提供检索服务的软件系统。根据搜索引擎运行的原理不同，可将搜索引擎分为全文索引引擎、目录索引引擎、元搜索引擎、垂直搜索引擎等。

搜索引擎的自动信息搜集功能分为两种：一种是定期搜索功能，即每隔一段时间对一定地址范围内的互联网网站进行检索，一旦发现新的网站，它会自动提取网站的信息、内容和网址，加入自己的数据库的信息搜集功能。另一种是提交网站搜索功能，即网站拥有者主动向搜索引擎提交网址，它在一定时间内，定向地向网站派出“蜘蛛程序”，扫描网站并将有关信息存入数据库，以备用户查询的功能。由于近年来搜索引擎索引规则发生了很大变化，更多的外部链接能让搜索引擎有更多机会找到并自动收录不同的网站。当用户以关键词的方法提交查询信息时，搜索引擎会在数据库中进行搜寻，如果找到与用户要求内容相符的网站，便采用特殊的算法计算出各网页的相关度及排名等级，再根据关联度高低，按顺序将这些网页链接返回给用户。

四、“红旗原则”与“避风港原则”的适用

（一）“红旗原则”及其适用

1. “红旗原则”的界定

“红旗原则”又称“红旗标准”，最早出现在美国 1998 年《版权法（修正案）》中，即如果侵犯著作权（主要是信息网络传播权）的事实是显而易见的，就像红旗一样飘扬，网络服务提供者就不得视而不见，或以不知道侵权为由来推脱应该承担的法律责任。

“红旗原则”要求网络服务提供者尽到合理的注意义务，不能对非常明显的侵权内容或链接采取不闻不问的“鸵鸟政策”。否则，就应认定主观上具有过错，不再享受“避风港原则”所谓“通知加删除”免责条款的庇护，而需对用户或者第三方的直接侵权行为承担共同侵权责任。“避风港原则”和“红旗原则”的确立，既调和了著作权人和使用者的对立，又化解了著作权的权利保护和社会公众利益的冲突，推动利益不平衡向平衡的转变。

2. “红旗原则”的适用依据

“红旗原则”通过 2006 年修正的《最高人民法院关于审理涉及计算机网络著作权纠纷案件适用法律若干问题的解释》第五条进行规定：“提供内容服务的网络服务提供者，明知网络用户通过网络实施侵犯他人著作权的行为，或者经著作权人提出确切证据的警告，但仍不采取移除侵权内容等措施以消除侵权后果的，人民法院应当根据民法通则第一百三十条的规定，追究其与该用户的共同侵权责任。”2013 年修订的《信息网络传播权保护条例》第二十二条第三项规定：“网络服务提供者为服务对象提供信息存储空间，供服务对象向公众提供作品、表演、录音录像制品，但不知道也没有合理的理由应当知道服务对象提供的作品表演、录音录像制品侵权的，不承担赔偿责任。”《信息网络传播权保护条例》第二十三条规定：“网络服务提供者为服务对象提供线索或者链接服务，在接到权利人的通知书后，根据本条例断开与侵权的作品、表演、录音录像制品的链接的，不承担侵权责任；但是，明知或应知所链接的作品、表演、录音录像制品侵权的，应当承担共同侵权责任。”而在我国 2010 年实施的《侵权责任法》中，仅规定了“避风港原则”，而未对“红旗原则”进行规定。

从目前的规定来看，我国《著作权法》对于“红旗原则”的规定过于空泛，《信息网络传播权保护条例》和2006年公布的《最高人民法院关于审理涉及计算机网络著作权纠纷案件适用法律若干问题的解释》都没有规定如何判断网络服务提供商“不知道也没有合理的理由应当知道”用户进行侵权活动或者网络服务提供者“明知”或者“应知”第三方网站侵权的存在。因此在具体的司法实践中容易发生争议，既不利于统一标准，又不利于对著作权人权利的保护。这也是为什么很多情况下著作权人认为应该适用“红旗原则”，而法院或者行政机关认为不应适用“红旗原则”而适用“避风港原则”的原因。

3. “红旗原则”的具体适用方式

（1）判断标准。依“红旗原则”确定网络服务提供者的责任，应结合客观与主观两个方面进行判断。即网络服务提供者主观上对相关侵权行为存在注意义务，客观上有放任侵权存在的行为，只有二者结合，人民法院才能确定网络服务提供者具有“明知”或“应知”而未采取措施的过错，从而确定其对于网络用户侵害信息网络传播权行为承担侵权责任。相关事实和信息是否构成红旗，从一个“理性人”的角度，考察该侵权事实在客观上是否已非常明显，并足以被一个理性人在不进行专门调查的情况下知悉。如果对于一个在相同或相似情况下的“理性人”看来，侵权事实已经像“红旗”一样非常明显，则主观上有注意到的义务，同时一个理性人应当采取合理的措施。因此，网络服务提供者可以明显且应当感知相关作品为未经许可提供的，仍未采取合理措施，是判定“红旗原则”能否成立的基本标准。

具体而言，认定权利人信息网络传播权被侵害是否达到“红旗原则”适用的标准，应当考虑以下几个因素：网络服务提供者应当具备的管理信息的能力；其传播的作品、表演、录音录像制品的类型、知名度及侵权信息的明显程度；是否主动对作品、表演、录音录像制品进行了选择、编辑、修改、推荐等；是否积极采取了预防侵权的合理措施；是否及时对侵权通知作出合理的反应；是否针对同一网络用户的重复侵权行为采取了相应的合理措施等。

（2）适用顺序。关于“红旗原则”与“避风港原则”适用顺序，涉及如何看待二者之间的关系，对此问题存在不同的看法。有的学者认为“红旗原则”与“避风港原则”属于一个问题的两个方面，因而也无所谓适用的先后顺序之分。但实际上，“红旗原则”是用来判断网络服务提供者“明知”或者“应知”的工具，用于判断网络服务提供商对互联网上的侵权信息或活动是否“明知”以及在获知有关情况之后是否看出明显侵权行为的存在，因而“红旗原则”是“避风港原则”例外的一项判断标准，也是判断是否适用“避风港原则”的一个先决条件。在实际适用中，应优先考虑是否适用“红旗原则”，如果适用“红旗原则”，就不再考虑是否适用“避风港原则”。

4. 适用“红旗原则”的主要情形

对“红旗原则”的规定进行细化，使其更具有操作性，既是保护著作权人权利的需要，又给行为人提供更准确的行为准则。

(1) 推荐热播或流行作品。网络服务提供者在提供网络服务时，对热播影视作品，流行度较高的文字作品、音乐作品等，以放置首页、设置榜单、目录、索引、描述性段落、内容简介等方式进行推荐，这种情况下网络服务提供者对作品权属有注意的义务，并有义务在未获授权的情况下禁止上述作品的播放或复制。如果公众可以在其网页上直接以下载、浏览或者其他方式获得，可以认定其应知网络用户侵害信息网络传播权。

(2) 对存储内容进行选择、编辑、整理、设置榜单。利用空间存储功能进行侵权是现在网络侵权活动的一个趋势，应防止互联网服务商以“提供存储为名，行侵权之实”。提供存储空间的网络服务提供者对相关作品进行选择、编辑、整理、设置榜单，则其对相关作品具有较高的注意义务。

(3) 定向链接“专业侵权”网站。实践中有许多互联网企业为了节约成本、规避风险，以他人名义做一个“专业侵权”的网站，再与自己的网站进行定向链接，试图以此方式逃避侵权认定。如果网站目录的提供者在查看一个“盗版”网站时，该网站上含有录音、软件、电影或者电子书籍可以进行非法下载、公开表演或者公开展示，但其明确地提供了该网站的地址，那么可以认定该服务提供者已经意识到相关侵权活动。

(4) 反复侵权行为。如侵权内容的链接、上传曾经多次被删除，网络服务者就有义务对此提高注意度，进而采取必要的技术措施，以制止再次出现相关的链接、上传行为。

(5) 直接获得经济利益。网络服务提供者从网络用户提供的作品、表演、录音录像制品中直接获得经济利益的，应当认定其对该网络用户侵害信息网络传播权的行为负有较高的注意义务。

(6) 未在合理期限内采取必要措施。网络服务提供者接到权利人以书信、传真、电子邮件等方式提交的通知，未及时采取删除、屏蔽、断开链接等必要措施的，应当认定其明知相关侵害信息网络传播权行为。

目前在国内盗版情况比较严重的环境下，有必要加强“红旗原则”，打击恶意利用“避风港原则”的行为，有效保护网络环境下的版权，但也不能矫枉过正，既不能让网络服务提供者承担一般性的事先审查义务和较高的注意义务，又要适当地调动网络服务提供者主动防止侵权和与权利人合作防止侵权的积极性。

(二)“避风港原则”及其适用

1.“避风港原则”的界定

“避风港原则”又被称为“通知＋移除”原则，是法律规定的网络服务商的免责条款，最早适用于版权领域，后来也被应用在搜索引擎、网络存储、在线图书馆等方面。具体指在发生版权侵权案件时，当网络服务商只提供空间服务，并不制作网页内容时，如果网络服务商被告知侵权，则有删除的义务，否则就被视为侵权。如果侵权内容既不在网络中介服务商的服务器上存储，又没有被告知哪些内容应该删除，则网络服务商不承担侵权责任。

“避风港原则”最早来自美国1998年的《数字千年版权法案》。当时美国为了互联网行业的发展，考虑到有些类型的网络服务提供者没有能力事先对他人上传的作品进行审查，而且事前也不知道并且不应该知道侵权事实的存在，在著作权人通知的情况下，对侵权内容进行移除的规则，即“通知＋移除”，则可提出抗辩而免除相应的侵权责任。“避风港原则”的适用减少了网络空间提供型、搜索链接型等类型互联网企业的经营成本，从而刺激了这些互联网企业的发展壮大。《信息网络传播权保护条例》第二十至二十二条具体规定了网络服务提供者在提供自动接入服务、自动传输服务、自动存储、提供信息网络空间、提供搜索与链接服务不承担赔偿责任的情形，这些条款属于对“避风港原则”明确规定与细化。

2. 关于“避风港原则”的规定

（1）《信息网络传播权保护条例》的规定。《信息网络传播权保护条例》第二十三条规定：“网络服务提供者为服务对象提供搜索或者链接服务，在接到权利人的通知书后，根据本条例规定断开与侵权的作品、表演、录音录像制品的链接的，不承担赔偿责任；但是，明知或者应知所链接的作品、表演、录音录像制品侵权的，应当承担共同侵权责任。”这条主要针对网络搜索服务商的责任而言，前半部分体现了“避风港原则”的“通知＋移除”内容，后半部分明确了网络搜索服务商承担共同侵权责任的情况。网络搜索服务商在提供相关服务时，其主观状态应该是不知道或者不应该知道所链接的相关作品存在侵权事实，如果主观存在过错，符合共同侵权的构成要件，法律规定其直接承担共同侵权责任。

（2）《互联网著作权行政保护办法》的规定。《互联网著作权行政保护办法》第五条规定：“著作权人发现互联网传播的内容侵犯其著作权，向互联网信息服务提供或者其委托的其他机构发出通知后，互联网信息服务提供者应当立即采取措施移除相关内容，并保留著作权人的通知6个月。”第七条规定：“互联网信息服务提供者根据著作权人的通知移除相关内容的，互联网内容提供者可以向互联网信息服务提供者和著作权人一并发出说明被移除内容不侵犯著作权的反通知。反通知发出后，互联网信息服务提供者即可恢复被移除的内容，且对该恢复行为不承担行政法律责任。”这两条体现了“避风港原则”“通知＋移除”的主要内容。同时也赋予了互联网内容提供者的反通知权利。在网络著作权侵权纠纷发生后，著作权人首先应向网络服务提供者发出书面通知，明确告知网络服务提供者应当移除相关内容。著作权人发出的通知必须包括著作权人的身份证明、住址、联系方式、著作权属证明、侵权内容在网络上的具体位置、侵犯著作权的相关证明以及通知内容的真实性等等。如果通知不具备上述法定的内容，视为著作权人未发出通知，网络服务提供者有权拒绝履行相关的义务。因著作权人自身的原因，导致通知无效，致使侵权损害后果扩大的，著作权人应就损害后果扩大部分承担责任。第七条赋予了互联网内容提供者的反通知权利，从法律条文的规定来看，反通知适用是有条件限制的：①时间的限制。反通知必须是在网络服务提供者履行了相关的移除义务之后，网络内容提供者才可以发出反通知。②反通知的对象。向著作权人和网络服务提供者发出反通知。③反通知的内容。证明被移除的内容是合法的。④法律后果。网络服务提供者即可以恢复被移除的内容。

（3）《中华人民共和国侵权责任法》的规定。《侵权责任法》第三十六条规定："网络用户、网络服务提供者利用网络侵害他人民事权益的，应当承担侵权责任。网络用户利用网络服务实施侵权行为的，被侵权人有权通知网络服务提供者采取删除、屏蔽、断开链接等必要措施。网络服务提供者接到通知后未及时采取必要措施的，对损害的扩大部分与该网络用户承担连带责任。网络服务提供者知道网络用户利用其网络服务侵害他人民事权益，未采取必要措施的，与该网络用户承担连带责任。"第一款为原则性规定，即直接侵权承担的民事责任。第二款是以间接侵权责任细化"避风港原则"，侵权责任法严格区分了网络用户与网络服务提供者的界限，著作权人向网络用户提供者发出通知后，网络用户提供者及时采取必要措施即免责，否则就损失的扩大部分与网络用户承担连带责任。这两款规定虽没有明确说明网络服务提供者承担民事责任的主观状态，即是否以存在过错为构成要件，但却明确了网络服务提供者的连带责任，这点对于规范网络空间市场，指导行为人的行为有重要的意义。《侵权责任法》是在以往的法律基础上，完善了网络相对人的法律权利与义务，在发生网络著作权侵权纠纷时，为网络服务提供者免除其侵权责任提供了立法空间，是我国立法的重大进步。

3."避风港原则"的适用条件

著作权法的基本理念是"先授权，再使用"。对于网络链接的服务提供者而言，如果仅仅因为其提供了链接的技术服务而要承担侵权责任，法律未免太强人所难，所以《数字千年版权法案》设立"避风港原则"的目的是通过限定网络服务提供者的责任，来保障网络信息快捷而又自由地传播，从而促进互联网产业的发展。然而这一原则的引入被网络服务提供商频繁地作为侵权的"安全港"，是否网络服务提供商只要删除了被通知的内容就可以免责？"避风港原则"在我国立法规定的门槛是否过低呢？这些都值得深思。互联网服务提供商享受避风港庇护，不承担共同的侵权责任有两个条件：一是不知道或没有合理理由知道，即保护善意的网络服务提供者；二是在得到权利人的通知后对侵权作品进行了移除，即给予网络服务提供者改过自新的机会。

（1）主观要件："红旗标准"。"避风港原则"有可能被滥用的原因主要是立法对"明知"和"应知"的主观判断规定不明晰，如何认定这一主观认知状态是司法审判最大的难题，网络服务提供者往往以此为抗辩理由而企图推脱法律责任。

美国《数字千年版权法案》报告将红旗标准作为网络服务提供者主观过错的判定标准，我国立法以及相关司法解释同样没有"红旗标准"的字样，但这一内容涵盖在相关规范之中。"红旗标准即当侵权行为像一面红旗一样飘扬，网络服务提供者就不能装作视而不见来推脱法律责任，在这种情况下即便是权利人没有发出侵权通知，网络服务提供者也要承担侵权责任。”对于红旗标准的程度上，有学者幽默地这样解释：红旗“标准”要求“红旗”打在服务商的脸上，让其感觉到疼痛的时候才可使用。因此对于“标准”本身应作进一步限定而不能仅理解为“红色”。

由于我国没有对“红旗标准”作统一的规定，红旗标准的内容散见于司法解释和行政法规之中，内容过于空洞导致了这一标准没有被权利人很好地用作法律武器，实践中法院也多适用“避风港原则”而非“红旗标准”。所以厘清两者含义的关系是关键。“红旗标准”和“避风港原则”是矛和盾的关系，法律在倾向于对网络服务权利保护时为其设立了“避风港”，使得这一技术服务中介不用承担过多的法律责任。实则我国侵权责任法上对“避风港原则”一直存在着争议，关于其是归责条款还是免责条款众说纷纭，要结合我国具体国情具体分析。美国是判例法国家，美国版权侵权处理中要么是适用严格的责任，要么就是适用限定的免责。我国侵权责任法遵循大陆法系民事侵权的一般原理及过错责任的归责原则，所以侵权责任法上同样遵循着过错原则等一般民事侵权原理。法律是一座天平，为网络服务提供者设定“避风港”的同时，也为权利人设定了“追击”的门闸。《数字千年版权法案》创设“避风港原则”的目的是保护网络服务提供者消极的善意的行为，而在我国这一原则通常容易被积极的恶意、不法网络商所滥用。

（2）客观要件：技术中立。在著作权的发展和变迁历程中，科学技术总是以独特的方式对著作权法的实质内容施加或多或少的影响，科学技术每发展到一个新的阶段，都会给著作权法律制度提出新的挑战。著作权自出生之时便与技术纠缠在一起，可以说：“技术的发展是版权扩张的直接原因”。网络服务提供者除了一般侵权抗辩理由之外，还可以依据技术中立进行抗辩，从而不承担损害赔偿责任。消极而又善意的网络服务提供者在信息传播中不改变作品的内容，仅仅提供技术上服务则构成技术中立。法律如果对其课以过重的责任未免强人所难。美国版权法在设立“避风港原则”之前对网络服务商一直沿用严格责任，直到《数字千年版权法案》的颁布为网络服务商限定了免责条款。我国“避风港原则”被侵权责任法所吸收，侵权责任法建立在过错原则基础上，所以从法律逻辑体系整体性理解，“避风港原则”亦适用一般侵权责任即过错原则。网络服务提供者在确保技术中立时如何体现出“消极而又善意”，要从以下几个方面进行考察：第一，对于提供信息存储空间的网络服务提供者而言，自动存储用户上传的作品，既不能改变信息，又不能影响原上传用户对该信息的获取，用户主动提出删除该信息时，也要安排技术自动过滤不可再上传作品。再者，信息存储空间如果改变了用户上传的作品并加以播放，则构成普通侵权，除非其能证明这种播放是现有技术所不可避免的。第二，对于提供搜索或链接服务的网络服务提供者而言，只要被连接的作品是侵权的，提供链接必然在客观上帮助了直接侵权人，也就是原网站侵权。对链接类或者提供搜索类的网络服务提供者而言，不承担法律责任须具备以下要件：首先，在主观上不能达到“红旗标准”。法律不要求网络服务提供者主动审查核实链接作品的版权，但对于一些热播影视作品，一般理性人都知道这些作品在热播期是不可能许可网站播放的。其次，要负有一定的注意义务。司法实践中对于注意义务的标准的理解存在较大差异，到底网站负一般理性人义务还是审查注意义务尚有争议。网络服务没有主动监视寻找侵权的义务，在数字环境下要求网络服务提供者审查数以万计的网页侵权是不可能实现的事情。换言之，如果要求网络服务提供者有审查义务，那么网络服务商不再是消极而是积极主动者，这将会限制网络产业的发展空间。注意义务要与网站的经济规模相匹配，大型的网络公司在很大程度上默许了侵权行为的存在，像鸵鸟一般对侵权行为和结果视而不见。因此，对这类大型的网络公司，法律应对其应当承担的技术过滤措施提出更高的要求，他们应当负有更多的注意义务。

第四节　对非法信息传播者的责任追究

一、非法信息概述

（一）非法信息的界定

在当下信息网络高速发展的时代，非法信息可谓是屡见不鲜。根据中央网信办关于全面推进网络空间法治化的部署和要求，网络信息不得违反七条底线：“一是法律法规底线；二是社会主义制度底线；三是国家利益底线；四是公民合法权益底线；五是社会公共秩序底线；六是道德风尚底线；七是信息真实性底线。”而根据2011年发布的《互联网信息服务管理办法》第十五条的规定，互联网信息服务提供者不得制作、复制、发布、传播含有下列内容的信息：“（1）反对宪法所确定的基本原则的；（2）危害国家安全，泄露国家秘密，颠覆国家政权，破坏国家统一的；（3）损害国家荣誉和利益的；（4）煽动民族仇恨、民族歧视，破坏民族团结的；（5）破坏国家宗教政策，宣扬邪教和封建迷信的；（6）散布谣言，扰乱社会秩序，破坏社会稳定的；（7）散布淫秽、色情、赌博、暴力、凶杀、恐怖或者教唆犯罪的；（8）侮辱或者诽谤他人，侵害他们合法权益的；（9）含有法律、行政法规禁止的其他内容的。”上述就是对于网络信息要求而归纳的“七条底线”和始终遵循的“九不准”。[①]

因此，非法信息实际上就是指违反了上述“七条底线”和“九不准”的要求，上至威胁国家稳定、长治久安，下至侵害公民人身、民主权利，违反相关法律、法规的网络信息。

（二）非法信息的种类

1. 反动信息

反动信息是指危害国家安全，涉嫌泄露国家秘密、颠覆国家政权、破坏国家统一和社

① 黄瑚，徐剑副主编．网络与新媒体传播核心教材系列 网络传播法规与伦理教程［M］．上海：复旦大学出版社，2018.

会主义制度的非法信息。在2000年颁布的《全国人民代表大会常务委员会关于维护互联网安全的决定》第二条对其作出如下规定："为了维护国家安全和社会稳定，对有下列行为之一，构成犯罪的，依照刑法有关规定追究刑事责任：（一）利用互联网造谣、诽谤或者发表、传播其他有害信息，煽动颠覆国家政权、推翻社会主义制度，或者煽动分裂国家、破坏国家统一；（二）通过互联网窃取、泄露国家秘密、情报或者军事秘密……"

2. 煽动信息

煽动信息是指通过网络等媒介传播，煽动民族仇恨、民族歧视，破坏民族团结的非法信息。在2000年颁布的《全国人民代表大会常务委员会关于维护互联网安全的决定》中第二条第三款有如下规定："为了维护国家安全和社会稳定，对有下列行为之一，构成犯罪的，依照刑法有关规定追究刑事责任……（三）利用互联网煽动民族仇恨、民族歧视，破坏民族团结……"

3. 邪教信息

邪教信息是指破坏国家宗教政策，宣扬邪教和封建迷信的非法信息。在2000年颁布的《全国人民代表大会常务委员会关于维护互联网安全的决定》中第二条第四款有如下规定："为了维护国家安全和社会稳定，对有下列行为之一，构成犯罪的，依照刑法有关规定追究刑事责任……（四）利用互联网组织邪教组织、联络邪教组织成员，破坏国家法律、行政法规实施……"

4. 恐怖谣言

恐怖谣言是指通过网络信息传播的手段，散布的能够造成社会恐慌、扰乱社会秩序、破坏社会稳定的非法信息。关于恐怖谣言，2011年发布的《互联网信息服务管理办法》第十五条规定，互联网信息服务提供者不得制作、复制、发布、传播含有下列内容的信息："……（六）散布谣言，扰乱社会秩序，破坏社会稳定的……"

5. 诽谤信息

诽谤信息是指通过网络等媒介传播，侮辱或者诽谤他人，侵害其合法权益的非法信息。关于诽谤信息，2013年颁布的《最高人民法院、最高人民检察院关于办理利用信息网络实施诽谤等刑事案件适用法律若干问题的解释》第二条规定，利用信息网络实施诽谤、寻衅滋事、敲诈勒索等非法行为应当依法被定罪处罚。

6. 侵犯他人隐私的信息

隐私信息是指公民个人生活中不愿为一定范围以外的人公开或知悉，且符合正当性和社会公理的要求的信息。隐私权是自然人享有的对其个人的、与公共利益无关的个人信息、私人活动和私有领域进行支配的一种人格权。公民在网络上享有私人生活安宁和私人信息依法受到保护，不被他人非法侵犯、知悉、搜集、复制、利用和公开的权利。虽然我国对隐私权是通过间接方式予以保护的，但是非法地通过网络传播他人隐私，仍属于非法信息的范畴。

7. 淫秽信息

淫秽信息是指在整体上宣扬淫秽行为，挑动人们性欲，导致普通人容易腐化、堕落，而又没有艺术或科学价值的文字、图片、音频、视频等信息内容。2000 年颁布的《全国人民代表大会常务委员会关于维护互联网安全的决定》第三条第五款规定："为了维护社会主义市场经济秩序和社会管理秩序，对有下列行为之一，构成犯罪的，依照刑法有关规定追究刑事责任……（五）在互联网上建立淫秽网站、网页，提供淫秽站点链接服务；或者传播淫秽书刊、影片、音像、图片……"

8. 其他非法信息

其他非法信息是指超出前述 7 项信息范畴，但社会危害性与前述列举的非法信息程度相当，亦构成对"七条底线"的践踏、对"九不准"的违反，而无法穷尽列举的非法信息，例如封建迷信、种族歧视、侵犯商业秘密、诱导犯罪的信息等。

（三）非法信息的危害

非法信息的危害，主要表现在两个标准方面：一是立足于国家的宏观层面，二是立足于个人的微观方面。

诸如反动、煽动、邪教、恐怖性质的非法信息，危害国家安全，有颠覆国家政权、破坏国家统一和社会主义制度的危险，与当前《国家安全法》的立法宗旨"维护国家安全，保卫人民民主专政的政权和中国特色社会主义制度，保护人民的根本利益，保障改革开放和社会主义现代化建设的顺利进行，实现中华民族伟大复兴"背道而驰，扰乱社会秩序、造成社会恐慌，破坏民族团结，严重威胁国家长治久安。

诸如诽谤、泄露他人隐私的非法信息，涉嫌侮辱或者诽谤他人，严重侵害了公民人身、民主权利，情节严重的还会构成刑法上的诽谤、寻衅滋事、敲诈勒索等罪，对公民的正常社会生活产生极大的消极影响。

二、非法信息传播者应承担的责任

（一）非法信息传播的责任主体再划分

根据在非法信息传播过程中起到的作用不同，非法信息传播行为的责任主体可以再划分为非法信息的传播内容提供者和非法信息的传播服务提供者。

非法信息的传播内容提供者包括了非法信息的来源者及非法信息的传递者，主要指获取、上传或传递非法信息的自然人或单位。非法信息的传播服务提供者主要是指为散播非法信息提供网络服务或网络技术支持的主体，主要包括为非法信息传播行为提供帮助的相关网页、论坛、搜索引擎等。

（二）非法信息传播者的责任形态

1. 民事责任

非法信息传播者，无论是传播内容提供者或传播服务提供者，对其传播行为承担民事责任，主要是基于传播诽谤信息和隐私信息的行为，属于侵犯他人人格权的表现。此时，根据《中华人民共和国侵权责任法》第三十六条规定："网络用户、网络服务提供者利用网络侵害他人民事权益的，应当承担侵权责任。网络用户利用网络服务实施侵权行为的，被侵权人有权通知网络服务提供者采取删除、屏蔽、断开链接等必要措施。网络服务提供者接到通知后未及时采取必要措施的，对损害的扩大部分与该网络用户承担连带责任。网络服务提供者知道网络用户利用其网络服务侵害他人民事权益，未采取必要措施的，与该网络用户承担连带责任。"对此，非法信息的传播内容提供者应承担相应的直接侵权责任。而对于非法信息的传播服务提供者来说，如其在主观上具有传播非法信息的恶意，应与内容提供者承担相同的侵权责任。若其主观本无侵权的故意，但发现其平台有明显的诽谤、隐私信息，不及时采取屏蔽、删除、断开链接等措施的，应当与非法信息内容提供者承担连带的侵权责任。

2. 行政责任

2000 年颁布的《全国人民代表大会常务委员会关于维护互联网安全的决定》笼统地规制了有违互联网的运行安全和信息安全的行为，其中包括了对非法信息传播行为主体处以行政责任。根据其第六条，对于非法信息传播行为，若该行为违反社会治安管理，尚不构成犯罪的，由公安机关依照《治安管理处罚法》予以处罚；违反其他法律、行政法规，尚不构成犯罪的，由有关行政管理部门依法给予行政处罚；对直接负责的主管人员和其他直接责任人员，依法给予行政处分或者纪律处分。

而针对非法信息传播服务提供者单独所应承担的行政责任最直接的规定，当数 2011 年颁布的《互联网信息服务管理办法》。根据其中第十五条规定："互联网信息服务提供者不得制作、复制、发布、传播含有下列内容的信息：（一）反对宪法所确定的基本原则的；（二）危害国家安全，泄露国家秘密，颠覆国家政权，破坏国家统一的；（三）损害国家荣誉和利益的；（四）煽动民族仇恨、民族歧视，破坏民族团结的；（五）破坏国家宗教政策，宣扬邪教和封建迷信的；（六）散布谣言，扰乱社会秩序，破坏社会稳定的；（七）散布淫秽、色情、赌博、暴力、凶杀、恐怖或者教唆犯罪的；（八）侮辱或者诽谤他人，侵害他人合法权益的；（九）含有法律、行政法规禁止的其他内容的。"第二十条的规定："制作、复制、发布、传播本办法第十五条所列内容之一的信息，构成犯罪的，依法追究刑事责任；尚不构成犯罪的，由公安机关、国家安全机关依照《中华人民共和国治安管理处罚法》《计算机信息网络国际联网安全保护管理办法》等有关法律、行政法规的规定予以处罚；对经营性互联网信息服务提供者，并由发证机关责令停业整顿直至吊销经营许可证，通知企业登记机关；对非经营性互联网信息服务提供者，并由备案机关责令暂时关闭网站直至关闭网站。"因此，对制作、复制、发布、传播非法信息的网络服务提供者，应处以包括罚款、责令停业整顿、吊销经营许可证、责令暂时关闭等行政措施，以追究其行政责任。

另外，值得注意的是2012年颁布的《全国人民代表大会常务委员会关于加强网络信息保护的决定》，其中针对公民个人隐私的电子信息进行保护。对于传播涉及个人隐私的电子信息的非法行为，传播的内容提供者和服务提供者根据其违法行为，应接受包括罚款、没收违法所得、吊销许可证或者取消备案、关闭网站、禁止有关责任人员从事网络服务业务在内的处罚。

3. 刑事责任

当非法信息传播行为满足特定的犯罪构成，达到犯罪的程度，根据行为的不同种类和刑法相关法条的规定，非法信息传播行为主体可构成相关的犯罪，承担与此相应的刑事责任。

值得注意的是，2013年《最高人民法院、最高人民检察院关于办理利用信息网络实施诽谤等刑事案件适用法律若干问题的解释》（以下简称《解释》）的规定，其针对利用网络散播诽谤信息的行为做出了相关的解释。我国《刑法》第二百四十六条规定："以暴力或者其他方法公然侮辱他人或者捏造事实诽谤他人，情节严重的，构成侮辱罪或诽谤罪。"此次出台的司法解释对利用信息网络诽谤他人构成诽谤罪的两个要件，即"捏造事实诽谤他人"和"情节严重"分别予以明确规定。根据《解释》，"捏造损害他人名誉的事实"或"将信息网络上涉及他人的原始信息内容篡改为损害他人名誉的事实，在信息网络上散布，或者组织、指使人员在信息网络上散布的"，即可认定为"捏造事实诽谤他人"。同时，《解释》规定了"明知是捏造的损害他人名誉的事实，在信息网络上散布，情节恶劣的，以'捏造事实诽谤他人'论。"最后，《解释》第二条规定，具有下列情形之一的，应当认定"情节严重"："（一）同一诽谤信息实际被点击、浏览次数达到5000次以上，或者被转发次数达到500次以上的；（二）造成被害人或者其近亲属精神失常、自残、自杀等严重后果的；（三）二年内曾因诽谤受过行政处罚，又诽谤他人的；（四）其他情节严重的情形。"这就意味着，凡是利用信息网络恶意发表诽谤他人信息，达到上述四项标准之一的，行为人必须承担相应的刑事责任。

第八章　网络社会纠纷的解决机制

第一节　网络社会纠纷概述

一、网络社会纠纷的界定

（一）网络社会纠纷的概念

网络社会纠纷是传统纠纷形式在网络社会环境的影响下产生的新的纠纷样态。要理解网络社会纠纷的含义，首先必须要界定“网络社会”以及“纠纷”，然后要弄清楚网络社会环境对新型纠纷产生的影响。

网络社会可以分为作为新的社会结构形态的“网络社会”（Networksociety）与互联网架构的电脑网络空间的“网络社会”（Cybersociety）。第一种形态下的“网络社会”实际上是建立在一定经济基础之上的彰显特定历史时期政治、经济、文化内涵的社会结构，它反应的是一种个人、组织以及国家之间的相互关系。人类文明经历了自然经济、农业经济、工业经济、知识经济四个社会结构形态，每个社会形态都是以当时的社会经济基础和生产力为依托的，在科学技术不断进步的过程中，“网络社会”这张“网”不断扩张，将个人编织成为组织，将组织编织成为国家。在当前知识经济为主导的社会形态下，全球化使得这张“网”的空间得以最大化。第二种形态下的电脑网络空间是计算机网络技术发展的结果。计算机网络的数字化、智能化、大容量以及开放性使一个全球范围内的多媒体信息传输、接收和处理系统逐渐形成，人们的行动、交往达到了前所未有的便利程度。金融、市场、商品、技术以及服务等融为一体，网络已经渗透到我们生活的方方面面。其实，无论是作为社会组织结构的“网络社会”，还是作为技术背景下的网络空间都离不开新技术——互联网的运用。

按照《现代汉语词典》的解释，纠纷是指“争执的事情”，而争执是指“争论中各持己见、不肯相让”。学者们对“纠纷”也有自己的理解，认为纠纷是特定主体基于利益冲突而产生的一种双边或者多边对抗行为。可见，纠纷实际上是利益相冲突各方的一种对立或者对抗，利益冲突是纠纷存在的根本原因。在网络社会环境下，利益的多元化必然会产生大量纠纷。另外，纠纷可以分为法律纠纷与非法律纠纷，非法律纠纷一般包括人的感情、道德方面的冲突，法律通常不介入处理。[①] 法律纠纷仅限于法律法规直接规定的情形。从这个意义上看，我们所讨论的仅限于法律纠纷，而不包括非法律纠纷。

在网络社会环境下，人们的生存空间在逐渐缩小，生产、生活资源利用的紧张关系不断加剧，使得社会主体之间的利益冲突不断加剧。然而，技术的进步使得人们的生活方式与行为模式更加多样化，为纠纷的广泛产生奠定了一定的物质基础。在传统纠纷类型之外也产生了新的纠纷类型，这就决定了纠纷处理方式的多元化。传统纠纷处理方式，有调解、仲裁、诉讼三种方式。在网络社会空间环境下，纠纷处理方式呈现多元化。首先，传统纠纷解决方式内部分化出新的纠纷解决方式。其次，传统纠纷解决方式之间相互结合，如在仲裁或者诉讼之前，一般会有调解程序。最后，网络技术参与到纠纷的解决之中，如在线纠纷解决机制、网络协商机制等新形式出现。

综上，网络社会纠纷，就是在以网络新技术为基础的新社会形态——网络社会环境下，纠纷的发生、持续、解决等方面产生的新样态。

（二）网络社会纠纷的特点

1. 纠纷类型的多样化

由于网络社会主体之间的联系更加密切，相互之间的利益关系也更加复杂，因而发生纠纷的可能性相比于之前大为增加。在网络技术的影响下，利益主体的多元化使得纠纷也呈现出多样化。虽然总的纠纷类型没有变化，但是在民事、刑事以及行政领域具体的纠纷类型不断增多，呈现出新样态。在刑事领域，比如计算机网络犯罪，包括：网络入侵、偷窥、复制、更改或者删除计算机信息犯罪；网络诈骗、教唆犯罪；网络侮辱、诽谤与恐吓犯罪；网络色情传播犯罪。在民事领域，在网络环境下知识产权侵权行为多样化，电子商务纠纷数量不断增加，个人隐私被侵权现象越来越严重。在行政纠纷领域，网络平台为行政创新提供机会的同时，也会在行政公开、行政处罚等纠纷产生和处理方面带来新的挑战。

2. 在网络技术影响下侵权行为的认定更为复杂

网络的技术性特征导致了网络环境下侵权行为的技术化，这使得侵权行为的认定具有很大的困难。比如：在著作权侵权纠纷中，作品的传播形式多样化，作品的缓存是否构成著作权法意义上的复制抑或临时复制，在学界曾引起过很大争议。在商标法领域，未经许可将他人商标设为关键词的行为是否构成商标使用行为进而构成商标专用权侵权，抑或构

① 侯怀霞，张慧平．纠纷解决及其多元化法律问题研究［M］．北京：法律出版社，2015．

成不正当竞争行为具有很大争议。在刑事领域，犯罪行为的“创新性”更加明显，通过QQ、微信、陌陌等聊天工具诈骗以及传播淫秽内容的新的犯罪行为日益增加，由于网络技术的隐蔽性和虚拟性，给公安机关对犯罪行为的认定以及犯罪嫌疑人的跟踪和抓捕带来了很大的不确定性。而且，往往犯罪结果发生地与犯罪行为发生地不一致，这就需要不同地区、甚至不同法域的公权力机关相互配合与协作。

3. 网络社会环境给传统管辖权理论带来新的挑战

（1）网域空间无法像物理空间一样分割，网络空间的虚拟性决定了其无边界性。而物理空间则可以以自然界限或者人为划定的界限来确定边界。因此网络空间很难确定侵权行为地、财产所在地，也很难确定某次远程登录的确切地点或者登录者的住所地。

（2）网络空间的跨国性使得管辖权判定更为复杂。由于互联网具有无国界性，身处不同国度或者法域的个人、组织之间可以无差别地交流联系。所以一旦发生纠纷，管辖权确定较为困难。在广东同方照明有限公司诉深圳市里阳电子有限公司专利侵权纠纷一案中，双方对法院管辖权产生了争议，同方公司不服原审裁定，向上级法院提起上诉，请求撤销原审裁定并将本案移送广州市中级人民法院审理。主要事实和理由大致为：①里阳公司虽然提交了（2013）深证字第 81238 号公证书，显示其在深圳市通过网络向同方公司购买了涉案侵权产品，并在深圳市签收了装有涉案侵权产品的包裹，但网络购物指定的收货地不属于侵权结果发生地。②同方公司是在广州市注册成立并持续经营的，主要营业地或者主要办事机构均位于广州市，广州市应为同方公司的住所地。本次交由深圳大鹏海关出口的货物是在同方公司的住所地进行生产、装箱及运输出口的，故同方公司的住所地才是涉案行为的实施地，广州市中级人民法院对本案具有管辖权。而里阳公司认为：①本案侵权产品是里阳公司在深圳通过网上购物并通过快递方式邮寄到深圳市的，双方约定的收货地在深圳市，故深圳市为侵权行为结果发生地。②同方公司的侵权产品通过深圳海关出口，深圳市即为出口产品的销售地，即侵权行为实施地。广东省高级人民院认为原审法院与广州市中级人民法院都有管辖权，原告可以自由选择，所以驳回了同方公司的上诉。由此可见，网络技术的运用给电子商务案件纠纷中管辖权的确定带来了一定挑战。

二、网络社会纠纷的种类

（一）按纠纷主体划分

网络社会纠纷按照纠纷主体划分，可以分为平等主体之间的纠纷与不平等主体之间的纠纷。平等主体之间的纠纷主要是指民事纠纷，民事纠纷的双方都是为自己利益的私主体，无论是其民事主体地位还是诉讼地位都是一样的，法律不偏不倚地支持双方合理合法的诉求。在网络社会环境下，民事纠纷主体的平等性并未改变，反而在内容上更加丰富了民事纠纷的类型，新民事主体的产生使得利益纷争更加激烈。比如：随着网络技术的发展，网络服务提供者、网络内容提供者以及以自媒体为符号标识的网络用户成了民事纠纷的“常客”。尤其是在知识产权纠纷领域，由于受控行为的技术化，很多侵权纠纷的发生无不与网络有关。不平等主体之间的纠纷主要包括：行政纠纷以及刑事纠纷。不平等主体之间的纠纷，顾名思义是指纠纷的主体地位具有不平等性。行政纠纷的当事人一方为私主体，即行政相对人；另一方为行政机关，是公权力主体。另外，行政机关作为裁决机关针对当事人之间的民事争议进行裁决的，并非行政纠纷。在网络社会环境下，随着民事主体的增加，新型的社会活动增加了行政机关审批与核准的职能，比如：成立互联网公司要受到国家安全监控。因而，发生行政纠纷的可能性就会增加。刑事纠纷更多属于国家针对犯罪行为的强制追诉，体现国家管理的职能，属于广义的纠纷范畴。

（二）按纠纷内容划分

按照纠纷内容划分，网络社会纠纷可以划分为人身、财产纠纷以及行政作为或不作为、行政赔偿方面的纠纷。人身与财产纠纷，主要是民事纠纷的内容，主要体现为平等主体之间因为侵权、违约、无因管理或是不当得利而产生债权债务关系，国家作为民事主体参与到经济生活中所发生的债权债务纠纷也同样属于人身、财产纠纷。行政作为与不作为、行政赔偿类纠纷，主要是行政机关在其行政管理职责范围内怠于履行其职能或者具体行政行为引起行政相对人损害的情形，行政机关作为被告的纠纷类型。在网络社会环境下，政府职能改革作为政府职能优化的重要内容，其指导思想就是简政放权，主要包括：(1) 深入推进行政审批改革；(2) 深入推进投资审批改革；(3) 深入推进职业资格改革；(4) 深入推进收费清理改革；(5) 深入推进商事制度改革；(6) 深入推进教科文卫体领域相关改革；(7) 深入推进监管方式创新，着力优化政府服务；(8) 进一步强化改革保障机制。行政机关的行政作为与不作为的标准与范围进一步明确化，使得行政机关的责任承担也更加具体与明确。

（三）按是否可纳入司法审查处理划分

在行政纠纷内部，以是否纳入司法审查的处理范围而分为两类：可纳入司法审查范围的行政纠纷与不可纳入司法审查范围的行政纠纷。需要指出的是，这个分类标准并非一个静态的划分，而是一个动态标准。《中华人民共和国行政诉讼法（草案）》的注释中提到：“考虑到中国目前的实际……人民法院行政审判法庭还不够健全，行政诉讼法规定‘民可以告官’，有观念更新问题，有不习惯、不适应的问题，也有承受力的问题，因此对受案范围现在不宜规定太宽，而应逐步扩大，以利于行政诉讼制度的推行。”随着对行政权力的约束与限制加大，未来几乎所有的行政行为都可能要纳入到司法审查的范围内。

我国的人民法院目前不受理的司法审查范围包括：（1）不受理对抽象行政行为的起诉。抽象行政行为，是行政机关制定法规、规章和其他具有普遍的约束力的决定、命令等规范性文件的行为。其特点是对象的普遍性、反复适用性。当然，法院不受理对抽象行政行为的起诉，并不意味着法院绝对不审查抽象行政行为。人民法院在审查具体行政行为的合法性时，对于行政规章参照使用，若出现具体行政行为据以作出的规范性文件与更高层次的法律、法规及其他规范性文件相抵触时，可以选择适用最高层次的法律法规。（2）《行政诉讼法》原则上只受理对具体行政行为的控告。比如罚款、拘留、吊销许可证或执照、责令停产停业、没收财产等行政处罚，限制人身自由或者对财产查封、扣押、冻结等行政强制措施，侵犯合法的经营自主权，拒绝颁发许可证、执照或对许可申请不答复，不履行保护人身权、财产权义务等不作为行为，不依法发给抚恤金，违法要求履行义务以及其他影响人身权、财产权的具体行政行为。（3）不受理对行政机关内部的惩戒及其他处理行为的控告。对于内部惩戒等行为，是否可以对其实施司法审查，各国并不一致，中国采取不受理原则。（4）从受案范围中法律条文表述来看，中国采用的是概括式与列举式相结合的原则。而英美等受案范围较宽的国家大都采用概括式，持所谓“推定可审原理”，即凡是法律和判例不排除审查的行为，都推定法院可以审查，与其相比，中国的受案范围较狭窄，这主要取决于中国的司法审查制度尚不成熟。

（四）以线上与线下的纠纷解决方式为标准进行分类

由于受到网络社会环境的影响，以可否在线进行纠纷解决为标准进行分类也是新的分类方式之一。由于在线纠纷解决机制还属于发展的初期，制度设计相对不是很完善，可通过在线解决的纠纷主要集中在电子商务纠纷领域。电子商务非常便捷，可以无纸化地在线传送信息，所以在线纠纷解决机制可以很好发挥纠纷解决效率优势。另外，域名纠纷的在线解决制度也是相对比较完善的在线纠纷解决机制。互联网名称与数字地址分配机构制定的《统一域名争端解决机制》（Uniform Dispute Resolution Policy，简称 UDRP）中规定了关于域名纠纷的解决机制。互联网名称与数字地址分配机构将域名纠纷分为非抢注型争议和抢注型争议两类。针对前者，UDRP 提供了和解、仲裁以及诉讼三种解决机制。针对后者，则提供了一种专门的新的争端解决机制。只要满足三个条件就必须通过该争端解决机制来解决。三个条件包括：第一，已注册域名同申请人享有的商标完全一致或者混淆性相似；第二，域名注册者对于已注册的域名不享有任何权利或者正当利益；第三，域名已被恶意注册或者使用。而其他类的纠纷鲜有通过在线纠纷解决机制来解决，而在网络社会这一条件下，这一纠纷解决机制在未来大有用武之地。

第二节 网络社会纠纷解决方式的多元化

一、纠纷解决的传统模式

（一）行政救济模式

行政救济是指公民、法人或其他组织认为具体行政行为直接侵害其合法权益，请求有权的国家机关依法纠正其行政违法或行政不当行为，并追究其行政责任，以保护行政相对人的合法权益。① 行政救济主要针对行政纠纷而言，行政纠纷是指国家行政机关之间或国家行政机关同企事业单位、社会团体以及公民之间由于行政管理而引起的纠纷。行政救济模式一般应行政相对人的申请而发生，主要包括：行政复议、行政赔偿和行政诉讼。

（二）仲裁模式

传统的仲裁模式在网络社会环境下是指线下仲裁模式，有专门的仲裁机构，申请人提前签订有仲裁协议，发生纠纷后当事人向仲裁机构提出仲裁的书面申请，仲裁机构审议并作出裁决的过程。我国仲裁制度不断发展完善，仲裁机构设置以及仲裁案件数量方面不断增加。据统计，2014 年全国仲裁委员会达到 235 个，2014 年受理案件 113660 件，受理案件标的总额达到 2656 亿元。关于仲裁的适用范围，根据《仲裁法》第二条规定："平等主体的公民、法人和其他组织之间发生的合同纠纷和其他财产权益纠纷，可以仲裁"。其明确将仲裁的对象限定在合同纠纷以及其他平等主体之间的财产权纠纷。而涉及婚姻、收养、监护、扶养、继承等人身关系的纠纷不能仲裁。另外，行政争议不能仲裁，外国法律规定这类纠纷应当依法通过行政复议或行政诉讼解决。

（三）诉讼模式

诉讼是纠纷解决的最后一道防线，是以国家力量为后盾，法院履行审判权职能，对当事人的争议和纠纷进行居中裁判，并最终作出对当事人具有约束力判决的纠纷解决模式。诉讼模式在所有纠纷解决模式中并非最优选择，而是最后的选择。选择诉讼也预示着矛盾已经发展到了不可调和的地步。而且提起诉讼需要昂贵的成本，包括律师费、诉讼费、商业机会的错失和时间成本等。但是，诉讼模式又是最有效的纠纷解决模式之一，因为其以国家强制力为保障，能够为当事人提供较为稳定的预期结果。据统计，仅 2014 年全国法院系统审结一审民商事案件 800 多万件。传统诉讼模式在当前网络社会环境下，也呈现出

① 郑世保. 网络民事纠纷在线解决机制的理论与实务［M］. 北京：民族出版社，2021.

力不从心的一面。在全球化的网络社会，传统纠纷解决模式受到了很大的限制，比如：管辖权的限制，新型侵权行为定性的困难等等。所以，有必要在网络社会的背景下，一方面积极提高解决纠纷的能力；另一方面，在诉讼之外，大力推广新型的纠纷解决方式，从而为当事人提供一个健全而完善的纠纷解决体系。

二、网络社会多元纠纷解决机制之建立

（一）网络社会多元纠纷解决机制的概念

网络社会多元纠纷解决机制这一概念的提出，在很大程度上受到了西方“替代性纠纷解决机制”（ADR）的影响。ADR 经过了几十年的发展，在英美法系已经形成了完善的多元民事纠纷解决机制。正如英国高级法官特纳（Robert Turner）所指出的，21 世纪的英国司法已经演变成了替代性纠纷解决体系。美国国会在 1998 年还专门通过了“ADR 法案”。因为受到 ADR 的影响，多元纠纷解决机制的外延也不甚清晰，对于是否包括诉讼的方式也有不同的观点。在 2005 年最高人民法院制定的《人民法院第二个五年纲要》（法发〔2005〕18 号）第一次在官方文件中提到了“多元纠纷解决机制”一词。随后，“多元纠纷解决机制”频繁出现在法院的文件里和新闻报道中。在人类进入 21 世纪以后，网络社会为人们带来丰富的经济文化生活的同时，纠纷也纷至沓来。各种类型的纠纷在数量、复杂程度以及利益相关性等方面与前网络化时代不可同日而语。这对纠纷解决的方式、效率以及最终的社会效果提出了更高的要求。所以必须在传统单线条的纠纷解决模式的基础上，探索出复合式、多元化与多路径的纠纷解决模式。网络社会多元纠纷解决机制这一概念应运而生，并得到广泛使用和传播。首先，它强调的是一种“机制”的有机组合，这些机制是由多个元素相互影响、相互作用、相互配合而形成的一整套社会管理或社会控制系统。其次，“多元”是这一机制区别于其他纠纷解决方式的特色之处，即它强调纠纷的多渠道、多方式的解决，集合了来自民间、社会或组织以及国家各种力量来对纠纷进行“围攻”。最后，将纠纷解决与网络社会环境相结合，从而使得纠纷解决更加体现了时代特色。网络技术在纠纷解决机制中的运用，增加了纠纷解决的效率与科学性，为经济生活的高速运行保驾护航。

所以，网络社会纠纷解决机制可以概括为：在网络社会中，多元的纠纷解决方式以特定的功能相互协调、相互配合，共同构成的一个满足社会主体多样化需求的程序体系和动态系统。

（二）网络社会多元纠纷解决机制的分类

1. 诉讼与非诉讼纠纷解决机制

从司法的角度，可以分为诉讼与非诉讼的纠纷解决机制。诉讼纠纷解决机制是指在当事人提出诉讼请求以后，法院立案、开庭审理、作出裁决或者在立案与审理阶段以调解、

协商的方式来处理各类纠纷。诉讼纠纷解决机制是我国目前解决纠纷的最重要方式之一，是维护公平正义的“最后一道防线”。而非诉讼的纠纷解决机制是诉讼以外的协商、调解、仲裁等多种纠纷解决方式的集合，具有低成本、高效与简便的特征。其具体内容包括：行政处理、仲裁、人民调解、律师调解、行业调解、劳动仲裁、商事仲裁、自动化协商等。

2. 线上与线下纠纷解决机制

按照是否通过网络在线方式解决纠纷，可以分为线上和线下纠纷解决机制。线下纠纷解决，又可称为离线纠纷解决，纠纷解决是在查阅纸面文件的基础上来完成的，是传统纠纷解决机制的处理方式。而线上纠纷解决，是指采用互联网技术以在线的方式来提供争议解决服务的纠纷解决方式。线上纠纷解决具有灵活性与机动性，以当事人意志最大化为原则，主要适用于非诉讼纠纷解决机制。互联网技术的运用使得当事人可以跨国界、跨地域，远距离地掌控纠纷的解决，在未来具有广阔的使用前景。

（三）网络社会纠纷解决机制的具体内容

1. 协商

协商和解是指当事人之间发生纠纷以后，按照当地的风俗习惯、宗教信仰以及社会公德等社会规范自行协商、自觉化解矛盾纠纷的一种解决方式。从纠纷发生以及解决的规律来看，当纠纷初现端倪之时，当事人往往只是处于一种隐忍的状态。如果事态不进一步扩展，当事人往往选择“息事宁人，退一步海阔天空”。如果对方把自己选择忍耐的“好心当成驴肝肺”，当事人可能会本能地直接选择与另一方进行协商。人们生活在一定的范围和区域内，彼此在同一个生活圈之中，一旦发生纠纷，当事人更多考虑的是面子和人情，大家都不愿轻易地因讼结仇，通过调解的方式解决纠纷理所当然是最佳的选择。所以，协商是纠纷开始和解决的第一步，如果能够在这一阶段将纠纷扼杀在摇篮中是最好的，虽然事实并非如此。另外，协商也是当事人之间在彼此尊重各自习惯、风俗和底线的基础上的友好协商，双方都具有解决纠纷的意愿和诚意，只有这样才能有利于纠纷的顺利解决。

在网络社会环境下，协商的纠纷解决方式也呈现出新特征。随着ODR机制的迅速发展，协商这一传统机制与网络技术相结合也产生了一些新形态的纠纷解决形式，自动化协商（automatic negotiation）就是典型代表。自动化协商是中立的第三方机构提供计算机程序自动处理争议双方的协商过程，指引双方当事人达成一个折衷的解决方案的方式。在电子商务集市中，两个或者两个以上的参与者，利用电子工具，针对有限的资源进行多方协商。其架构具有以下特征：①讨价还价，这类似于在超市与百货商城购物的情形；②软件系统对交易具有很大的决定权；③参与者人数只有下限（最少两个），没有上限；④协商的内容很宽泛。自动化协商与传统协商的区别在于其依靠软件技术，在协商之前需要设定好一定的技术参数；而传统协商则往往没有具体的谈判规则，一般是“跟着感觉走”。自动化协商的好处在于，可以最大化地增强人类的有限理性，实现在谈判桌上不能达到的效果。然而，自动化协商机制需要建立专门化的软件和管理技术投入，使用的范围还相对较小。当前的协商机制基本都以传统形式出现，除沟通方式电子化以外，在纠纷解决的内涵方面并没有根本性改变。

2. 调解

自古以来，调解就是我国解决民间纠纷的重要途径之一。作为具有中国特色的法律制度，具有“东方之花”的美誉。调解制度已在全国各地广泛建立并取得良好效果。据2013年的统计，全国共有81.7万个人民调解组织和428万名人民调解员，每年调解各种矛盾纠纷达八九百万件，调解成功率在96%以上，为维护群众切身利益、维护社会和谐稳定、服务经济社会发展做出了重要贡献。以依据调解的主体不同，可以将调解分为：人民调解、行政调解、司法调解、其他调解以及联合调解。

人民调解是在人民调解委员会的主持下，引导当事人互谅互让、平等协商，最终双方自愿达成协议的一种群众性、自治性的纠纷解决方式。作为民间调解重要组成部分的人民调解，其本质上是群众性、自治性的，依靠群众自身的力量来化解矛盾。以“广东第一村”——六约村为例，自20世纪90年代以来，身处珠三角地区的六约村，受到民工潮的影响，投资办厂、“三来一补”已经在六约村遍地开花，劳资纠纷、房产土地纠纷等各种经济纠纷也出现前所未有的“井喷”现象。六约村1988年便成立了调解小组，并在1991年设立专职调解员，成为广东省设立专职调解员的第一村。从1997年开始，六约村进一步延伸调解网络，实现了社区调解委员会、治安联防、信访、工会、妇联“五位一体”的调节机制。六约村调委会能够以相对较低成本成立人民调解组织并化解大量的各类矛盾，是促进人民调解在基层社会定纷止争的功能与促进当地经济发展功能实现的典范。

行政调解是指具有调解职能的行政主体，根据国家政策、法律法规，以自愿为原则，在分清责任、明辨是非的基础上，通过说服教育，促使双方当事人互谅互让，从而达成协议解决纠纷的活动。行政调解的特点主要包括：(1) 主体为行政机关。这区别于法院以及民间组织所进行的调解。(2) 强调调解的自愿性。当事人可以自愿选择行政机关作为调解主体，也自愿决定是否达成调解协议和相关内容。当事人自愿是行政调解的重要原则。(3) 具有专业性与综合性。负责调解的行政人员是在其职权范围内进行的调解活动，对自身的业务领域十分专业和了解，所以能够针对问题提出相关专业的建议和参考，从而有利于双方当事人理解并达成调解协议。(4) 行政调解是一种诉外调解。行政调解并非行政仲裁或行政诉讼的必经程序，未调解或者调解不成仍然可以行政仲裁或诉讼。常见的行政调解的类型主要有：基层人民政府的调解、国家司法机关的调解、公安机关的调解、知识产权管理机关的调解。此外，在行政仲裁中的劳动争议、农村土地承包经营产生的纠纷也可适用行政调解。

司法调解，又可称为法院调解或诉讼调解，是指双方当事人就争议的实体权利和义务，在人民法院的主持下，进行协商，达成协议，从而结束诉讼程序，或没有达成协议，诉讼进入下一程序的活动。司法调解的特征主要包括：（1）司法调解的主体是人民法院。司法调解是人民法院的审判职能与当事人的处分行为相结合的产物。（2）司法调解的依据是《民事诉讼法》及其相关法律法规。由于调解活动发生在诉讼过程中，并且是结案的方式之一，因此调解一旦达成就具有法律效力。（3）以当事人自愿为原则。几乎任何调解活动，都以当事人自愿为原则，当事人自己的意志高于一切，司法调解也一样，如果当事人不愿意调解或者未达成调解协议，诉讼程序照常进行。

其他调解主要包括律师调解、行业专家调解等民间机构或者个人的调解活动。根据《法学辞源》的解释：律师调解是指律师在非诉讼业务过程中，根据双方当事人的委托或同意，以居间人的身份进行的一种调解活动。律师不得作为一方代理人，所以律师调解必须得到双方当事人的请求或者一方请求另一方同意的情形，并且根据双方当事人意愿形成调解协议。

行业专家调解在某些专业领域具有重要作用，比如医患纠纷领域。2009 年 5 月，深圳市宝安区人民法院建立了医患纠纷联调平台，与卫生局、司法局建立医患纠纷联调机制，组建医患纠纷专家库，引入医学专家中立评估机制、法律援助和司法救助机制，联合开展医患纠纷联调工作。宝安区医患联调机制设立后，医患纠纷第一时间能够投诉有门。卫生主管部门给予重视，法律援助部门提供法律意见，医疗问题可以咨询权威医学专家，解决问题渠道畅通，患者不会采取失控的过激行为，医学专家中立评估。

联合调解是指人民调解委员会同其他地区或部门的调解组织、群众团体、政府有关部门，甚至司法机关，相互配合，协同作战，共同综合治理民间纠纷的一种方式。联合调解不仅适用于久调不决或有激化可能的纠纷，还涉及单个调解组织无力解决的纠纷。另外，联合调解也属于发生对外贸易过程中的纠纷解决机制，其含义是指：一国的仲裁机构与另一国相应的仲裁机构联合起来对有关争议案对双方当事人进行调解。具体做法，如我国当事人可向仲裁委员会提出调解要求，外国当事人向其本国的仲裁机构提出要求，然后各方所在地的仲裁机构派出人员进行调解。联合调解的特征包括：（1）当事人所在国各指派成员调解，有利于调解的顺利进行。（2）联合调解员是对国际贸易、科学技术以及国际法律法规比较熟悉的具有专门知识和经验的人士，有利于调解员在综合考虑双方当事人实际情况的基础上，公正合理地主持调解。

3. 在线纠纷解决机制（ODR）

在线纠纷解决机制是指利用互联网进行全部或主要程序的各种争议解决方式的总称。根据美国联邦贸易委员会、欧盟、经合组织及全球电子商务论坛所下的定义，在线纠纷解决机制是指涵盖所有网络上由公正的第三人（非法庭），解决企业与消费者因商务契约纠纷而使用的所有方式。

在线争议解决机制的特征：(1) 程序的在线性。程序的启动与进行都在线上进行，突破了地域和时空的限制，在虚拟环境中进行协商和调解，节约了纠纷解决的成本，优化资源的合理配置。(2) 规则的自律性。不同于司法解决模式，ODR 并非选择使用哪一国法律法规作为适用对象，而是制定自己的规则。当事人也可以选择是否适用，可以自由退出或进入。(3) 争端解决的全球性。无论在世界的哪个角落，只要能接入国际互联网，就可以申请 ODR 解决。这突破了传统纠纷解决方式地域管辖的限制。

ODR 的主要类型包括：(1) 网上仲裁。是指仲裁的全部或者主要环节都在互联网上进行，在网络环境中将电子技术运用到在线仲裁争议解决的一种方式。随着网络技术的进步与电子商务的发展，仲裁活动逐渐出现在网络空间中。其与线下仲裁的区别在于：网上仲裁是通过网络技术进行的；网上仲裁在仲裁程序上与线下仲裁基本相同，只是在仲裁的方式上，主要通过电子邮件、网上视频和辩论来进行。(2) 网上调解。随着电子商务纠纷的大量增加，逐渐产生了将传统调解制度与互联网网上调解方式对接。网上调解也有其自身的特点：能够更好地体现当事人自愿原则；能够方便、快捷、更经济地解决争议；受案范围非常广泛。(3) 网上交涉。网上交涉是在非第三方协助下由当事人双方直接通过在线谈判解决争议。争议双方在争议发生后，通过提供服务的网站进行协商并交流观点，直到达成协议，网站只是提供信息交流的平台。作为一种沟通交流的桥梁，网站不代表任何一方当事人，也不会积极促使当事人达成协议，而是扮演着技术服务提供者的角色。这种沟通方式简便、快捷、节省时间和其他外部成本。(4) 网上投诉。网上投诉是受理机构为电子商务纠纷的当事人提供的一种在线投诉服务。从机构性质来区分，可区分为：受理一般商业纠纷投诉机构与受理专门纠纷的投诉机构。商业纠纷的投诉机构比较有代表性的是美国中央商业促进会下属的 BBBOnline。

4. 信访

信访是指公民、法人或者其他组织采用书信、电子邮件、传真、电话、走访等形式，向各级人民政府、县级以上人民政府工作部门反映情况，提出建议、意见或者投诉请求，依法由有关行政机关处理的活动。信访制度也是比较有中国特色的纠纷解决制度，信访制度在我国也有悠久的历史。在古代，信访是为了使“上层获取很多来自社会底层的信息，达到朝廷对地方自上而下的有效监控，对避免民众揭竿而起或落草为寇起到了一定的作用。而在当今社会，信访制度同样发挥着信息传递功能。信访制度主要是基层部门不作为或者乱作为以及信息不对称造成的，从而人们逐渐把希望寄托在权力而非权利身上。基层部门没有依法公正公平地解决纠纷，甚至出现与民争利的情形，进而导致底层民众希望通过信访来促使权力制约权力，同时也能够博得社会的关注度。另外，底层民众与上级机构乃至中央机构之间无法形成一个良好的信息互通机制，使得信息在“逆流而上”的过程中阻力不断，所以正常的信息反应渠道受阻以后，人们只能选择信访的方式，寄希望于与高层直接对话。

《中华人民共和国宪法》第二十七条和第四十一条规定成了信访的宪法性依据，国务院1996年的《信访条例》以及2005年在此基础上修订的《信访条例》是对这一宪法性要求的进一步落实与完善。

在网络社会环境下，信访并不会因此而消失，反而会随着纠纷的增多而呈现出“井喷”的趋势。我们要充分利用网络技术的信息传递优势，建构顺畅、上下联通的信息沟通机制。人们不用千里迢迢远赴北京，只需要通过相关的网络信息系统，就能够直接将民众的诉求反映到“上面”，同时还要建立对民众的诉求积极反馈机制，并规定相应的惩罚措施，否则民众的合法利益同样得不到保障。

第三节　网络社会纠纷的仲裁管辖与诉讼管辖

一、仲裁管辖

（一）当事人约定的仲裁管辖

当事人约定的仲裁管辖主要基于当事人的仲裁协议而产生。与民事诉讼不同，哪怕纠纷属于仲裁的受案范围之内，但是并不因此而直接获得管辖权，需要当事人在仲裁协议中明确约定。从立法和实践来看，仲裁机构在确定仲裁管辖权时主要考虑以下三个因素：一是当事人之间有无签订有效、可执行的仲裁协议；二是争议事项是否具有可仲裁性；三是提起仲裁的争议事项是否在仲裁机构的受案范围内。

1. 仲裁协议

仲裁协议是指双方当事人将他们之间业已发生或者将来可能要发生的争议交付仲裁机构解决的一种书面协议。仲裁协议必须以书面形式形成，既包括在合同中约定仲裁条款，又包括以合同书以及数据电文的形式达成的协议。仲裁协议应当具有以下内容：（1）请求仲裁的双方的意思表示。仲裁以当事人自愿为前提，当事人在仲裁协议中应当明确将发生争议交由仲裁管辖的意思表达出来。而诉讼只需要依据原告单方面的意思而启动，法院必须受理，被告没有选择权。（2）仲裁事项。仲裁事项是指仲裁机构审理裁决的对象，当事人意愿将哪些事项交由仲裁机构裁决应当在仲裁协议中明确约定，未约定的事项，仲裁机构不得对其仲裁。（3）选定明确、具体的仲裁委员会。根据相关规定，仲裁协议约定多个仲裁机构的，当事人可以协商选定其一，若不能达成协议，则仲裁协议无效。如果选定的仲裁委员会不存在，则人民法院可以受理。根据约定的纠纷适用规则可以推断出具体仲裁机构的，应当认定选定了仲裁机构。约定的仲裁机构名称不准确，但能够确定具体仲裁机构的，应当认定选定了仲裁机构。约定了由某地仲裁机构仲裁且当地仅有一个仲裁机构的，视为约定了仲裁机构，有两个及两个以上仲裁机构的，由当事人协议选定，不能达成协议的，仲裁协议无效。

关于仲裁协议的效力，合同中约定有仲裁条款的，仲裁条款不因合同变更、解除、终止以及撤销等事由而无效。当事人对仲裁协议的效力有异议的，可以向仲裁委员会或者人民法院提出异议。需要注意的是，异议的提出必须是在仲裁庭首次开庭前，异议人未在此时间内提出，而后又向人民法院提出异议的，人民法院不予受理。以下列举几种不符合仲裁协议内容和形式的无效仲裁协议：（1）口头形式的仲裁协议。（2）约定的仲裁事项超出了法律规定的仲裁范围。（3）无民事行为能力或者限制民事行为能力人订立的仲裁协议。（4）仲裁协议对仲裁事项或者仲裁委员会没有约定或者约定不明确的，当事人又达不成补充协议的。（5）仲裁协议中约定可以申请仲裁，也可以向人民法院提起诉讼的，仲裁协议无效，但一方提起仲裁，另一方未在规定期限内提出异议的除外。（6）一方采取胁迫手段迫使对方订立仲裁协议的情形。

2. 争议事项是否具有仲裁性

可仲裁性认定是仲裁制度的基本问题，是有效仲裁的基本条件，它直接关系到案件仲裁的正当性论证，并且贯穿于仲裁的各个环节。可仲裁性是关于权力的问题。一项请求可仲裁性的判断标准，应当从纠纷主体的关系结构出发，即平等主体之间的争议是判定可仲裁性的基本标准。理由在于：平等主体之间的纠纷属于民事纠纷，符合仲裁纠纷解决模式民间性的特征，作为民间组织的仲裁机构不具有社会管理的职能。如果仲裁的范围扩大到非平等主体之间的纠纷，则会改变仲裁机构的基本属性。我国《仲裁法》第二条对此作出了明确规定。

3. 提起仲裁的争议事项是否在仲裁管辖的受案范围内

争议的可仲裁性直接影响到仲裁案件的受案范围。根据《仲裁法》的相关规定：首先，平等主体的公民、法人和其他组织之间发生的合同纠纷和其他财产权益纠纷，可以仲裁。其次，不能仲裁的纠纷包括：婚姻、收养、监护、扶养、继承纠纷；依法应当由行政机关处理的行政争议。最后，劳动争议和农业集体经济组织内部的农业承包合同纠纷的仲裁，在《仲裁法》之外另行规定。

之所以将劳动争议和农业集体经济组织内部的农业承包合同纠纷排除在外，是因为：第一，这类纠纷一般都不需要事先签订仲裁协议，只要当事人一方申请，即可进行仲裁。第二，该类纠纷实行地域管辖原则，而不像商事仲裁当事人可不受行政区划限制，而任选一个仲裁机构受理案件。第三，该类纠纷是先仲裁后审判制度，当事人不服裁决，还可以在法定期间内向人民法院提起诉讼，而不像一般的商事仲裁实行一裁终局制度。

（二）相关组织规定的仲裁管辖

1. 国际商事仲裁的管辖权规定

（1）对仲裁协议含义的规定。仲裁协议也是国际商事仲裁管辖权的依据，被称为国际商事仲裁的基石。联合国《国际商事仲裁示范法》（以下简称《示范法》）第七条第一款对仲裁协议作出了规定。联合国《承认和执行外国仲裁裁决公约》第二条对仲裁协议的订立以及内容作出了规定。《中国国际经济贸易仲裁委员会仲裁规则》（2000年）第三条也认定仲裁协议是整个仲裁程序得以存在的基础。

（2）对仲裁协议效力的规定。一旦发生仲裁协议约定范围内的争议，当事人不得单方面向法院起诉。1998年《国际商会仲裁规则》第四条也明文规定仲裁时必须提交仲裁协议。

（3）国际商事仲裁管辖权的范围。要确定国际商事管辖权主要解决的是国际商事纠纷，从“商事”一词的解释就决定了其管辖权的范围。《联合国国际贸易法委员会国际商事仲裁示范法》对“商事”一词作了广义解释，包括一切合同与非合同在内的具有商事纠纷性质的所有纠纷。我国在加入《纽约公约》时作出了一定保留，我国仅对按照我国法律规定属于商事性质的纠纷适用该公约。而合同与非合同性商事法律关系，是指由于合同、侵权或者根据有关法律规定而产生的经济上的权利义务关系。比如：国际货物买卖纠纷、工程承包、建设承揽、技术转让、民用航空、环境污染等方面的纠纷。另外，约定的争议事项决定了仲裁庭的管辖范围，也就是仲裁庭只能对当事人约定的事项具有管辖权，否则就可能构成超裁。

2. 统一域名争议解决仲裁管辖权规定

统一域名争议解决政策是解决与域名相关纠纷的国际规则。该政策由互联网名称与数字地址分配机购（Internet Corporation for Assigned Names and Numbers，以下简称“ICANN”）于1999年制定并通过，同年ICANN又通过了相当于UDRP实施细则的《统一域名争议解决政策实施规则》。ICANN根据UDRP授权了4家行政性争议解决服务提供机构，即：争端解决研究所（Institute for Dispute Resolution，以下简称“IDR”）、亚洲域名纠纷解决中心（Asian Domain Name Dispute Resolution Centre，简称“ADN-DRC”）、美国国家仲裁论坛（The National Arbitration Forum，以下简称“NAF”）、世界知识产权组织（World Intellectual Property Organization，以下简称“WIPO”）。

（1）通过仲裁协议取得。域名争议纠纷和其他可仲裁的民事纠纷一样，只要当事人之间自愿将争议提交第三方独立机构审理，域名纠纷解决机构可以获得管辖权。这不同于一般的民间调解，有着专业、权威的特点。仲裁程序的发动以及管辖权的产生是基于当事人之间自愿的意思表示——仲裁协议。所以，当事人之间订立的书面仲裁协议是仲裁机构取得管辖权的基础。

（2）通过注册协议取得。域名争议具有一定的特殊性，严格的仲裁协议管辖权取得方式不能适应纠纷解决的需要。首先，域名纠纷具有时间上的滞后性与事后补救性；只有域名注册成功以后，权利人才会发现侵权行为存在。其次，在域名纠纷中，当事人间一般不存在合同关系，如果执意强调仲裁协议，当事人很难发起仲裁程序。所以，ICANN 设计出了一个制度——强制性行政程序的统一争端解决程序。当事人之间不需要仲裁协议，就可以向仲裁机构提出仲裁请求，仲裁机构也相应地获得了仲裁管辖权。该强制性行政程序的具体要求为：用户获得注册前必须承诺遵守域名管理机构的相关政策和规定以及域名争议解决的办法。这类似于合同的格式条款，是强制性的。通过该格式条款使得 UDRP 得以对用户发生效力。一旦用户同意上述要求，在用户与注册机构之间成立了一个类似于合同性质的注册协议，用户保证申请注册的域名不会损害其他当事人利益。一旦在未来发生侵权纠纷，出于对善意第三人利益的保护，第三人可以直接提起仲裁，通过 UDRP 获得救济。

二、诉讼管辖

（一）民事诉讼法关于管辖制度的规定

民事诉讼的管辖是指各级人民法院和同级人民法院之间，对第一审民事案件的分工和权限的相关安排。它是在人民法院系统内部确定某级或者同级中的某个人民法院对某一民事案件行使审判权的问题。确定诉讼管辖的原则主要包括：（1）便于当事人诉讼的原则。从地域上来说，应当采用就近原则，由当事人住所地或者经常居所地以及与案件有密切关系地点的人民法院管辖。（2）便于人民法院行使审判权。民事诉讼法中关于合并管辖的规定就体现了这一原则。（3）确定性与灵活性相结合的原则。民事诉讼法对于管辖权的规定一方面要明确具体，同时也要赋予法院一定的自由裁量权，以适应审判发展变化的需要。（4）保证案件公正审判，维护当事人的合法权益。民事诉讼法针对某些地方干预或者行政干预审判的可能性存在分别规定了协议管辖、指定管辖与管辖权转移制度，从而最大程度地保护了当事人的合法权益。依据《民事诉讼法》对于管辖的分类，主要包括：级别管辖、地域管辖、移送管辖和指定管辖。其中地域管辖又分为：一般地域管辖、特殊地域管辖、协议管辖和专属管辖。

（二）电子商务纠纷案件的诉讼管辖

在网络社会环境下，电子商务纠纷案件的诉讼管辖一直是具有争议的问题。早在 20 世纪初，电子商务发展的早期就有人做过调查，大部分被调查对象认为涉及电子商务纠纷案件的管辖制度应该同传统民事诉讼管辖制度有所区别，法律法规应该做出相应的规定。只有少部分调查者认为没有必要重新建立适用于电子商务的新的管辖制度。是否需要对电子商务纠纷管辖制度进行重构，必须要搞清楚影响其管辖权确定的因素。

1. 网络社会环境下影响管辖权确定的因素

（1）网络的全球性使得司法管辖区域变得模糊。现有的诉讼管辖权制度是建立在物理空间的区域划分基础上的，网络空间使得物理空间的边界不存在。而网络空间又是虚拟的，法律的效力也是有边界的，所以网络空间中发生的侵权行为将如何确定诉讼管辖，是其问题之所在。

（2）网络空间无边界性使得管辖权确定的依据难以适用。传统确定管辖权的依据是国籍、住所、协议、行为以及物之所在地等因素。而这些因素在网络空间都被虚拟化，网络用户从事相关活动并不是一定需要注册真实的身份信息。所以，又必须将新的因素纳入到网络空间纠纷管辖权确定的考量范围内。

2. 网络纠纷案件司法管辖权确定的新理论

（1）网络自治论。该理论强调网络空间的非主权化，没有了现实中的国家政权、法院以及公权力机关，网民只需要遵守网络空间的自治规则即可。该理论类似于在现实世界之外创造了一个虚拟的网民世界，该网民世界拥有自己的运行规则和组织机构，而不受现实中的权力机关的调整。这实际上完全脱离了管辖理论的讨论范围，在此种“世界”也不需要管辖制度的存在，它看到了网络空间与现实世界的区别，但是忽视了二者的紧密联系。网络空间不可能脱离现实世界而存在，现实世界是其存在的基础。而且，依靠自律救济并不能很好地实现权利的保护，没有公权力的干预，网络空间会变成“恶人的天堂”。

（2）IP 地址确定论。IP 地址是 IP 协议提供的一种统一的地址格式，它为互联网上的每一个网络和每一台主机分配一个逻辑地址。所以，在全球范围内，每一台计算机都具有唯一的 IP 地址。而随着网络域名的出现，网络域名逐渐取代了 IP 地址，人们输入相应的 IP 地址就可以找到网站。然而，IP 地址与域名并非一一对应关系，一个 IP 地址可以对应多个域名，而一个域名只能对应一个 IP 地址。鉴于此，有人提出将网址或者 IP 地址作为确定管辖权的依据。现实中，在美国已经有将网址作为确定管辖权依据的司法实践。

然而，网络用户仍然可以采用一定的技术手段将网络地址隐藏起来。而且，虽然根据 IP 地址可以确定具体的地点，但是并不能确定网络用户主体本身，会存在其他人使用别人的 IP 地址上网的情况。

（3）服务器所在地管辖理论。该理论认为，服务器所在的位置相对稳定，其稳定性比网址更高，因为服务器所在地是一种物理位置，与虚拟的网址相比，关联度更高。但是，确定服务器所在地仍具有一定的技术难度，对法院来说是一种挑战。而且同样也会存在网络的实际使用人与网络服务器名义使用人不一致的情形。

（三）域名争议的诉讼管辖

2001 年 6 月 26 日，最高人民法院公布的《关于审理涉及计算机网络域名民事纠纷案件适用法律若干问题的解释》（以下简称《解释》）第二条对域名纠纷的管辖作了规定。涉及域名的侵权纠纷案件，由侵权行为地或者被告住所地的中级人民法院管辖。在某些特殊情况下，可能难以确定侵权行为地和被告住所地的，则原告发现该域名的计算机终端等设备所在地可视为侵权行为地。《解释》第二条第二款规定："涉外域名纠纷案件包括当事人一方或者双方是外国人、无国籍人、外国企业或组织、国际组织，或者域名注册地在外国的域名纠纷案件。在中华人民共和国领域内发生的涉外域名纠纷案件，依照民事诉讼法第四编的规定确定管辖。"

（四）"长臂管辖理论"下的管辖

该理论的含义为：当被告的住所不在法院所在地的州，但和该州有某种最低限度的关系，该州对于被告具有属人管辖权。可以在州外对被告发出传票。在长臂管辖权中，是否存在最低联系是判断法院是否享有管辖权重要的因素。一般而言，要根据被告在法院地的行为的性质和正当程序条款所确保的法律的公平有序管理之间的关联度来判定。

认定"长臂管辖权"需要满足的条件包括：(1) 法院行使长臂管辖权要满足法院地州的长臂法规。(2) 符合宪法的正当程序要求，首先要向当事人发传票；其次向所有的诉讼当事人提供听证的合理通知和申诉机会；最后要求存在管辖权的根据。(3) 受案法院必须是根据当地的法律有权受理该诉讼的法院。

在网络社会环境下，尤其是电子商务纠纷频发的时代，美国将长臂管辖理论应用到了电子商务案件之中。从之前的最低联系理论发展到滑动标尺理论、影响方法理论与目标指向理论。

1. 滑动标尺理论

依据该理论，法院将网站分为三种类型：积极型网站 (active sites)、消极型网站 (passive sites)、交互式网站 (interactive sites)。网站所有人如果积极地通过该网站和法院地当事人发生商业交易则该网站就属于积极型网站，法院因此具有管辖权。反之，如果网站所有人并无意通过该网站与法院地当事人从事电子商务活动，仅仅提供信息浏览，这种情况就属于消极型网站，法院因此没有管辖权。而对交互式网站，问题相对比较复杂，要依其交互的程度而定。

2. 影响方法理论

该理论以是否在法院地产生了影响为标准，有影响则法院有管辖权。由于影响有无以及大小均具有不确定性，而且影响的范围也很广泛，所以可能会导致多个地区法院主张管辖权的问题存在。

3. 目标指向理论

该理论强调如果被告的网络行为明显指向法院地，而且该行为对法院地造成了可预见的后果，那么法院有管辖权。该理论由加拿大渥太华大学的迈克尔·盖斯特教授所主张。

第四节　电子证据及其采用

一、电子证据

（一）电子证据及其特点

1. 电子证据的概念

随着计算机和网络技术的发展与应用，尤其是电子商务的发展，电子证据逐渐成了新的诉讼证据类型之一。电子证据英文一般表述为“computer evidence”“digital evidence”或“electronic evidence”。《加拿大统一电子证据法案》（Uniform Electronic Evidence Act）中使用了“电子记录”，是指被计算机或者其他类似设备记录或者保存在介质之上的，可以被人或者计算机及其他类似设备识别的记录，包括显示、打印、输出及其他类型的证据。《昆士兰法院与电子记录证据》报告中将电子记录界定为：以计算机软盘文件、计算机硬盘文件、电子邮件文件、网络交易文件、激光唱盘、光盘只读存储器、录音磁带、录像磁带、磁存储器、数字化视频光盘、激光影碟形式存储的文字或符号、数字或数字方程式、图像或者声音。国内学者们对这一概念也是众说纷纭。有认为电子证据是以电子形式存在的用作证据使用的一切材料及其派生物。有认为是借助现代电子信息技术及其存储、传输、处理、输出的一切证据。也有认为电子证据是指订立合同的交易主体通过网络传输确定各方权利义务以及实施合同款项支付、结算和货物交换等的数码信息。

因此，电子证据是与电子数字技术相关的，能够作为证据使用的，以电子形式存在的一切数据电文。

2. 电子证据的特点

(1) 高科技性与有形无体性。作为电子数据和信息的电子证据，均为二进制电磁代码，这些数据具有有形无体的外在特征。说其有形是因为电子数据的表现形式仍然是人们可以识别的语言形式，只是人们无法触摸，无法感知其具体形状，所以称其为有形无体性特征。电子数据以计算机和网络高科技为依托，是技术的产物，所以称其具有高科技特征。

(2) 准确性与不稳定性。准确性与不稳定性表面上是矛盾性，但这正是电子证据的特征之所在。说其具有准确性特征是因为电子证据以数字信息的形式存储在计算机之中，且可以无损性复制、传输、打印，不会受到客观环境改变的影响，而实物证据则会受到保存质量以及自然环境作用的影响而损害或变得模糊，比如：物理变化、化学反应等因素的影响。不稳定性特征表现在，电子证据是技术化的产物，相应也可以人为使用一定的技术对其加以修改，而且可以做到不留任何痕迹，这导致其稳定性大为降低。而实物证据已经形成，在不损害其物理构成的前提下很难进行无痕化修改。

（3）可转化性与复合性。数据电文既可以以无体有形的方式在计算机运行过程中呈现出来，可以通过打印机将电子数据转化成可以触摸的纸质或者其他形式呈现的实体证据。同时，电子证据也不再限于单一的文字、图像或者声音等方式，而是综合了文本、图像、动画、音频、视频等多种媒体信息的复合性证据。

（4）具有便利性。电子证据具有容量大、载体的体积小、易保存、方便传送等方面的特征，且储存介质不容易变形和变质。作为证据使用也便于审查操作，而且还可长期保存而不会改变。

（二）网络社会中电子证据的价值

1．电子证据的证据价值

根据《中华人民共和国民事诉讼法》的规定：一切证据必须查证属实，才能成为认定事实的根据。行政诉讼法也规定：一切证据必须经法庭审查属实，才能成为定案的根据。因此电子证据一经查证属实即和其他证据类型一样，成为诉讼证据，具有同样的证明力。自20世纪90年代以来，数字化通信网络和计算机技术使得信息载体实现无纸化。从网络隐私权和网络知识产权侵权案件到电子合同纠纷、网络中的消费者权益保护乃至网络广告的行政规制、网络和电子商务中的犯罪问题追究等诸多民事、行政和刑事案件均需要电子证据的强有力支持。正是基于电子证据的客观性和直观性，法院可以查明的事实作出裁判，从而最大程度上还原了案件事实，维护了当事人的合法权益。

2．电子证据的指引价值

电子证据具有一定的直观性，容量大，内容丰富，为办案人员司法活动提供了必要指引。电子证据在刑事侦查领域运用得比较广泛，比如：摄像视频追踪、网络聊天工具缓存的信息、电子邮件、网站信息等等。这些电子证据的运用，直接提高了办案人员的办案水平，增强了办案人员的侦查能力，为迅速锁定犯罪嫌疑人提供了技术保障。

二、电子证据的采信规则

（一）影响电子证据可采性的因素

1．电子证据的合法性认定

电子证据的合法性认定是指对电子证据收集的程序、过程进行合法性判断，对于非法收集、具有虚假性的证据应当予以排除，比如：以秘密窃取、病毒植入、黑客攻击等方式获取的证据以及以侵害他人合法权益而取得的电子证据，都是不合法的，应当予以排除。我国《最高人民法院关于民事诉讼证据的若干规定》第六十八条规定："以侵害他人合法权益或者违反法律禁止性规定的方法取得的证据，不能作为认定案件事实的依据。"所以，审查电子证据的合法性，需要了解证据取得的方法、情形是否违反了法定程序和要求。

2．电子证据的客观性认定

电子证据的客观性包括：电子证据的形式客观性与内容客观性。电子证据的形式客观性认定较为复杂，因为电子证据依赖于技术手段而存在，不能直接为人感知，必须借助一定的设备才能展现出来。所以要审查电子证据形式的客观性，需要对电子数据收集、保存、提取、输出等所有环节进行全面、客观的审查。对于电子证据内容客观性审查，需要审查电子证据的生成、传递、存储、收集、保全等各个环节，每个环节都要保证证据的完好无损、未经删减或篡改。

3．电子证据的关联性认定

判断某项电子证据可否作为判案的依据关键在于该电子证据与待证事实之间是否存在某种关联关系，只有与案件相关的事实或逻辑上相关的事实才能被认定为证据。所以，司法机关首先必须要调查清楚待证事实，然后将待证事实与电子证据作关联性分析。如果最终认定与待证事实不具有关联性，则应当予以排除。

（二）具体的电子证据采信规则

1．非法证据排除规则

非法证据是指违反法律的规定而收集或取得的证据。广义上非法证据包括：主体不合法的证据、形式不合法的证据、程序不合法的证据以及方法、手段不合法的证据。狭义上的非法证据仅指方法、手段不合法的证据。方法、手段不合法的证据的表现形式主要包括：采用刑讯逼供等非法方法收集的犯罪嫌疑人、被告人的供述，采用暴力、威胁等非法方法收集的证人证言、被害人陈述等等。对于非法证据，可能严重影响司法公正的，应当予以补正或者作出合理解释，不能补正或合理解释的，则应当予以排除。如果在侦查起诉阶段就发现非法证据的应当予以排除，不得作为起诉意见、起诉决定和判决的依据。

对于电子证据而言，虽然学界对于其作为证据的可采纳性没有争议，但对其所属的证据类型以及证明效力有很大的争议。电子证据作为证据的一种，符合上述非法证据的情形的，当然应当依法排除。但是电子证据本身具有技术性与有形无体性特征，很多电子证据附带了加密条件和方法，所以在确定电子证据是否为非法证据时，对于内容不真实，具有剪裁、拼凑、伪造、篡改等情形存在的，应当作为非法证据排除。当然，对违法取得的电子证据是否给予排除，要由法官综合违法行为的性质以及对违法侦查的限制等方面的情形加以权衡决定。

2．共同提供可采信规则

共同提供可采信规则是指双方当事人均提供了电子证据的状态下，任何一方提出对方提供的电子证据属于非法证据，而又没有其他证据佐证其确实属于非法证据的情况下，应当平等对待予以采信。根据谁主张谁举证的规则，提出电子证据属于非法证据的一方应当进一步提出证据来佐证电子数据的非法性，否则属于举证不能，应当承担不利后果。在刑事诉讼中，法院为了查清事实真相，也会审查是否有其他证据对电子证据的合法性进行证实。所以，在双方都无法证明对方提供的电子证据属于非法证据的情形下，法院从公平的角度出发，应当对双方的电子证据予以平等采信。

3. 电子证据与其他证据相结合的采信规则

多个相互联系的电子证据在时间和空间上进行排列、组合以后，应当形成一个完整的证明链条，并且与犯罪行为发生、过程以及结果相吻合，能够相互印证，最终得出犯罪与否的唯一结论，从而排除合理怀疑的存在。所以，在对电子证据进行认定过程中，有必要同有关书证、物证、证人证言以及其他电子证据进行联系和对比，看其是否有矛盾之处，能否相互印证，可以认定电子证据的效力并作为定案的依据，反之则否。

4. 充分展示以及质证程序的采信规则

证据展示制度是英美法系对抗式诉讼模式下形成的，控辩双方在诉前与审判阶段相互交换证据材料和信息的一种制度。证据展示的意义在于，一方当事人在侦查过程中，可能会发现一些与对方当事人相关的证据和信息，从而在某些情况下一方有义务向另一方展示这些信息。所以，运用证据展示制度将电子证据公示对于认定事实真相，维护公平公正，便利审判秩序的管理具有重要作用。

质证是控辩双方对另一方证据的属性及证明过程进行质疑，从而影响事实认定者对案件事实内心确信的证明活动。我国最早规定质证程序是在1999年《民事诉讼法》第六十六条：证据应当在法庭上出示，并由当事人相互质证。一直到2012年《民事诉讼法》的修改仍然保留了质证的有关内容。最高院《民事诉讼证据规定》的第四部分专门规定了质证的要求，具体规定了质证规则的内容。在行政诉讼领域，《行政诉讼法》第三十七、三十八、四十三条都提及了质证程序。所以，通过质证程序对电子证据进行质疑与证明，再质疑与再质证的循环往复的认定，最终被双方当事人认可的、法官内心确信的电子证据可以予以采信。

第五节　法律适用

一、准据法的适用

准据法是指经冲突规范的援引，用来解决涉外民事法律关系双方当事人实体权利、义务的特定的法律。经过指引而确定的准据法既可能是国内法、外国法，也可能是国际条约、国际惯例，无需经过冲突规范指引而直接适用的调整当事人权利义务的实体法律不是准据法。按照当事人是否可以对准据法自由选择为标准，可将准据法分为：约定状态下的准据法与非约定状态下的准据法。而非约定状态下的准据法又包括约定不明或者约定无效时的准据法、禁止约定选择的准据法。

（一）约定状态下的准据法及其适用

约定状态下的准据法主要运用在涉外合同领域，现在逐渐扩展到侵权、婚姻等其他领域。其基本原则为意思自治原则与最密切联系原则。意思自治原则是指涉外合同的准据法由当事人选择而定。合同的相对性特征决定了合同的法律适用应当由当事人选择。意思自治原则的具体运用主要表现在准据法选择的时间、方式、范围、限制等方面。多数国家允许当事人在订立合同后选择或者变更选择准据法。但是有一定的限制，即合同订立后选择或者变更的法律不应该使合同归于无效或使第三人的利益受到损害。当事人选择法律的方式包括明示选择与默示选择。对于明示选择，各国都普遍接受。对于默示选择，多数国家以及联合国《国际货物买卖合同法律适用公约》均承认默示选择，只有少数国家不承认。对于选择法律的范围，大多数国家认为当事人选择的法律应是一国的实体法，而不包括该国的冲突规范，主要目的在于反致的发生。对于意思自治的限制主要表现在：只能在任意法的范围内进行选择，对于强制性规定以及涉及社会公序良俗的法律不允许当事人通过选择而排除适用。当事人选择的法律必须是与合同有一定联系，而不能选择与合同没有任何联系的其他国家的法律。

我国目前的法律，对涉外合同准据法有规定的是《民法通则》第一百四十五条，《合同法》第一百二十六条，《海商法》第二百六十九条，《民用航空法》第一百八十八条等。如《合同法》第一百二十六条规定："涉外合同的当事人可以选择处理合同争议所适用的法律，但法律另有规定的除外。涉外合同的当事人没有选择的，适用与合同有最密切联系的国家的法律。在中华人民共和国境内履行的中外合资经营企业合同、中外合作经营企业合同、中外合作勘探开发自然资源合同，适用中华人民共和国的法律。"其他法律也有类似规定，即先适用当事人选择的法律，除非法律有特别规定或当事人有意规避我国强制性、禁止性的规定，法院一般都承认当事人选择法律的效力。如果当事人没有选择法律，就适用与合同有最密切联系的国家的法律。

（二）非约定状态下的准据法及其适用

非约定状态下的准据法包括当事人约定不明或者约定无效的情形以及禁止当事人约定的情形。当事人未选择法律或者选择法律无效，一般处理方式有：首先，通盘考查合同各方面的规定，由法院推定并假设处在当事人情形下，他们会选择什么地方的法律。其次，适用通过一种客观连结因素指定的法律，明确指出所要适用地方的法律。最后，由法院找出与合同联系最为密切的法律，这是目前大多数国家的做法。

我国《涉外民事关系法律适用法》第四条规定："中华人民共和国法律对涉外民事关系有强制性规定的，直接适用该强制性规定。"所以对于适用准据法有强制性规定的，应当排除当事人的选择，直接按照强制性规定所要求的法律来适用。

二、原则性规定与直接性规定的适用

（一）原则性规定的适用

原则性规定是指不涉及法律主体权利义务的一般性规定。一方面原则性规定可以克服法律规则的僵硬，弥补法律漏洞，实现个案正义，从而能够更好地实现法律与社会的协调。另一方面，由于原则性规定的内涵高度抽象，外延宽泛，不像直接性规定那样对假定条件和行为模式有具体明确的规定，所以当原则性规定直接作为判案依据时，法官具有较大的自由裁量权，法律就会具有不可预测性。所以原则性规定的适用需要满足以下条件。

1．穷尽直接性规定

该条件要求只有在出现没有直接性规定适用的情形下，原则性规定才可以作为弥补"规则漏洞"的手段发挥作用。这是符合法律适用的规律的，能够最大限度地实现法律的稳定性和可预测性，避免司法人员滥用自由裁量权，保证司法公平公正的实现。

2．特殊情形下的适用

特殊情形主要是如果适用直接性的规定将极大可能会产生不可容忍之不正义的裁判结果，法官因此应该选择优先适用原则性规定。在法的安定性和合目的性之间不可兼得时，法律首先要保证的是法的合目的性。

3．说理充分

对不构成或者难以判断极端不正义的裁判结果可能存在时，法院要适用原则性规定必须要给出充分的理由。理由的强度必须强到足以排除支持此直接性规定的形式原则，尤其是确定性和权威性。而且，主张适用原则性规定的一方负有举证证明的责任。显然，在已存有相应规则的前提下，若通过原则性规定改变既存之直接性规定或者否定其有效性，却提出比适用该直接性规定分量相当甚至更弱的理由，那么适用原则性规定就没有逻辑证明力和说服力。

（二）直接性规定的适用

直接性规定是直接体现法律关系主体权利义务的规定。与原则性规定相比，具有具体性与适用上的优先性。除非出现直接性规定明显违反上位法或原则性规定的情形下，直接性规定都必须优先适用，以实现法律调整社会关系、实现公平正义之目的。

参考文献

[1] 丁延龄. 社会权力的运作逻辑与法律规制［M］. 北京：知识产权出版社，2021.

[2]（荷）简·梵·迪克编. 蔡静译. 网络社会［M］. 北京：清华大学出版社，2020.

[3] 雷敏，等. 网络空间安全导论［M］. 北京：北京邮电大学出版社，2018.

[4] 邬思源. 网络监督与管理［M］. 上海：上海人民出版社，2019.

[5] 杨兴坤，周玉娇. 网络舆情管理 监测、预警与引导［M］. 北京：知识产权出版社，

[6] 陈明红. 网络信息生态系统信息资源优化配置研究［M］. 北京：科学技术文献出版社，2019.

[7] 崔莹，张爱军. 微博舆论导向研究［M］. 天津：天津人民出版社，2019.

[8] 黄瑚. 网络与新媒体传播核心教材系列 网络传播法规与伦理教程［M］. 上海：复旦大学出版社，2018.

[9] 腾讯研究院著. 网络法论丛（第 2 卷）［M］. 北京：中国政法大学出版社，2018.

[10] 王永全. 网络空间安全法律法规解读［M］. 西安：西安电子科技大学出版社，2018.

[11] 李瑜青，张斌. 法律社会学评论 第 4 辑［M］. 上海：上海大学出版社，2018.

[12] 杨辉旭. 网络社团法律问题研究［M］. 厦门：厦门大学出版社，2017.

[13] 欧仕金. 网络强国守护神 网络安全保障［M］. 北京：知识产权出版社，2017.

[14] 寿步. 网络安全法实务指南［M］. 上海：上海交通大学出版社，2017.

[15] 董国旺. 网络强国负熵源 网络空间法治［M］. 北京：知识产权出版社，2017.

[16] 陈晓华，唐岫立. 互联网金融法律与实务［M］. 北京：中国金融出版社，2017.

[17] 杨雪. 网络营销［M］. 西安：西安电子科技大学出版社，2017.

[18] 刘双舟. 互联网广告法律制度理解与应用［M］. 北京：中国工商出版社，2016.

[19] 高一飞. 网络时代的媒体与司法关系［M］. 北京：中国民主法制出版社，2016.

[20] 张梅. 网络文化视域下的意识形态［M］. 哈尔滨：东北林业大学出版社，2016.

[21] 郭玉军. 网络社会的国际法律问题研究［M］. 武汉：武汉大学出版社，2011.

[22] 刘金祥. 法律与社会 法律基础入门导读［M］. 上海：华东理工大学出版社，2015.